田絮崖 著

家庭企业与专业市场

广州中大布匹市场发展的民族志研究

Family Businesses and Specialized Market

An Ethnographic Study of Development of Zhongda Textile Specialized Market in Guangzhou, China

知识产权出版社
全国百佳图书出版单位
—北京—

图书在版编目（CIP）数据

家庭企业与专业市场：广州中大布匹市场发展的民族志研究/田絮崖著. —北京：知识产权出版社，2021.9

ISBN 978-7-5130-7618-0

Ⅰ.①家… Ⅱ.①田… Ⅲ.①布料—市场—经济发展—研究—广州 Ⅳ.①F724.781

中国版本图书馆 CIP 数据核字（2021）第 139045 号

内容提要

作者以广州中大布匹市场为田野点，在田野调查的基础上进行了关于商业的民族志研究。本书的研究重点是家庭企业向专业市场扩张的文化动因，书中的研究发现能够与其他有关中国人和华人家庭企业的研究进行比较，由此凸显家庭企业发展的实质及其多样性特征。总体上看，我国由家庭企业推动的专业市场模式，是不同于其他国家由大型企业主导的发展模式，是具有中国特色的企业模式。本书既可作为商业人类学、经济人类学、经济社会学等领域专业研究人员的参考书目，也可为经济学、管理学、金融学等领域研究者提供理论和方法论的跨学科借鉴，还可作为政府机构或企业管理部门进行政策制定时参考使用。

责任编辑：李小娟　　　　**责任印制**：孙婷婷

家庭企业与专业市场——广州中大布匹市场发展的民族志研究

JIATING QIYE YU ZHUANYE SHICHANG——GUANGZHOU ZHONGDA BUPI SHICHANG FAZHAN DE MINZUZHI YANJIU

田絮崖　著

出版发行：	知识产权出版社有限责任公司	**网　　址**：	http://www.ipph.cn http://www.laichushu.com
电　　话：	010-82004826		
社　　址：	北京市海淀区气象路 50 号院	**邮　　编**：	100081
责编电话：	010-82000860 转 8531	**责编邮箱**：	lixiaojuan@cnipr.com
发行电话：	010-82000860 转 8101	**发行传真**：	010-82000893
印　　刷：	北京九州迅驰传媒文化有限公司	**经　　销**：	各大网上书店、新华书店及相关专业书店
开　　本：	720mm×1000mm　1/16	**印　　张**：	15.5
版　　次：	2021 年 9 月第 1 版	**印　　次**：	2021 年 9 月第 1 次印刷
字　　数：	278 千字	**定　　价**：	78.00 元

ISBN 978-7-5130-7618-0

前言

本书选取了广州中大布匹市场为田野调查点，在田野调查的基础上，进行了关于商业的民族志研究。中大布匹市场是由一个个家庭企业所构成的规模化的商业组织，以往人类学对于家庭企业的研究，大多集中在对家庭小商业或大型家族企业的讨论，而较少关注家庭企业扩张为专业市场这一现象。基于此，笔者选取了位于广东省广州市的中大布匹市场为田野点，在为期 15 个月的田野调查的基础上，对家庭企业扩张为专业市场的过程进行了民族志观察。此外，为区别于大型家族企业研究中使用的家族企业，本研究将使用家庭企业一词用于作为研究对象的小型商业。

本书的研究重点在于对家庭企业向专业市场扩张动因的关注，即探讨家庭企业如何推动专业市场的发展，本研究针对已有研究所未呈现的中国人的家庭企业策略。田野资料显示，具有中国文化特色的商业原则，包括但不限于赊欠交易、口头协议、内部仲裁，在专业市场的发展中发挥重要作用；不仅如此，专业市场的发展也与更广阔的国内市场以及全球商业网络紧密相连。研究表明，家庭企业不仅能够发展成为小商业，还能够扩张为规模化的商业组织。其中，以家庭所有权为基础的管理制度、家庭企业面对全球商机时的应对策略、产业链分工中的家庭合作、建立在亲属及社会网络之上的信用体系、家庭企业在市场饱和化的激烈竞争中实现的创新，均对专业市场的发展有重要作用，以上也是推动家庭企业向专业市场扩张的主要因素所在。

本研究的发现能够与其他学者研究的中国人的家庭企业策略进行比较，由此凸显家庭企业发展的实质及其多样性特征；对亚洲乃至世界范围内的集群经济组织发展的研究，有经验上的参考意义；对专业市场发展的研究为理解全球商业网络的发展具有较为重要的意义。从总体上看，由家庭企业推动的专业市场发展，呈现了不同于其他国家主流的工商业发展及城镇化的另一模式。

目　录

第一章

导 论

第一节 研究缘起

改革开放以来，随着中国经济的快速发展，在全国的乡镇或城市中心地带，出现众多以生产或销售专业化商品为主的场所，形成通常所说的专业市场。如今，专业市场的分布已经十分普遍，在浙江的温州、绍兴、宁波，广东的虎门、中山、佛山，均已形成各具特色的产业集群。[1] 专业市场的外在形态各异，其中在村一级，专业市场多以“一村一业”的形式运作，形成所谓的专业村[2]；在中小城市或乡镇，专业市场多以“一镇一业”的形式运作，形成专业集镇[3]；而在大城市中，则可能为大型批发市场的形态。从这个意义上说，专业市场不仅分布广泛，而且形成了一定的层级及网络，发展十分成熟。

在对专业市场进一步了解之后，笔者发现，无论是大型专业批发市场，还是专业镇、专业村，其内部均是以家庭企业为基本单位组织起来的。尽管在中国甚至亚洲，家庭企业的存在是十分普遍的，然而对于家庭企业如何发展成集群式的经济组织的讨论并不深入。与此同时，大型企业虽然在工业化

---

[1] 郑勇军. 解读“市场大省”：浙江专业市场现象研究［M］. 杭州：浙江大学出版社，2002. 丘海雄. 珠江三角洲产业集群发展模式与竞争力研究［M］. 北京：经济科学出版社，2008.

[2] 林柄全，谷人旭，严士清，等. 企业家行为与专业村形成及演变的关系研究：以江苏省宿迁市红庙板材加工专业村为例［J］. 经济地理，2017，37（12）：17 - 24.

[3] 沈静，陈烈. 珠江三角洲专业镇的成长研究［J］. 经济地理，2005，25（3）：358 - 361，382.

过程中显示出优越性❶，然而也带来相应的问题，如科层僵化等。家庭企业的灵活性特征，为全球经济的发展注入活力，其中意大利的制鞋业，日本的生鱼产业，中国台湾地区的灯具制造业，均以家庭企业为单位，形成覆盖全球的商业网络。与之类似，中国专业市场的形成和发展，不仅仅是改革开放以来经济发展的一大特色，也是家庭企业活力的表现。

笔者因而对这种颇具特色的家庭企业的组织形式产生了浓厚的兴趣。那么，这种由家庭企业的聚集，进而扩张成专业市场的现象是如何发生的，其内部的组织过程和运作特征是什么，这些构成本书的基本问题。由于本书是对商业及市场的研究，因此不可避免地触及对商业或市场现象进行讨论时所时常遇到的问题，其中最为主要的是对组织方式及过程的讨论，如家庭企业是如何基于对商机、风险、商业策略的把握而获得成功的；家庭企业在中国及与其他国家和地区相比，其成功因素是否相同；也会涉及为何改革开放以来中国经济有了突飞猛进的增长，在全球经济中迅速占有重要地位；以及家庭企业如何推动城镇化及工业化过程，又如何参与全球市场等更为宏大的问题。

本书是关于商业（或市场）的民族志研究。概括来说，本书将对经济过程的文化内涵进行阐释，具体地，将考察商业组织或商业制度——包括但不限于企业的创立与发展、商品交易过程、产业链分工、融资与借贷，以及技术创新——如何为正式的或非正式的规则、制度、观念、习惯所影响。因此，本书的基本思路是商业活动的组织及制度如何为社会文化过程所建构，而非组织或制度如何塑造社会文化过程；而厘清商业实践与社会文化之间所存在的具体而微的关联，是本书作为商业或市场民族志的首要任务及最终目的。

笔者选取位于广东省广州市的中大布匹市场为田野点进行田野观察。进入中大布匹市场，随处可见的景象是，可容纳不足 10 人的小型店铺彼此相邻、紧密排列。这样一个或数个面积不大的店铺，通常就是一个家庭企业的基本单位。从经营规模上说，一家店铺每日的布匹成交量约 200 匹，每匹布为 100 米，布匹价格则从每米几元至几十元不等，因此一家店铺每日的成交

---

❶ CHANDLER A D. The United States: engines of economic growth in the capital - intensive and knowledge - intensive industries [M] //CHANDLER A D, AMATORI F, HIKINO T, et al. Big business and the wealth of nations. Cambridge: Cambridge University Press, 1997: 61 - 101.

额可达数万元，年成交额可达上千万元。

作为在地市场，中大布匹市场并不是封闭的，中大布匹市场上的家庭企业已经形成覆盖全球的商业网络：欧洲本地（如法国）的服装厂可能采用来自中大布匹市场的布料；中大布匹市场上的布料可能经由印度的批发商分销至南亚及非洲；非洲的批发商则可能在对布料进行在地加工，制成成衣之后再由航运转运到非洲市场。布料商也可能从国外，如日本或者韩国进口布料，再经由中大布匹市场转运到世界各地。除此之外，布料的生产和分销，很重要的一部分资源也是源于国内市场，如浙江的绍兴，福建的泉州，广东的佛山、揭阳等，它们都是知名的布料生产基地，批发商将布料从原产地运送至中大布匹市场，再分销至国内及全球市场。中大布匹市场尽管在纺织业内较为出名，甚至为全球的时尚或设计行业从业者所熟知，然而一个较为有趣的现象是，市场周边居民对中大布匹市场并不熟悉，这也进一步说明中大布匹市场的商业网络不是在地的，而是全球的；换言之，在地市场与全球市场之间存在十分紧密的关联。本书也将呈现全球市场与在地市场之间的紧密关联，探讨其是在怎样的社会及文化过程中被实践的。

总体上看，本书将借由对中大布匹市场中的家庭企业的组织方式及特征的观察，呈现家庭企业是在怎样的社会及文化实践中，逐步发展成为全球纺织行业的商业中心这一过程。

本书的论述包含三条主线。

其一，本书将对中大布匹市场上家庭企业的策略进行关注，试图发现中大布匹市场上的家庭企业，其成功的因素是什么，特别是家庭企业策略中的亲属所有制、雇用中的亲属优先、熟人担保、赊账交易等非正式的原则，作为家庭企业的日常策略，在家庭企业发展为专业市场的过程中是否仍旧能够发挥效用；对此本书将进行深入比较与分析。

其二，家庭企业既可以构成小型商业，也可以扩张为规模化的专业市场，这是家庭企业的内生张力。从家庭企业到专业市场的扩张，不仅与传统家庭企业的策略相关，也与家庭企业在国内市场，以及全球化背景下，商业网络的组织过程密切相关。家庭企业面对全球商机时的适应策略——以亲属和社会网络为基础的商业支持，建立在私人契约上的非正式信用体系，以及在模仿竞争中所实现的技术及管理创新等——对专业市场的发展有重要作用，构成家庭企业向专业市场扩张的动因。

其三，中大布匹市场的个案实则呈现的是由家庭企业所带动的规模化经济组织的发展路径，对中国的工业化、城市化进程有重要影响。因此，本书也将以中大布匹市场为个案，回应有关工业化与城镇化进程的某些观点。本书将强调，不同于大企业带动的西方工业化及城镇化进程，家庭企业的发展也能够成为推动工业化和城市化的主要力量，从这个意义上说，本书也是对中国特色的工业化及城镇化模式的经验探索。

第二节　研究回顾

一、家庭企业的研究

（一）家庭企业：概念与范畴

相较于正规性的商业组织，在学术研究或是商业实践中，对于家庭企业的认知仍然存有一定的偏见。一些观点认为，家庭企业“这种建立在社会关系上的商业体系，被认为是在制度性的信任没有完全建立起来，或成长不充分的情境中所发生的一种遗留现象”，与家庭企业相比，在规范的经理人制度下建立起来的企业，在筹集资金、技术创新、员工培训上表现得更加专业。[1] 家庭企业自身也存在似乎无法克服的问题，如在企业的继承和持续发展上，通常存在“富不过三代”（家庭企业的寿命不会超过三代人的周期）的现象[2]；在企业内部管理中，除家庭成员以外，其他成员之间也缺乏普遍性的信任。[3] 总的来说，外界对于家庭企业的认知，普遍有规模小、公司间分包关系明显、商业关系不稳定、个人决策和控制明显、投机取巧、具有明

---

[1] TRACY L C. Interpersonal trust in ethnic business: traditional, modern or postmodern? [J]. Policy organization and society, 1992 (5): 50 - 63.

[2] LAU H T. The social structure of small Chinese business in Singapore [M]. Singapore: University of Singapore Library, 1974.

COLLI A, ROSE M. Family business, in The Oxford handbook of business history [M]. Oxford: Oxford University Press, 2008: 13.

[3] PERRY M. Small firms and network economies [M]. New York: Routledge, 2002: 71.

显的生命周期、企业规模间歇性扩大，以及不可持续发展等特征。[1]

然而，从全球范围来看，家庭企业仍然不失为一种极为重要的经济组织方式。勒韦－特蕾西（Lever－Tracy）在针对澳大利亚的印度人与华人商业策略比较的个案中指出，适应相同商业环境的需要可能导致相同的商业策略：印度人和华人都倾向于利用家庭成员作为商业合伙人搭建起跨国商业网络；有所不同的是，印度人倾向于在家庭企业的策略以外，依赖更为正规性的制度，如正式法律法规及合同，而华人的家庭企业则倾向于依赖自身的社会网络及社会组织，即使用非正式的制度适应商业环境。[2] 在德国的工业发展中，家庭企业在解决劳动力补给、激励员工、融资等问题上起重要作用。[3] 在意大利的工业化进程中，以家庭工业为主的中小企业扮演了极为重要的角色，不仅推动意大利食品、纺织工业等的发展，还推动制鞋业的发展，使之成为皮鞋制造的全球中心。[4] 在日本，以家庭企业为基础组织起来的生鱼市场，也作为全球生鱼贸易的核心环节，影响着美国和澳大利亚及新西兰的渔业产业。[5] 由此可见，家庭企业不仅没有成为经济发展的阻碍，反而在很大程度上推动了经济的增长。

在对家庭企业进行界定时，依据所有权和管理权的分配方式，家庭企业的类型分为 FOE（family owned enterprise）与 FBE（family business enterprise）两类，两者的概念内涵有一定的分别：其中，第一类为 FOE，指的是家庭成员为所有者，企业由专业人员管理，家庭成员不直接参与管理，而是对专业管理人员的工作进行指导，充当引导者的角色。这一类的企业发展相对成熟，多数引入了西方的管理经验及技术。第二类为 FBE，指的是家庭成员在企业中，既充当所有者，也充当管理者，直接参与公司的日常管理和策略制定。

[1] PERRY M. Small firms and network economies ［M］. New York：Routledge，2002：55.

[2] TRACY T C. Asian entrepreneurs in Australia：ethnic small business in the Chinese and Indian communities of Brisbane and Sydney ［M］. Canberra：Australian Government Publishing Service，1991：vi－xiv.

[3] KOCKA J. Industrial culture and bourgeois society：business，labor，and bureaucracy in modern Germany ［M］. New York：Berghahn Books，1999.

[4] BRUSCO S，CAINELLI G，FORNI F，et al. The evolution of industrial districts in Emilia－Romagna ［M］//COSSENTINO F，PYKE F，SENGENBERGER W. Local and regional response to global pressure：the case of Italy and its industrial districts. Geneva：International Institute for Labor Studies，1996.

[5] BESTOR T C. Tsukiji：the fish market at the center of the world ［M］. Berkeley：University of California Press，2004.

大多数华人家庭企业类型属于第二种。❶ 本书讨论的家庭企业，绝大多数也属于第二种类型，即强调在家庭企业的实践中，家庭成员对企业的直接控制。❷ 虽然以所有权或管理权的分配方式来界定家庭企业的概念，已经为众多研究所采纳，然而对此也存在不同的观点，如安德里亚·科利（Andrea Colli）认为，采用上述分类方式对家庭企业的概念进行界定有过于简单化的倾向。尽管如此，在总结了数十种家庭企业的概念之后，安德里亚·科利认为马克·卡森（Mark Casson）为家庭企业所做的界定是较为客观的❸，即强调家庭企业最为主要的特征，是家庭成员对于商业活动有基本的所有权及管理权。❹

因此，在对家庭企业研究时，一方面，需要围绕“所有权与管理权由家庭所有”这一基本范畴；另一方面，则要关注，从全球范围来看，家庭企业的外在形式及概念内涵会因家庭企业所处的国家、地域、文化的不同，而有不同的组织形式，因而对家庭企业的研究，需要将其置于具体的文化、历史、政治、地理情境中，与一定的时空环境关联起来进行观察。❺

（二）海外华人家庭企业的特征

在全球家庭企业中，华人家庭企业的表现十分突出。有研究指出，华人创设的企业，无论是位于中国大陆，还是位于海外，大多以家庭所有为主。❻ 在亚洲四小龙中，尽管日本的家族企业和韩国的财团获得较多关注，

---

❶ SUSANTO A B, SUSANTO P. The dragon network: inside stories of the most successful Chinese family businesses [M]. New Jersey: Bloomberg Press, 2013: 27.

❷ 在对“family business”的中文翻译上，笔者采用了“家庭企业”的用法，以区别于家族企业对应的英文中的“enterprise”一词。

❸ COLLI A. The history of family business, 1850 - 2000 [M]. Cambridge: Cambridge University Press, 2002: 9 - 27.

❹ CASSON M. Enterprise and leadership: studies on firms, markets and networks [M]. Northampton: Edward Elgar, 2000: 199.

❺ CONNOLLY T H. 家族企业的人类学研究：亲属和商业的比较分析 [M]. 高崇，译. 广西民族大学学报（哲学社会科学版），2013，35（5）：17 - 26.

❻ SUSANTO A B, SUSANTO P. The dragon network: inside stories of the most successful Chinese family businesses [M]. New Jersey.: Bloomberg Press, 2013: 7.

然而中国台湾家庭企业出口商品的数量及规模较韩国而言更为惊人。[1] 中国台湾的家庭贸易公司也在全球的零售商和供应商之间扮演重要角色。[2] 除此之外，早期华人移民建立起家庭企业，既作为其生计策略的主张，也对所在国家及地区的经济产生了巨大的影响。以东南亚地区为例：在马来西亚，占全国30%的华人人口，占有全国近50%的资产；占菲律宾总人口1%的华裔，控制了菲律宾60%左右的财富；泰国华人不但在商业，同时在政治生活中同样有重要地位。[3] 戈登·雷丁（Gordon Redding）也指出，相比于日本或者韩国的成功的企业家，华人企业家实际上对太平洋地区经济秩序的影响更为深远。[4] 而华人或中国人的家庭企业，不仅在发达地区，如美国、加拿大、澳大利亚、欧洲等寻找商机的过程中，逐步扩张到发展中国家或地区：在非洲，新商业移民中的90%主要分布在非洲大陆的四个国家，其他则分散在非洲其他的30多个国家或地区。[5]因此，家庭企业向专业市场的扩张，与华人或中国人的家庭企业的发展分不开，甚至有紧密的关联，二者是相互影响的。本书也将以此作为对中大布匹市场的家庭企业策略进行理论分析的基础之一。

如上所述，华人经济在世界经济中占有日益重要的地位，这一现象引起了学术界的关注。迄今为止，学术界对华人及中国人家庭企业的成功因素有了较为充分的讨论，其中笔者选取了与本书具有较大关联的研究，从两个方面进行了回顾：其一是亲属和家庭所有权对家庭企业发展的影响；其二是信用体系对家庭企业的影响。

1. 亲属与家庭企业

亲属作为影响华人家庭企业成功的因素被广泛讨论。尽管在华人社会之外，也能够找到亲属与商业的关联性的案例，如威廉·戴维斯（William

---

[1] HAMILTON G G, KAO C S. Taiwan's industrialization: the rise of a demand – responsive economy [M] //CHU Y W. Chinese capitalism's: historical emergence and political implications. New York: Palgrave Macmillan, 2010: 129.

[2] 同[1]137.

[3] SUSANTO A B, SUSANTO P. The dragon network: inside stories of the most successful Chinese family businesses [M]. New Jersey: Bloomberg Press, 2013: 7.

[4] 戈登·雷丁. 华人资本主义精神 [M]. 谢婉莹, 译. 上海: 格致出版社, 2009.

[5] HAUGEN H O, CARLING J. On the edge of the Chinese diaspora: the surge of baihuo business in an African city [J]. Ethnic and racial studies, 2005, 28 (4): 639 – 622.

Davis）指出，在非律宾人的商业活动中，亲属团体之间能够形成较为分散且持久的合作关系，以整合资源与资本❶；然而，由于族群之间仍然存在文化上的差异，不同族群之间受亲属影响的家庭企业策略也不同，同时笔者在前文也提到澳大利亚的印度人与华人在发展家庭企业时的策略比较，因此本书仍然以对华人家庭企业的回顾为主。

弥尔顿·巴内特（Milton Barnett）对位于美国唐人街的广东人经营的家庭企业进行了调查。他指出，尽管一些观点认为，经济发展会对传统的继嗣系统或亲属组织造成破坏，然而唐人街的广东人所呈现的商业习惯则说明，传统的亲属组织不仅没有消失，反而推动经济的发展。弥尔顿·巴内特重点对家庭企业的内部组织进行了研究，发现其中存在以单个家庭企业及合伙人制度下的家庭企业，共两种组织类型。前者以核心家庭为组织基础，后者以联合家庭、亲属关系及朋友关系为组织基础，且合伙人的规模为8～12人。在他列举的6个案例中，只有1个案例是家庭企业与非亲属进行的合伙，且家庭成员没有成为直接劳动力；而其他5个案例中的资金筹集、人力安排等，均是以亲属组织为基础展开。他还指出，企业雇佣也遵循亲属优先的原则，在被雇佣者中间，亲属相较于非亲属而言，具有某些特权。值得注意的是，在弥尔顿·巴内特的案例中，无论是单个家庭还是合伙制，均以餐饮业为主；而他也指出，华人家庭企业大多倾向于发展为小商业，且集中在唐人街或小城市。❷

华琛（James Watson）就香港新界人在伦敦的家庭创业进行了研究。华琛讲述了新界人从香港迁移到伦敦的过程中，是如何依靠亲属关系来发掘商机、开展商业，最终实现其以经商为生的生计转型。华琛提到，世代务农的新界沙田人，在遭受农业危机之后，不得不弃农从商，而香港人在伦敦最初以经营餐馆为生，其中，亲属特别是同族亲属，为餐厅创业提供了直接劳动力，以此节省创业资本和人力成本；而在技术的习得上，也是以亲属之间相互帮助为主。华琛还特别强调长辈与男性亲属在家庭创业中的作用。他指出在餐厅的所有权与控制权上，家庭成员占有主导地位，其中父亲不仅是家庭

---

❶ WILLIAM G D. Social relations in a Philippine market: self－interest and subjectivity［M］. Berkeley University of California Press. 1973.

❷ BARNETT M L. Kinship as a factor affecting Cantonese economic adaptation in the United States［J］. Human Organization, 1960, 19（1）: 40－46.

企业的所有者，也是管理者，而家中的男性亲属，多在经营决策、劳动力分配、财产管理、增强企业凝聚力上发挥重要的作用。❶

吴燕和则以巴布亚新几内亚的华人家庭企业为例，讨论了利用亲属网络作为文化资本，对家庭企业的创立及发展所产生的影响。吴燕和将华人家庭企业的发展分为了 4 个阶段，分别是从事小型的零售业或服务业，如餐饮、理发店、面包店、旅店等的经营，到拓展为零售兼批发、进出口业务，再扩大到投资乡村种植业或城市房地产，直至发展成为拥有多种行业门类的企业集团。与华琛强调父系亲属在家庭创业中的作用类似，吴燕和指出在最初的两个阶段中，华人家庭企业以依靠父系亲属关系为主；然而吴燕和进一步强调，仅依靠父系亲属关系，很有可能造成企业的"短命"，因此家庭企业在逐步扩大的过程中，也会涉及对建立在姻亲关系之上的商业策略的利用。一方面，吴燕和指出家庭企业对亲属网络的依赖，已经不再限于对父系亲属的依赖，而是包括父系亲属与母系亲属在内的亲属关系，都可以成为家庭企业的直接支持；❷ 另一方面，吴燕和指出女性作为家庭企业的劳动力所发挥的重要作用。在其调查的案例中，若一个夫妇家庭不仅需要照看丈夫的父亲留下的店铺，同时还需要照看自己家在海外的店铺，那么则由丈夫负责照看父亲的店，由妻子在另一边负责海外店铺；他还专门强调了儿媳妇在家庭企业中所发挥的重要作用。❸ 而家庭企业的扩张也开始在较大程度上依赖女性家庭成员，如允许妇女作为商业合伙人或股东，这些女性成员则包括了家庭中男性成员的女性亲属、媳妇及其他姻亲。❹

吴燕和的讨论初步将继嗣系统（descent system）与亲属网络（kinship network）进行了区分，认为亲属策略与传统父权观念并不矛盾，前者作为家庭企业的具体策略，与后者是并存的。❺ 在亲属对家庭企业影响的变化上，吴燕和指出巴布亚新几内亚的华人，已经将亲属与利益做出一定程度的理性区分；在逐渐成熟的家庭企业中，亲属也可能选择更具价格优势的非亲属作

---

❶ WATSON J. Emigration and the Chinese lineage: the mans in Hong Kong and London [M]. Berkeley: University of California Press, 1975.

❷ WU D Y H. The Chinese in Papua New Guinea, 1880 - 1980 [M]. Hong Kong: Chinese University of Hong Kong Press, 1982: 95.

❸ 同❷92.

❹ 同❶.

❺ 同❷105 - 106.

为商业合作伙伴；在利益考虑下，也很有可能做出拒绝与亲属合作的决定。因此，吴认为以亲属关系为基础的合作，并不是基于亲属之间的“义务”或“互惠”，而是基于理性的考虑，相对地，基于义务的互惠行为在如今华人家庭企业经营中的情形是较少的，而亲属之间更多是基于商业目的的“共同协助”（mutual assistance）则已经成为新几内亚华人家庭企业的共识。[1]

除此之外，黄绍伦谈及企业的家庭所有制对于企业发展的影响。在对移民香港的上海企业家进行研究时，黄绍伦指出在亲属关系、家庭主义与地域观念上形成的管理模式与竞争策略对于家庭企业发展的影响，认为受到基于亲属关系与地域关系的商业策略的影响，香港地区的上海工业家们更容易接受西方资本主义传统中的效用部分。黄绍伦还指出亲属关系只在家庭企业内部发挥较大的作用，而对于外部关系联络上的作用有限。[2]

不同于吴燕和对家庭企业的阶段划分，黄绍伦重点对家庭企业的生命周期进行了研究，黄绍伦将华人或中国人的家庭企业分为四个发展阶段，分别是家庭企业的产生、集中发展、分散发展及消失。黄绍伦认为家庭企业的发展周期与传统中国社会的家庭结构有关，而在传统制度影响下的分家制则导致了中国人的家庭企业的生命周期较短的特征。[3] 另外，黄绍伦与郑宏泰在对香港家族企业研究时，还发现企业的生命周期实际上是依循“差序”的原则进行。[4]

黄绍伦讨论的家庭企业类型与弥尔顿·巴内特、吴燕和等的讨论略有不同，主要是基于三代人之后的家族企业，其中不少企业已经是具有一定规模的大型家族企业。正如黄绍伦所说，家庭企业在哪些条件、哪些情境下，能够发挥作用，不能一概而论，需要具体研究。[5]

王爱华也对在美国洛杉矶的香港精英阶层，其中大多数是来自香港的精英企业家进行了研究，讨论了亲属在大型家族企业发展中的策略。她指出在

---

[1] WU D Y H. The Chinese in Papua New Guinea, 1880 – 1980 [M]. Hong Kong: Chinese University of Hong Kong Press. 1982: 106.

[2] 黄绍伦. 移民企业家：香港的上海工业家 [M]. 张秀莉，译. 李培德，校. 上海：上海古籍出版社，2003.

[3] WONG S L. The Chinese family firm: a model [J]. The British journal of sociology, 1985 (1): 58 – 72.

[4] 郑宏泰，黄绍伦. 商城记：香港家族企业纵横谈 [M]. 香港：中华书局（香港）有限公司，2014: 175.

[5] 同[3].

全球化的背景下，家庭企业策略，包括亲属关系、私人信用、家长式作风等，不是被削弱，而是被加强了。她也以年轻企业家亚历克斯（Alex）的家族生意为例，讨论了他是如何利用亲属关系，实现家庭企业从香港到美国的扩张，强调亲属关系作为企业家跨国公民身份建构的具体策略所发挥的作用。王爱华还指出经营者二代在家庭企业继承中所存在的矛盾心理，即他们一方面，必须听从父母的要求，在家庭企业中承担相应的职责；另一方面，他们也因为不能摆脱这种生活规范而感到无奈。❶

李悦端、柯志明则专门撰文讨论了家庭企业中的亲属雇佣及性别实践。在对台北五分埔成衣市场的研究中，他们强调家庭观念对家庭企业发展的作用，指出家族意识在凝聚家庭劳动力方面的作用，以及男性家长对于家庭劳动力，尤其是已婚妇女与子女的劳动控制权。他们针对“无薪家属工作者”，尤其是“老板娘”在生产和经营上的角色进行了研究，进而指出：一方面，“家庭企业内部的工作安排实质上延续了传统的家户性别分工，并维系了既存的性别层级体系”❷；另一方面，由于“受亲属纽带绑缚的家户成员，在‘自我剥削’的生产方式下，提供无薪酬（或低酬）的劳力及管理人员”的存在，因而“将家庭与企业相结合，就为小型家庭企业的生存提供了相应的经济资源，也得以适应市场竞争的压力及经济困境”❸。

王保华（Bernard Wong）则指出在没有亲属参与的情形下，家庭企业的发展及扩张会遇到阻碍。在对纽约唐人街家庭企业的研究中，王保华强调，华人的亲属及拟亲属关系始终作为华人与主流社会接触的重要策略，也作为融入主流文化的一种强有力的力量而持续发挥作用。❹

总体来看，在已有的关于亲属与商业之关联性的论述中，学者们已经达成共识的是亲属对家庭企业，特别是对小型家庭企业发展的影响巨大；然而如弥尔顿·巴内特、华琛、吴燕和、王保华，他们研究中的个案，大多关注华人小商业的发展，相较而言，对于以亲属及家庭所有制为基础的家庭企业

❶ ONG A. Flexible citizenship: the cultural logics of transnationality [M]. Durham: Duke University Press, 1999.

❷ 李悦端，柯志明. 小型企业的经营与性别分工：以五分埔成衣业小区为案例的分析 [J]. 台湾社会研究，1994 (17): 41 - 81.

❸ 同❷.

❹ WONG B. Chinatown, economic adaptation and ethnic identity of the Chinese [M]. New York: Holt, Rinehart and Winston, 1982: 45 - 46.

策略能否在规模经济的发展中发挥作用的讨论则略显不足。基于此，本书将以大型专业市场的扩张为场域，进一步探讨亲属关系作为企业策略，其所发挥作用的条件及效用。

2. 家庭企业与信用

信用是华人家庭企业成功的重要因素之一。莫里斯·弗里德曼（Maurice Freedman）指出，华人家庭企业的成功，主要是因为相较于其他族群，特别是本地族群而言，华人更善于理财，即懂得如何进行资金运作，以及组织与金钱有关的人力资源。[1] 事实上，莫里斯·弗里德曼是从狭义的角度理解华人经济对于信用之重视程度；广义的信用不仅包含对金融信贷系统的讨论，更包括对信贷系统发生机制的讨论，尤其是带有华人或中国人文化特色的，以个人或企业的声望、信誉，或建立在私人关系之上的可靠性等作为担保，对于商业活动的影响。[2]

维克多·珀塞尔（Victor Purcell）在对东南亚的华人小商业的研究中指出，华商多习惯于使用私人网络进行资金筹集，对于公共信贷机构的信任度相对较低，因此从公共信贷机构，如公共银行中获取资金较为谨慎。在讨论法国人在印度尼西亚建立的人民银行时，维克多·珀塞尔指出，银行建立的最初目的虽然是为贸易活动（如米粮、丝绸、茶叶贸易）的个体经营者、小农、手工艺者等提供相应的资金支持，然而这种公共信贷机构在华人的资金借贷中所能产生的效果并不明显，华人从公共银行中获得的支持只占有极小的比例。[3]

田汝康以马来西亚砂劳越华人的橡胶贸易为例，进一步描述了华商信贷系统是如何发挥作用的。田汝康指出砂劳越古晋地区的代理商在与新加坡的公司进行大宗橡胶交易中，必须事先预备好充足的现金，他们可以凭借与新加坡分公司签订的预期合同，向古晋本地的银行贷款，之后以提单和海关收据作为凭证，由古晋银行转至新加坡分公司的办事处，再由办事处退还给古晋的银行预先借给代理商的金额。因而，在整个过程中，新加坡的分公司成

---

[1] FREEDMAN M. The handling of money: a note on the background to the economic sophistication of overseas Chinese [J]. Man, 1959, 59: 64-65.

[2] GLOPPER D R. Doing business in Lukang [M] //WILLMOTT W E. Economic organization in Chinese society. Stanford: Stanford University Press, 1972: 304.

[3] PURCELL V. The Chinese in southeast Asia [M]. Oxford: Oxford University Press, 1965: 198-199.

了古晋代理商在本地银行获得贷款的信用担保方。对于古晋的代理商而言，能否在新加坡的分公司积累起良好的信用，进而获得担保，则成了其商业成功与否的关键。❶

田汝康认为一方面，新加坡的分公司，与古晋的代理商建立起的信用关系能够保证交易双方最大限度地降低交易风险。分公司通过与期货商合作，不仅能够掌握国际市场的橡胶出口价格，也能够向古晋的代理商提供明确的交易日期及价格；倘若没有这种内部的合作关系，古晋的代理商极有可能无法在限期内顺利完成交易。另一方面，无法与新加坡的分公司建立起信用关系的古晋本地小型代理商，则很难得到一个固定的预期合同作为担保，由此他们不得不在砂劳越的本地市场购买橡胶，对于能否顺利从中获利也有较大的不确定性。❷

唐纳德·德格罗帕（Donald De Glopper）在对从事小型家庭企业的中国台湾鹿港商人的描述中指出，尽管鹿港商人在商业活动中广泛存在使用预期支票作为赊账及担保的凭据，然而在预期支票成为商业惯例之前，家庭企业则广泛依赖口头契约（verbal agreements）作为信用凭证❸；与此同时，在需要现金周转（包括长期或短期周转）时，私人或民间借贷也被广泛使用，在这其中个体融资的范围又与借款人所具有的声望及社会地位相关，且二者基本上呈正相关的关系。❹

唐纳德·德格罗帕也指出，由于社会环境的不同，鹿港商人信贷策略的实践方式与砂劳越华人有所不同。其中，前者强调尽量在商业活动中扩大自主权和自由选择的权利，因而更倾向于建立有限的、具有功能性的特殊关系，唐纳德·德格罗帕将这种关系称为“商业关系”，而后者则更倾向于依赖亲密关系，如亲属和社会网络，来建立信用关系。❺ 因此，尽管信用的重要性相对普遍地体现在华人家庭企业活动中，然而信用的发生机制及其实践策略也与家庭企业所处的社会及经济环境相关，在华人及中国人的家庭企业实践中，通常也有不同的信用策略。

---

❶ T'IEN J K. The Chinese of Sarawak: a study of social structure [J]. Berg publishers, 1953: 58.

❷ 同❶58－59.

❸ GLOPPER D R. Doing business in Lukang [M] //WILLMOTT W E. Economic organization in Chinese society. Stanford: Stanford University Press, 1972: 304－312.

❹ 同❸316.

❺ 同❸323.

陈志明则更为具体地指出，相比于信贷系统在传统中国社会没有得到更广泛的发展而言，“在东南亚及其他地方的移民，却能将传统信贷组织加以调整，并用于投资必需的资本筹集……华商之间在不同层次和不同地方的广泛的商业与信贷网络，在东南亚华人的商业运作中扮演了至关重要的角色”[1]。基于此，陈志明强调，尽管信用在商业活动中是普遍存在的，然而“华商如何处理他们之间关系的实践——如通过口头协议做生意，或在信贷组织的运作中以商业名望和亲属关系作为‘担保’——是非常具有华人特色的”[2]。除此之外，他也强调了外部的商业环境，特别是华人家庭企业与早期殖民地的联系对于华人信贷体系发展的影响。[3]

吴燕和在论文《一石三鸟——巴布亚新几内亚华人的合会组织》中，描述了巴布亚新几内亚的华人是如何利用“合会”[4]这种建立在亲属关系之上的组织来实现经济发展与资本积累的。他在研究中表明，传统中国社会特有的社会及经济的互助组织——标会，在华人家庭企业中，由于受环境的压力而逐渐转化为表现其经济金融功能的组织，因此建立在亲属关系基础上的合会组织同时是一套金融系统；且相比于正式的金融系统而言，这种金融网络体系是颇具创造性与竞争力的。[5]

不同于吴燕和所描述的新几内亚华人对传统标会的利用，陈祥水则发现，在纽约皇后区中国台湾地区的商人所经营的家庭企业中，利用“合会”方式进行筹款的情况极少，他们更多采用的是熟人借贷或个人储蓄的方式，并以

---

❶ 陈志明. 迁徙、家乡与认同：文化比较视野下的海外华人研究［M］. 段颖，巫达，译. 北京：中国商务出版社，2012：193.

❷ 同❶196.

❸ 同❶207－211.

❹ 信用合会（rotating credit association）的概念由格尔兹在分析非西方社会的民间融资现象时首次提出，格尔兹将信用合会视为利用传统的社会关系，以实现非传统的经济功能的组织形式，认为信用合会除了能够发挥积极的商业组织功能外，在一个生计方式从农耕向工商业过渡的社会中，还起着中介机构（intermediate institution）的作用。不少研究也是基于这个脉络开展的。然而，从内涵及功能上说，吴燕和讨论的合会组织，仍然与格尔兹研究的信用合会有所不同。参考：GEERTZ C. The rotating credit association：a “middle rung” in economic development and cultural change［J］. Economic development & cultural change，1962，10（3）：241－263；ARDENER S. The comparative study of rotating credit associations［J］. The journal of the royal anthropological institute of Great Britain and Ireland，1964，94（2）：201－229.

❺ WU D Y H. To kill three birds with one stone：the rotating credit associations of the Papua New Guinea Chinese［J］. American ethnologist，1974，1（3）：565－584.

此作为家庭企业筹集资金，尤其是初始资金的主要来源。❶ 值得注意的是，由于陈祥水的调查以唐人街的小商业为主，其所提到的三个案例分别为糖果店、面包店和中餐馆，初始阶段并不需要大规模的资金支持，因此熟人借贷与个人储蓄已经能够满足家庭企业的需求，融资也以小范围的融资为主。

在大规模的融资上，除上述吴燕和提道的“合会”组织，王春光还对在法国巴黎的温州地区的商人之间存在的“会”进行了研究，指出其作为一种民间融资方式，能够解决温州人创业时所需的资金问题。王春光指出“会”是基于亲戚、朋友关系建立起来的非正式金融组织，其中“会”又包括“干会”与“活会”两种类型。王春光认为“会”对于温州人来说是较为保险的融资方式，同时为温州人筹集资金提供直接的帮助，加快了温州人的创业速度。❷

龙登高则对华人家庭企业的信用策略进行了概括式的评价，指出信用之于华人家庭企业的重要性，认为华人家庭企业的融资策略“即使在国际规则逐渐成熟之后，也具有相当程度上的不可替代性，它是一种非正式制度，是多元信用构造中的一种有益形式”，且“规避了外部风险，替代了制度的不足，降低了信息搜寻、信用建立与考察成本”，因而“海外华商中小企业的创立与成长离不开华商金融网络的支持”❸。

由此可见，信用与华人家庭企业的发展，在不同的田野点——如马来西亚、印度尼西亚、巴布亚新几内亚、法国等的呈现方式不同；与此同时，信用的发生机制及其所依赖的关系类型也有所不同。那么，以专业市场的发展为背景，家庭企业依托的是怎样的信用及担保方式；亲属或社会网络在建立信用机制上有哪些具体的效用；非正式的信贷系统与正规化的信用体系在商业活动中的信度及效度有何区别，则有待于进一步的研究。

综上所述，本书将在家庭企业研究的脉络下，讨论中大布匹市场上的

---

❶ CHEN H S. Chinatown no more: Taiwan immigrants in contemporary New York [M]. New York: Cornell University Press, 1992: 104 – 127.

❷ 王春光，BÉJA J P. 温州人在巴黎：一种独特的社会融入模式 [J]. 中国社会科学，1999 (6)：106 – 119；王春光. 流动中的社会网络：温州人在巴黎和北京的行动方式 [J]. 社会学研究，2000 (3)：109 – 123；王春光. 巴黎的温州人：个移民群体的跨社会建构行为 [M]. 长春：吉林人民出版社，2000。

❸ LONG D G. Credit mechanism and international network – the growth of overseas Chinese business in crossing system barricade [J]. Journal of diaspora studies, 2007, 1 (2): 5 – 19.

家庭企业策略，探讨其与华人家庭企业策略的异同，分析传统的家庭企业策略，如亲属和家庭所有制、赊账交易、非正式契约等在工业发展及城市化进程中是否仍然具有效用，以及家庭企业扩展为全球化的纺织贸易中心这一过程是怎样在以亲属、信用为基础的微观策略中被加以实践等问题；以上议题既是对家庭企业策略的呈现，也是推动家庭企业发展为专业市场的重要因素所在。

二、中国企业发展与工业化

（一）中国私营企业的发展

改革开放以来，中国私营企业有了较快发展，相关议题也引起了国内外学术界的关注。由于专业市场中的家庭企业以个体工商户及私营企业为主[1]，因此笔者也将对私营企业发展的相关研究予以回顾。已有研究基本上围绕3条路径展开：其一是政治经济学视角下的表述；其二是在企业家精神视角下的论述；其三是关系网络视角下的分析。笔者将分述之。

第一，从政治经济视角展开的论述主要是围绕企业发展与制度变迁的讨论，这部分的研究以经济社会学的研究为主。典型的个案，如倪志伟（Victor Nee）等以长三角地区的产业集群发展为例，讨论私营企业是如何在以国有企业为主导的制度环境中克服阻力，从而寻找商机、获得发展的。倪志伟指出国内私营企业的发展主要在于其能够在正规的制度环境之外寻找生存空间；同时私营企业的成长对宏观制度的变迁有反作用，进而影响了制度的结构性变迁。[2] 尽管如此，私营企业的发展究竟是作为制度组织的策略，抑或是作为推动社会变迁的结构性要素，仍然需要深思。

在政治经济学的路径下，地方政府在私营企业成长中的角色也被广泛讨论。如有研究指出，在温州私营经济的发展中，地方政府推行的改革政策所带来的充足且可以自由流动的劳动力，以及可以给付的低工资水平，

---

[1] 根据世界银行2012年的数据，在中国内地的所有企业中，中小企业（人数99人以下）的数量占到全部企业总数的62%，其中家庭企业又占据了90%以上的比重。参考：http：//www. enterprisesurveys. org/data/exploreeconomies/2012/china.

[2] NEE V，OPPER S. Capitalism from below：markets and institutional change in China［M］. Cambridge：Harvard University Press，2012.

是温州经济得以成长的最为重要的因素。[1] 而地方政府在温州制鞋企业的发展中也有较为重要的作用。[2] 就中大布匹市场的发展而言，由于其对地方政府的直接依赖程度较小，因此对于推动专业市场发展微观策略的考察仍为重点。

第二，从企业家精神（entrepreneurship）的分析视角展开。例如，一些研究将企业家精神与私营企业主的创业过程相结合讨论，展现了企业家创业过程的能动性。[3] 将私营企业主视为一个阶层，是从企业家精神展开论述的前提之一，因此也有研究对改革开放之后的企业家创业活动进行了阶段划分，并且认为目前国内已经形成一个独立的私营企业主阶层。[4]

就我国私营企业的发展而言，对私营企业主进行企业家阶层的划分仍然有待商榷。就笔者调查的专业市场而言，从事家庭企业的企业主们，他们当中有不少人除了在城市中开展工商业，还保留了农民或工人的身份。而这种情形不仅存在于中国，也存在于世界其他国家或地区。例如，安德里亚·科利讨论到为何意大利的工业区大多出现在半岛的东北部及中部时，指出源于意大利东北部及中部以小农经济为主的经营传统，使得开展制造业的家庭工厂主，同时也经营农业。[5] 因此，笔者认为“老板”[6] 的概念更加符合家庭企业从业者的身份界定，也有利于对其进行更为客观的描述。

第三，不少研究也尝试在关系网络的视角下，对私营企业主的行动逻辑进行研究。例如，项飙在研究北京浙江村的形成时，讨论了关系网络是如何作为社会资本为温州人在北京的创业和立足提供支持。[7] 张鹏以北京大红门

---

[1] STRAUSS J, et al. Private sector industrialization in China：evidence from Wenzhou [M] // OTSUKAK K. Community, market and state in development. London：Palgrave Macmillan UK, 2010：262－290.

[2] HUANG Z, ZHANG X, ZHU Y W. The role of clustering in rural industrialization：a case study of the footwear industry in Wenzhou [J]. China economic review, 2008 (19)：409－420.

[3] GAO C. The making of migrant entrepreneurs in contemporary China：an ethnographic study of garment producers in Suburban Guangzhou. [M]. Hong Kong：Hong Kong University, 2006.

[4] POUTZIOURIS P, WANG Y, CHAN S. Chinese entrepreneurship：the development of small family firms in China [J]. Journal of small business and enterprise development, 2002, 9 (4)：383－399.

[5] COLLI A. The history of family business, 1850－2000 [M]. Cambridge：Cambridge University Press, 2002.

[6] NUMAZAKI I. The Laoban－Led development of business enterprises in Taiwan：an analysis of the Chinese entrepreneurship [J]. Developing economies , 1997, 35 (4)：440－445.

[7] 项飙. 跨越边界的社区：北京浙江村的生活史城市里的陌生人 [M]. 北京：三联书店，2000.

服装批发市场的个体工商户为个案，讨论了以温州商人为主体的私营企业主是如何通过非正式的关系网络，在国家主导的话语体系下，进行商业活动的实践。[1] 陈立旭讨论了建立在社会网络之上的“关系”对浙江商人私营企业经济绩效的影响。[2] 秦海霞则以辽宁省D市为个案，讨论了该市私营企业主的行动逻辑及关系网络构建。[3] 尉建文等基于对武汉市31位私营企业主的访谈，探讨关系网络为私营企业主带来的社会支持。[4] 刘培峰从关系网络的视角，专门讨论乡镇企业主的发展。[5] 李孔岳则深入指出，中国私营企业家的行为是关系导向的，中国私营企业家的关系运作模式是一种渗透模式：以己为中心，通过血缘关系、亲缘关系、地缘关系不断地向外延伸来扩展自己的关系网络；而企业家在进行企业内、企业间、企业与政府三种方式的关系运作时，会不断地打破私营企业在发展过程中面临的政策及市场壁垒的双重压力。[6]

从关系网络视角下开展的研究对本研究有一定的启发意义；然而关系网络视角的分析更加注重个体的能动性，且由于关系网络在不同文化情境下的具体表达不同，不同的关系类型——亲属、地域或者朋友关系，在不同的商业情境及实践中所发挥的具体作用也不同，因此需要更为具体的分析。

在前人研究的基础上，本书选择从家庭企业的视角切入，对家庭企业向专业市场扩张的微观策略进行描述。将关注家庭企业的策略及其实践过程，包括家庭企业如何建立起有效的内部管理制度，利用亲属及社会网络来获取商机，以及如何在家庭合作的基础上实现产业链分工，建立信用体系，进而推动专业市场的发展等。

---

[1] 张鹂. 城市里的陌生人：中国流动人口的空间、权力与社会网络的重构［M］. 袁长庚，译. 南京：江苏人民出版社，2014：14－16.

[2] 陈立旭. 特殊信任、关系网络与浙商私营企业组织模式［J］. 商业经济与管理，2007（12）：3－10.

[3] 秦海霞. 关系网络的建构：私营企业主的行动逻辑［D］. 上海：上海大学，2005.

[4] 尉建文，李国武，陈云. 私营企业主的关系网络与社会支持［J］. 中央财经大学学报，2007（8）：74－78.

[5] 刘培峰. 亲缘关系、地缘关系与乡镇私营企业主的生成［J］. 社会，2003（8）：37－39.

[6] 李孔岳. 关系格局、关系运作与私营企业组织演变［J］. 中山大学学报（社会科学版），2007（1）：111－115.

（二）家庭企业与工业化

由家庭企业推动的专业市场发展，在一定程度上关系中国的工业化及城镇化进程，然而家庭企业与工业化进程的关联性在过去的研究中时常被忽略。相对地，由大型制造业，特别是美国的制造企业所推动的工业化是世界工业化进程的主流方向。第二次世界大战之后，美国的制造商长时间占据世界经济的中心地位，即便是在亚洲经济有较快发展的20世纪60年代以来，在日本和中国台湾，以及后期中国大陆的制造业开始逐渐取代美国制造业的地位时，全球经济的目光仍然较多地集中在美国的品牌化生产商，进而与家庭企业在全球经济中所占有的重要比重形成鲜明的对比。对此，盖瑞·汉密尔顿（Gary G. Hamilton）和高承恕认为这主要是由于以中小企业为主的家庭企业，既没有较引人注目的品牌，也没有形成跨国资本。[1]

然而，早在20世纪30年代，费孝通教授就提出，在蚕丝业的发展中，“家庭企业如何有计划地变革成为合作工厂，以适应现代的需要”[2]的问题，以及在中国的工业发展及城镇化道路的选择上，应该走“工业到农村里面去”的发展思路。[3] 虽然费孝通教授提出，通过发展农村小型工厂来抵抗西方工业资本主义冲击的想法，在外忧内患的情境中并没有被实践[4]，然而，在20世纪90年代，费孝通教授又重访江村，发现由于开弦弓村所创办的集体企业的经营效益不佳，织机又被搬回了农家，工厂的工人也回到了农村，重新办起家庭工厂。[5] 因此，吴江家庭工厂在改革开放之后的发展，某种程度上，证实了费孝通设想的正确性。[6]

20世纪80年代以来，费孝通教授也关注了专业市场发展的这一现象，他以对浙江桥头纽扣市场的个案研究为例，提出专业市场是“从商贩出工业，以工扩商”的模式，即商品的产销等均在一个家庭内完成，农村经济以

---

[1] HAMILTON G G, KAO C S. Taiwan's industrialization: the rise of a demand - responsive economy [M] //CHU Y W. Chinese capitalism's: historical emergence and political implications. New York: Palgrave Macmillan, 2010: 129.

[2] 费孝通. 中国城乡发展的道路：我一生的研究课题［J］. 中国社会科学，1993（1）：3-15.

[3] 费孝通，方李莉. 工业文明进程的思考［J］. 民族艺术，2000（2）：8-17.

[4] 费孝通. 江村经济：中国农民的生活［M］. 北京：商务印书馆，2001：238.

[5] 同[4]303.

[6] 杨应成. 对费孝通乡土工业理论的思考［J］. 知识经济，2009（3）：69-70.

及家庭工业是在市场的带动下逐步兴起的。[1] 在此基础上，费孝通将专业市场的发展模式概括为中国经济发展的“温州模式”，认为中国所走的工业化道路，“是一条与西方工业化迥然不同的道路，是从中国国情出发，具有中国特色的农村工业化的道路”[2]。

孙文彬、黄绍伦、郑宏泰在对江苏省小城镇的家庭企业发展的研究中，也强调了家庭企业对小城镇工业化及城镇化的影响。研究指出在江苏省工业经济发展中，“由于经济资源的稀缺和集中，家庭和家族这样有深厚文化基础的制度资源，开始广泛地发挥作用，民营企业的起步大部分是依靠家族企业开始的……且不少地方还形成‘一镇一品’的局面，成为小城镇工业化和城市化的主要力量”[3]。

从中国乃至亚洲的范围来看，家庭企业对工业化及城镇化过程的作用也是较为显著的。在对香港的上海工业企业家的研究中，黄绍伦指出占香港总人口4%的上海移民，在推动香港工业化进程中发挥了较大的作用；在工业领域，特别是纺织工业领域，香港的上海工业家创造了发展的奇迹。黄绍伦共调查了23家工厂，总结出四种企业类型，分别为独资企业、家族企业、合伙企业和上市公司，指出在公司的所有权及归属上，有一半以上是以家庭企业的形式经营的。[4]

根据梁志坚（C. K. Leung）的观察，在香港的企业，包括从大规模企业到中小企业，在向内地的扩张中，均有赖于与内地建立起的分销承包关系；而这种分包关系通常与香港企业主在内地的家乡及亲族网络有密切关联。因此，分包商大多来自企业主的家乡，承包人与企业主也有亲属关系。梁志坚认为，这种能动性的联系，带动了香港制造企业的发展，也对分包商所在地产生影响，加速了本地的工业化。[5]

在世界其他国家或地区的工业发展中，迈克尔·皮奥利（Michael Piore）

---

[1] 费孝通. 小商品、大市场，志在富民：从沿海到边区的考察［M］. 上海：上海人民出版社，2007：186-200.

[2] 费孝通. 我看到的中国农村工业化和城市化道路［J］. 浙江社会科学，1998（4）：3-6.

[3] 孙文彬，黄绍伦，郑宏泰. 小城镇的经济发展与家族企业［M］//嘉兴市人民政府，中国小城镇发展研究院. 城乡一体化与小城镇发展. 上海：上海社会科学院出版社，2005：341-342.

[4] 黄绍伦. 移民企业家：香港的上海工业家［M］. 张秀莉，译. 李培德，校. 上海：上海古籍出版社，2003.

[5] LEUNG C K. Personal contacts, subcontracting linkages, and development in the Hong Kong Zhujiang delta region［J］. Annuals of the association of American geographers, 1993（6）.

与查尔斯·萨贝尔（Charles Sabel）指出，20世纪80年代后，以中小企业为主的集群工业区，作为大企业的替代模式，在很大程度上，推动世界经济的增长，进而获得较多关注。[1] 安德里亚·科利比较了美国硅谷和意大利半岛的东北部与中部地区集群工业区的发展，及其对两国工业化进程的影响，进一步指出美国硅谷与意大利制造业集群的组织方式不同，其中硅谷基于其技术创新的特性，关注的是短期风险及效益，而意大利的制鞋工业区则关注的是长期投资及收益，另外硅谷的中小企业多依赖于正规融资，意大利却以非正式融资为主。[2]

以上个案说明家庭企业与工业发展及城镇化之间有紧密关联，家庭企业在工业发展及城市化进程中是主要的推动力量。本研究也尝试进一步说明，家庭企业作为规模较小且在技术或融资上不占优势的企业类型，不但没有被大型企业所取代，反而逐步扩张，甚至形成具有跨国网络的经济组织，对我国的工业进程有较深远的影响。

在中大布匹市场的个案中，一方面，家庭企业的重要性被凸显出来：与华人家庭企业的扩张路径不同，家庭企业实现在特定区域内的集中扩张，形成与国内市场及跨国网络紧密联系的商业系统；另一方面，家庭企业也构成推动中国工业发展与城镇化不可忽视的重要因素。因此，对于中大布匹市场的个案研究不仅能够呈现家庭企业发展的基本特征，与华人家庭企业的成功因素进行比较，同时作为工业化及城镇化，特别是初期工业化的范例，为了解亚洲乃至世界工业发展及城镇化进程提供了可供比较的个案基础。

第三节 研究方法与田野点概况

笔者选取位于广东省广州市的中大布匹市场[3]为田野点，采用民族志方

---

[1] PIORE M, SABEL C. The second industrial divide: possibilities for prosperity [M]. New York: Basic Books, 1984.

[2] COLLI A, ROSE M. Family business [M] // JONES G, ZEITLIN J. The Oxford handbook of business history. Oxford: Oxford University Press, 2008: 207 -208.

[3] 在田野点的命名上，由于分市场的开发商不同，名称也不同，因此本文采用在布匹商人当中被普遍接受的，且在以往研究中使用较多的“中大布匹市场”这一名称，作为对田野点的命名。当文中出现分市场的名称时，笔者均以括号加注的方式进行了说明，以便澄清二者之间的关联。

法进行田野调查。中大布匹市场的地理边界大致为：以瑞康路为中轴线，东至广州大道南，西邻东晓南路，南连新滘西路，北接新港西路。其中大部分区域属凤阳街道管辖，少部分延伸到新港街、瑞宝街。由于中大布匹市场位于笔者就读的中山大学对面，有地理上的便利性，中山大学的师生也曾以中大布匹市场为调查点，完成多项研究。[1] 然而，在众多的研究中，还未有过从家庭企业的视角切入的相关讨论。中大布匹市场较为明显的外部特征之一，是由一个个小型家庭企业构成的，商业网络覆盖全国乃至全球的大型布料批发市场。本书的调查分为三个阶段：第一阶段是踩点时期，时间从 2015 年 3 月到 5 月，为期 3 个月，其间笔者多次进入中大布匹市场开展预调查工作；第二阶段是从 2015 年 9 月到2016 年 8 月，共 11 个月，为正式调查阶段；第三阶段是 2018 年 12 月，笔者对田野点进行了为期 1 个月的回访调查。本书的资料是对这三个阶段所收集资料的综合利用。

笔者最初进入田野的时间是 2015 年 3 月，当时中大布匹市场已经具有一定规模；至 2019 年，中大布匹市场的商圈的面积占地 5 平方千米，共拥有 59 个分市场，店铺数量 22180 间，建筑面积 1. 894423 平方千米。[2] 中大布匹市场经营的品种包括针织、化纤、毛纺、丝绸、混纺交织、棉纺、麻纺等面料产品，以及服装配饰、家居装饰、钮扣、烫钻、五金等辅料产品，共计超过

[1] 这些研究成果包括：20 世纪四五十年代完成的，伍锐麟、杨庆堃等组织学生对岭南大学周边农村的调查研究成果，如伍锐麟著，何国强编写的《民国广州的疍民、人力车夫和村落：伍锐麟社会学调查报告集》；黎素菊的《旧凤凰五凤康乐三村农村经济调查统计表》；正宝杰的《鹭江村家族与祭礼调查》；张淑芳的《鹭江村四代阶级及职业的流变》；简慕贞的《鹭江儿童家庭教养调查》；钱楚文的《鹭江村娱乐活动的研究"》；刘耀荃的《鹭江村的权力结构》。除此以外，杨庆堃先生也出版了两部以鹭江村为调查点的英文著作，*A Chinese Village in Early Communist Transition* 和 *The Chinese Family in the Communist Revolution*。20 世纪 80 年代之后，孙庆忠等人，从村落变迁、城市发展、空间异化、劳工权力等不同视角，对中大布匹市场片区进行了研究，如孙庆忠的博士论文《都市村庄》；周大鸣、高崇发表的《城乡接合部社区的研究——广州南景村 50 年的变迁》和郑广怀、孙慧、万向东发表的《从"赶工游戏"到"老板游戏"——非正式就业中的劳动控制》等文章，以及及董谷雨的硕士论文《商家在日常经营中的实践逻辑——以中大布匹市场为例》、帅静宜的硕士论文《广州中大布匹市场治理的问题与对策研究》、宁艺的硕士论文《专业市场成长过程中的地方政府行为——基于两个专业市场的个案研究》、蔡静珊的硕士论文《城市正规经济与非正规经济的联系：以广州中大布匹市场及其周边的制衣行业为例》、卢芳的硕士论文《从村庄到服装产业社区——广州市康乐村的空间异化研究》、刘米娜的博士论文《新市场共同体：商户、网络与空间：中大布匹专业市场的实地研究、Gao Chong（高冲）的 *The Making of Migrant Entrepreneurs in Contemporary China*：*An Ethnographic Study of Garment Producers in Suburban Guangzhou*、Wu Ling（吴玲）的 *Migrant Workers and Informal Economy in Urban China*：*A Ethnographic Study of A Migrant Enclave in Guangzhou*。

[2] 中大布匹市场的分市场及商铺分布详细情形见附录二。

10 万个品种，市场周边及上下游从业人员达 30 多万人，年交易额超过 1000 亿元，商业网络也已经扩大到世界上的多个国家和地区，是国内乃全球知名的专业纺织品批发市场。

在对大型市场进行调查时，以小型社区研究见长的人类学者们不免感到无从下手，笔者在预调查期间，花费了较多时间在漫无目的地行走上。在预调查后期，笔者逐渐发现家庭企业与中大布匹市场之间所具有的深层关联：不仅从表面上看，中大布匹市场是由一个个紧密排列的小型店铺组成，另外从布料的生产到流通，中大布匹市场作为在地市场与国内市场以及全球商业网络的关联，全部的环节都可以在对家庭企业调查中观察到。也就是说，这种看似不起眼的小型家庭企业，在亲密无间的配合下，形成专业化的大型市场。因而，这种家庭企业与专业市场之间的内在关联引起笔者的兴趣，笔者也开始以此为主要思路而开展之后的调查。

尽管如此，对家庭企业的研究并不是本书的最终目的，即便是从家庭企业入手展开调查，本书也将关注中大布匹市场作为全球纺织交易中心这一特点。如前所述，中大布匹市场的发展，与市场所在社区发展的关联性并不显著。也就是说，中大布匹市场作为在地市场的发展，更多地得益于跨越地理边界的商业资源。笔者将从以下两个方面对此进行初步说明，更为详细的内容笔者将在第二章进行介绍。

第一，尽管随着广州市城市道路系统的更新，中大布匹市场周边的交通更为便利，然而相对于广州十三行服装批发街等老商行所在地而言，中大布匹市场在地理位置的优势并不明显。中大布匹市场位于广州人所说的“河南”，也就是珠江以南的地区；而相较于“河北”，即珠江以北而言，珠江以南的发展是较为滞后的，且在陆路与水路交通上，都不及珠江以北的老城区便利，而广州十三行服装批发街等有较长历史的商行，以及如今广州市白马服装市场、广州红棉国际时装城等大型服装批发市场所在地则均位于老城区。

与广州十三行服装批发街相比，中大布匹市场的发展历史也是较为短暂的。中大布匹市场是在 1985 年之后逐渐发展起来，其前身是位于连通了珠江南北的海印桥脚处一片以摆地摊为主的市场。据一些商户讲述，海印桥脚是离江北最近的地方，他们最初便是在此处摆摊卖布，之后由于桥脚片区要改造，无法继续经营，才转到了中大布匹市场。随着布匹商人的增多，市场扩张的速度极为快速，短短数年间，就发展成为现代化的专业布匹市场，原先的蔬菜市场也已不见痕迹。

第二，与本地人相比，经营者对市场所在社区的认同感较弱。对于往来于中大布匹市场的客商而言，最为熟知的地标是“康乐村”和“中山大学”两个牌坊；而初次来到中大布匹市场的客商，从厂家到采购、代理商，他们所寻找的明显的标识也是这两个牌坊，而不是中大布匹市场所在的凤阳社区。因此，他们的认同来源是中大布匹市场，而不是凤阳社区。除此之外，在中大布匹市场内经营的批发商，他们并不一定住在凤阳社区；中大布匹市场对于他们而言则更多的是工作空间，而不是居住空间。例如，浙江的谢先生、福建的王先生，分别租住了与市场相邻社区的小区；广东的潘女士、叶女士两家，则分别住在自行购置的、距离市场较远的广州番禺区的房屋，每日坐地铁往来市场。总体来看，中大布匹市场片区也较为符合“二元社区”的特征。❶

尽管如此，但凡与纺织行业有关联的人士，他们都将中大布匹市场视为淘金的“金三角”——笔者转述来自福建的布匹商王先生的话，“对于每个做贸易的人，如果把他们比作是鸟，那么广州就是一片森林，无论是谁都会忍不住停下来看看”。如前所述，无论是从相对区位还是绝对区位上考虑，中大布匹市场虽然不具有地理位置上的优势，获得的政策性支持也相对较少；家庭企业却通过自身的运作，克服了这些阻力。在家庭企业内部，纺织品从原产地到布匹市场作为中转地，再分散到全球各地，实现产业链的联通，构成完整的商业体系。因此，中大布匹市场迄今为止的资源与声望的积累，并不主要得益于优良的外部条件；中大布匹市场被称为“金三角”，在很大程度上得益于“看不见的手”——商机与商业资源的支持。

如今的中大布匹市场上有来自全球的货源以及世界各地的客商，有足够多赚钱的可能性，然而其中也面临着众多的风险。于是，也有人将这种“淘金”比喻为一种“赌博”。笔者转述在中大布匹市场已经打拼多年的、来自江西的布匹商徐先生的话说：“在中大市场上做生意，特别是对于初来乍到的商人们而言，就像是在‘赌’，一旦‘压中’，找对了路子，就能赚钱；一次压不中，也有可能赔掉所有的积蓄，就此‘打道回府’。”

总体而言，中大布匹市场的发展主要基于家庭企业经营者的策略选择，是在几乎没有发展基础，地理位置及政策均不占优势的前提下，基于家庭企

❶ 周大鸣. 外来工与“二元社区”：珠江三角洲的考察［J］. 中山大学学报（哲学社会科学版），2000（2）：107－112.

业实践的结果，并且其中包含大量的风险与竞争，以及对于商机的把握与风险应对的策略。那么，这种策略是如何展开的，家庭企业是如何在这样的前提下获得发展的，将是本书讨论的重点。基于中大布匹市场具有地理范围广、交易者的来源地复杂等特点，笔者选择民族志方法开展研究之后，又将主要调查地点集中在每一个家庭企业内部。

如前所述，目前中大布匹市场内共有 22180 家店铺，实际的家庭企业数量却小于店铺总数。这源于两个原因：其一，由联合家庭构成的家庭企业，如由父母与已婚子女共同经营，或在已婚的兄弟姐妹合伙经营的情形中，倘若一个家庭经营一家店铺，另一家则有可能同时经营另外的店铺，因此从数量上说，则拥有两家或两家以上的店铺，而实则是由一个联合家庭共同运作，笔者将这样由联合家庭构成的家庭企业视为一个家庭企业单位；其二，在核心家庭——主要指的是由父母与未婚子女所组成的核心家庭的家庭企业中，倘若父母经营一家店铺，未婚子女负责分店铺的经营，那么也有助于店铺总数的增长。对以上事实的关注，也从结构上澄清了家庭企业与店铺数量的内在关联，降低了调查的难度。

另外，尽管中大布匹市场的商业网络遍及全球，然而内部的分工合作也离不开家庭企业的运作。例如，在联合家庭的家庭企业类型中，弟弟家的店铺在绍兴，哥哥家的店铺在广州，弟弟负责生产，而哥哥负责销售；抑或是在夫妇家庭经营的家庭企业类型中，丈夫在广州负责销售，妻子则负责在老家管理生产，诸如此类。家庭企业在很大程度上能够呈现产业分工与家庭结构的内在关联，这既是家庭企业的策略，也是广阔的商业网络得以形成的原因之一。基于以上的考虑，笔者将调查重点放在对每一个家庭企业的深入调查上。

参与观察是收集资料的主要方法之一，具体方式主要有三个。

其一，与受访者同吃同住。在正式调查开始之初，笔者便机缘巧合接触到从事 20 年服装生意之久的受访者，并在其家中居住了 15 日左右，以便观察与深入访谈。此后，笔者虽然没有机会再入住受访者家中，然而也对核心受访者进行了多次回访，同时尽量多地参与其日常生活中，如在节日或受访者生日时与其进行往来。

其二，跟随受访者走场（看货、选货、洽谈生意）。走场并不仅限于中大布匹市场内部，受访者去某地，笔者也随之去该地。例如，受访者的店铺在中大布匹市场，但是与其合作的加工厂在佛山，那么笔者也随之同去佛山。

又如，受访者的店铺在中大布匹市场，而其合作的下游店铺在十三行、沙河、火车站等地[1]，笔者也同时往来于这几地。

其三，笔者尝试参与家庭企业的经营中。在陈先生的协助下，笔者在其经营的家庭企业中参与了询价、压价、发货等流程，与上游的供货商和下游的客户进行了较为充分的接触，以便澄清商业网络组织的整个过程。

因此，在对家庭企业的考察中，笔者并非将布匹生产及流通的环节独立起来，而是视为一个整体进行考察；而这种整体性又恰好是在对家庭企业的深入考察中呈现的——布匹的生产、加工、销售等环节在家庭企业中被整合起来，最终形成全球性的商业网络。

笔者跟随受访者，先后到沈阳及广东的普宁、中山、佛山等地调查。以上各地，或是中大布匹市场的下游市场[2]；或是中大布匹市场的上游环节，即布匹的生产加工基地的所在地，如普宁、中山、佛山。除了上述笔者亲自去到的地方，浙江的绍兴、宁波，福建的泉州，河北的辛集等也是知名的布料生产、加工或销售的基地。通过家庭企业的运作，纺织品从不同的生产基地汇集至中大布匹市场，再流向全球各地。对于上述地点，笔者无法一一实地考察，因此笔者一面通过文献资料了解不同地区专业市场的发展；一面则通过与受访者的深入交谈，获得更为完整的认知。

对家庭企业经营者的访谈也是资料收集的主要方法之一。笔者共对 31 家家庭企业（包括独立经营与合伙经营）的 67 名管理者及雇佣人员进行了深入访谈，其中包括企业所有者或管理者 43 名，员工 24 名。如前所述，由 1 个联合家庭，通常为 2 ~ 3 个核心家庭组成的合伙企业，本书均以 1 个家庭企业的数量计算。除此以外，笔者还对中大布匹市场所在社区的村民、政府机构的管理人员、市场管理者，以及与之有关的商会主要管理者进行了访谈。

---

[1] 十三行、沙河、火车站均为广州服装批发市场所在地。

[2] 从全国范围来看，专业市场作为商品的集散地已经形成了一定的分布规律。依据不同地区市场的规模大小，专业市场从纵向上可以分为一级到四级，四个不同等级的专业市场。其中，一级批发市场由于货物行销全国甚至是全球，规模在专业市场中属于最大的，目前在广州、北京、深圳等特大城市分布的专业市场大多为一级专业市场，据统计，就广州而言，目前形成了近千个专业市场，其中大部分市场拥有一级批发市场的规模。二级市场则是主要分布于沈阳、重庆、武汉、郑州等地方的市场，这些专业市场一般需要从中大市场等一级市场拿货，再在地方上行销，因而属于一级市场之下的二级市场，以此类推。

调查之中，笔者没有对全部家庭企业的所有成员进行访谈，而是集中对家庭企业中的主要成员，特别是家庭企业的所有者、管理者和关键岗位的员工进行深入交谈。而“回访”也是笔者使用频率较高的方法之一。如前所述，受访者的居住空间是分散的，其商业网络更是流动的，因而笔者没有选择通过长期居住在中大布匹市场的方法来观察受访者的日常活动，而是采用多次回访的方法，一面充分收集资料，同时也可再次验证前次资料的有效性。初次访谈之后，笔者选择在适当的时间再集中对这些受访者分别做三至四次的回访。在调查中，笔者已经向所有受访者阐明了本人的来历及研究目的。由于绝大部分的访谈者要求匿名，于是笔者对所使用资料中的受访者信息进行了匿名处理。

在正式调查的后半段，笔者也遇到了一些困难。尽管距离与报道人的初次接触不足一年，然而已有约三分之一的受访者，他们或转而不再从事布匹批发生意，或更换了店铺位置。这在一定程度上增加了调查难度。对于无法在原店铺地址找到的家庭企业，笔者通过电话进行了联络，对部分能够进行面访批发商的进行了当面回访，而对于远距离的受访者，在条件不便时，笔者采用了电话回访的形式。而在一些家庭企业逐渐撤出市场时，更有源源不断的家庭企业进入市场，这在一定程度上也增加了调查的不确定性。然而，这使得笔者从总体上对家庭企业的认知更为清晰——商机或资源，而非地点，始终为家庭企业的经营者们所重视，由此也凸显家庭企业的灵活性与开放性；而家庭企业是通过怎样的策略，使跨区域的商业网络得以发展，最终呈现规模化的大型商业组织的整体面貌，是笔者在调查中所贯穿的总体线索及思路。

第四节 研究思路

本书主要是通过对中大布匹市场上家庭企业策略的呈现，探究家庭企业扩张为专业市场的过程及原因，由此呈现由家庭企业推动的中国特色的工业化及城镇化道路，并将其作为不同于西方的工业化道路之个案加以反思。对家庭企业策略的呈现是本书的明线，而暗线则旨在呈现小型商业为何能够参与全球商业网络的组织中，并且最终发展成为集中国内以及全球商业资源的中心，将探讨家庭企业与国内市场及全球市场的联系等。

因此，在章节的安排上，本书仍以对家庭企业策略的讨论为主线，各章节将分别对家庭企业的策略加以描述，与此同时，也将尝试由家庭企业的讨论扩展到更为宏大的主题，如商业网络的扩张和发展，国内市场与全球商机的互动，国内与国际政治与经济环境等，由此呈现规模化的商业组织及全球化的商业网络如何在家庭企业策略下被关联起来这一过程。

笔者将于第二章探讨中大布匹市场发展的历史背景。本章将利用文献及口述资料回溯中大布匹市场以农为生的历史图景，关注中大布匹市场片区村落自 20 世纪 80 年代以来的生计转型过程，尤其是随着市场化过程的加深，中大布匹市场所在片区城市化的进程也不断加快；将强调村落生计方式的转型与市场化过程的关联。与此同时，本章也将关注中大布匹市场形成的外部条件，探讨自 1978 年改革开放至 2001 年中国加入世界贸易组织，以及 1997 年和 2008 年的两次世界经济危机的发生对中国，尤其是广州作为沿海开放城市的影响，讨论国家力量的介入与市场开放之间的关系，并以此作为宏观背景，强调家庭企业对中大布匹市场作为全球纺织行业“金三角”形成的重要作用。

第三章将讨论家庭企业的创立与发展，试图呈现家庭企业的发展过程及内部管理策略，对亲属及家庭所有权在企业发展中的作用及地位进行考察，讨论亲属与家庭企业的关系，此外还将分析单个的家庭企业为何较少发展为企业集团。事实上，家庭企业的特征，是家庭企业在特定的文化、政治、制度或经济环境下进行策略选择的结果。因此，本章除了探讨家庭或亲属作为社会文化基础对家庭企业发展的影响，也将论及外部的社会经济环境对家庭企业策略选择的影响。

第四章是对家庭企业的商机及商业策略的讨论，将考察亲属及社会网络在商机获取中如何发挥作用，探讨家庭企业的路线选择如何为亲属及社会网络所影响，家庭企业如何通过私人网络形成商业团体，并以此作为竞争优势实现对商业资源的垄断，考察个人或家庭企业的信誉在商业合作中的作用。本章将指出，虽然家庭企业并不排除与非亲属成员合作，然而在面临更为广阔的商机时，基于熟人信用的法则发挥较为明显的作用。笔者也将强调，在合伙人或合作者的选择中，亲属优先的策略仍然相对重要。

第五章将考察家庭企业的环节与产业链分工之间的关联，探讨布匹行业的生产、加工及流通的整个过程是如何基于家庭企业的配合实现的，强调企业之间的合作对于部门的专业分工所起到的作用。本章也将考察性别对家庭企业分工的影响，指出在专业市场的发展中，女性能够单独负责家庭企业的某个环节或充当家庭企业的主要决策人，或在重要的岗位上担任管理者的角色；与此同时，男性对于“成功”女性的评判标准也转变为更加重视女性在工作能力上的表现。尽管如此，笔者认为这种现象并不能够反映传统男性权威的根本变迁，而更多体现的是家庭企业基于商业理性而做出的策略选择。

第六章将对家庭企业的理财与信用的相关内容进行考察，主要包括对家庭企业的融资借贷、契约订立，以及理财方式的描述，将强调非正式信用系统中的私人借贷、口头约定，以及内部仲裁在专业市场的发展中所发挥的作用，且与正规的信贷系统相比，其发挥作用的场合及效用有何不同。在家庭企业的融资中，亲属关系、私人团体、拟亲属关系等均发挥相应的作用。在契约或纠纷的生成过程中，尽管正规性的合同或法律也有可能被加以利用，然而私人信用与内部仲裁仍然是实现担保、降低风险，以及解决纠纷的较为有效的凭证。本章也将指出，家庭企业在理财中更倾向投资而不是储蓄，这与家庭企业所处的社会及经济环境相关。另外，在家庭企业内部，财产大多采取共同管理的形式，节俭是家庭成员共同遵守的重要准则，对家庭利益的维护也是成员共同遵守的准则之一。

第七章将讨论家庭企业的技术创新与专业市场持续发展的关联。技术研发中的模仿与创新既是家庭企业的技术策略，也是竞争策略。在家庭企业扩张为专业市场的过程中，先后存在模仿生产与技术创新两种竞争策略。市场发展前期，压价竞争与模仿生产是家庭企业的主要竞争策略，随着专业市场发展的日渐饱和，模仿竞争已不能保证足够的利润空间，家庭企业因而将技术创新作为新的竞争策略，同时也保留对高端产品的模仿。笔者认为，这在很大程度上是家庭企业策略选择的结果，在面对巨额的创新成本，缺乏外部的融资支持，且受到来自全球产业链的竞争影响时，高端模仿成为家庭企业获得生存发展的首选策略。

第八章的结论将通过专业市场的家庭企业策略与华人及中国人的家庭企业策略进行深入比较，从而归纳出家庭企业扩张为专业市场的成功因素所在，以此呈现家庭企业所具有的内在张力，即家庭企业能够发展为小型商业，也能发展为具有全球网络的大商业。本书也将对由专业市场的发展所带动的工业化及城镇化模式进行反思，指出中大布匹市场的个案不仅仅是家庭企业策略的呈现，也可作为不同于西方主流的工业化及城镇化的案例，为我国工商业发展及城镇化道路的探索带来相应的参考意义及价值。

第二章

从农业村到“金三角”

20世纪80年代以来，在较短的40年间，中大布匹市场所在的广州市海珠区凤阳社区，已经由传统的农耕社区迅速过渡到城市社区，并且在其之上兴起了专业化的大型批发市场，成为影响纺织行业的全球产业链的重要环节。中大布匹市场片区的历史变迁与广州作为亚洲贸易重要城市的对外开放程度的加深有较为密切的关联，家庭企业的集中及专业市场的形成又相继带动市场所在片区的城市化进程，进而加速专业市场的形成。

在改革开放，尤其是加入世界贸易组织之后，国内市场与全球市场发生更为紧密的联系。东部沿海地区的开放程度进一步提高，广州依托其位于南中国海的特殊地理位置，成为与东南亚、南亚，以及非洲进行贸易往来的重要节点，而与香港在地理位置上的紧密联系，更加使以广州为中心的珠三角地区迅速成为全球产业转移的“黄金三角”地带，带动不同行业的发展。纺织贸易的发展在很大程度上受此趋势的影响，中大布匹市场不仅吸引来自全国各地的布匹商，也成为全球纺织贸易的中心之一。

中大布匹市场的形成还推动市场所在片区的城市化进程。20世纪80年代以前，中大布匹市场片区有十分典型的村落景观，农业人口占绝对的比例，而农耕则是本地人最为主要的生计方式。随着家庭企业的集中，向布匹商人出租商铺以获得租金收入逐渐成为村民的主要生计方式。而20世纪90年代起，由地方政府推行的“村改居”政策得以实施，其中村社股份公司制度，尤其是“分红制”的确立又使村集体与私营企业之间形成更加紧密的关联。

在这样的前提下，本章将重点关注中大布匹市场是在怎样的历史、地理及政治的环境条件下得以形成，尤其将关注家庭企业的集中、中大布匹市场的形成是如何与中国在全球化过程中的市场及经济地位变迁，以及地方政府推行的制度化改革过程产生关联。总体而言，本章将对中大布匹市场的历史，国内市场在全球市场中的地位变迁，以及专业市场所在片区的城市化进程进行论述，进而澄清中大布匹市场兴起的背景。

第一节 “以农为生”的历史图景

一、村落景观与农耕传统

直至20世纪80年代，中大布匹市场及其周边地区仍然为典型的传统村落景观，如今布匹市场的地理范围大致与三个自然村的位置重合，自西向东分别为五凤村、旧凤凰村、康乐村。由于五凤村和旧凤凰村是市场形成前后村民收入及生计方式转型最为显著的两个村落，此外，又由于康乐村也有相对详细的史料，因此笔者将对上述三个村落的发展及变迁加以介绍，以呈现中大布匹市场变迁的历史图景。由于笔者在调查时村落景观已经发生了较大改变，因此笔者在讲述三村历史之时，引用了对村落片区历史研究的文献资料，与此同时，笔者也在田野中收集了有关三村历史的口述资料，对中大布匹市场片区历史面貌及图景的呈现则是基于对以上两部分资料的利用。

（一）旧凤凰村

旧凤凰村是在中大布匹市场形成前后，村民的生计方式和收入水平变化最为显著的村落之一。根据伍锐麟等的调查报告，旧凤凰村位于河南岛，即今海珠区的中部。从地理位置上说，其东为康乐村，南为伍村，北与岭南大学相接。伍锐麟提道，旧凤凰村的相对地理位置与如今旧凤凰村的位置大体相同，旧凤凰村与康乐村之间在过去有西山冈阻隔，这个山冈如今已经不复存在。

有关旧凤凰村的经济状况，伍锐麟等指出：“在河南七十二村中，（旧凤凰村）可算是一个最落后的村乡。在那里当然找不到有楼的房屋；就是想找一间有几个用灰砖建筑的房子，也很不易。从这件事实，已经可看出乡民生

---

* 1亩等于666.67平方米。

活程度之低下和阶级之不显著。”❶ 除此之外，村民的收入水平低下，还能够从其耕种土地面积的大小上看出。伍锐麟等指出：“全村耕植地约 200 亩*，平均每户所占耕地不及 1 亩。而这 200 亩中，只有四分之一属凤凰村，其余四分之三是向别村租的。200 余农户中，没有一户是地主，仅有少数自耕农，和大部分佃农或雇农。”❷ 因此，由于“少数的自耕农，因耕地不多，收入甚微，日常工作和佃农一样。在调查的 200 家中，自耕农只有 7 个，他们自耕自食，一家数口，亦可以勉强过活”❸。这一点与笔者调查的口述资料是较为一致的。

据旧凤凰村的村民们回忆，由于他们当中的不少人是从周边其他村镇陆续迁移至此，可耕地面积小，尤其是迁居之初，主要依靠租种五凤村村民的土地为生，因此他们当中不少人最初是五凤村地主家的代耕农，收入拮据。这种情形与五凤村形成较为明显的对比。

（二） 五凤村

根据黎素菊等著的《旧凤凰、五凤、康乐三村农村经济调查统计报告》一文中，五凤村的位置紧邻旧凤凰村：“五凤村北连旧凤凰，东有漱珠冈，葫芦冈为其屏障，再东则为康乐，南有小涌环绕，过涌平原一片，田畴相接，过尽田畴则为瑞宝乡。西南毗邻沙头东约，正面有倒冈梅园等。五凤村须经旧凤凰然后可至公路，否则迂回田间小径，费时甚多。”❹

五凤村虽然紧邻旧凤凰村，然而村民的收入水平与旧凤凰村的经济拮据的情形不同，五凤村是三村当中最为富裕的村落。黎素菊等的报告显示，五凤村的良田也较旧凤凰村多，其中，仅以种植普通作物的面积来看，旧凤凰为 372.8 亩，占该村熟地总面积的 70.65%。五凤村则为旧凤凰村的两倍之多，即 793.83 亩，占该村熟地总面积的 90.17%。❺ 此外，“五凤村中因为有水环绕，村民生活多少有些不同，居民除了耕田之外，捕鱼的人也很多，他

---

❶ 伍锐麟，黄恩怜. 旧凤凰调查报告［M］//何国强. 民国广州的疍民、人力车夫和村落：伍锐麟社会学调查报告集. 广州：广东人民出版社，2010：247.

❷ 同❶247－248.

❸ 同❶248.

❹ 黎素菊，等. 旧凤凰、五凤、康乐三村农村经济调查统计报告［M］//何国强. 民国广州的疍民、人力车夫和村落：伍锐麟社会学调查报告集. 广州：广东人民出版社，2010：310.

❺ 同❹325.

们常常在塘中下网，有些人更在水畦旁边种些菱角，给自己吃吃，同时也因供求的关系，蓄养鹅鸭的也较多，运销城市，获利颇厚。这村比较富庶，地亩甚多，菜圃往往占地甚大，是供村人之食用。家畜方面则较其他二村为少，耕牛时感不足，整村仅蓄耕牛数头，故甚农耕之际，居民时时向旧凤凰村民租用”❶。

据五凤村的村民们口述回忆道，村中曾经出现过不少的大家族，还出过不少像“二世祖”一样的人物。如前所述，由于旧凤凰村中的人口大部分是从外地迁进来的，土地面积很小，可耕地不多，而只能向五凤村的地主租种土地为生，久而久之，五凤村的部分田地，便交由旧凤凰村的村民们去耕种，再加上早年五凤村人因为家境富庶，且不少人有功名在身，因此多数有能力村民已经移居，土地也有一部分丢弃或转卖，旧凤凰村村民因此获得了一些土地。如今在五凤村中较为流行的一个说法是，旧凤凰村的土地原本是从五凤村的土地中分出去的，是五凤村村民们丢弃的土地，经过几代人的耕种之后，这些土地便成了旧凤凰村的地。

（三） 康乐村

康乐村与旧凤凰村、五凤村在地理位置上连成一片。黎素菊等人的调查报告提道：“康乐村北接公路（指的是新港西路），过公路则为岭南大学，东连鹭江及敦和市（墟），西为旧凤凰，南则禾田果园绵延，极目不见邻村，约三数华里始至上涌围。”❷ 康乐村相较于其他两村，较为明显的不同之处在于村落面积及人口数量远远大于其他两村。

据黎素菊等的调查，旧凤凰村共有农户数 98 户，五凤村有 79 户，而康乐村则有 144 户❸，户数及人口比例与五凤、旧凤凰两村相差较大。然而，由于康乐村的熟地面积与五凤村相当，其中五凤村为 793.8 亩，康乐村为 797.5 亩❹，因此尽管康乐村是 3 个村子当中面积最大的，然而由于人口也最多，人均耕地面积小于五凤村，村民的富裕程度也不及五凤村。

除此之外，康乐村相比其他两村，还有交通不便的限制。根据黎素菊等

---

❶ 黎素菊，等. 旧凤凰、五凤、康乐三村农村经济调查统计报告［M］//何国强. 民国广州的疍民、人力车夫和村落：伍锐麟社会学调查报告集. 广州：广东人民出版社，2010：325.

❷ 同❶310.

❸ 同❶310.

❹ 同❶325.

的调查：“康乐村因建筑关系，只有一条大街，两旁就是居屋，此外便为耕地，并无街市之设。”❶ 这种情形如今仍然未有大的改变，在康乐村中，房屋的排布十分紧密，且只有一条小路与主路相通。由于地理条件的限制，康乐村与旧凤凰村或五凤村商业较为发达的情形形成明显的对比，进而限制康乐村生计方式的转型，如今康乐村只有靠近公路的地方形成布匹市场，其他的地方则主要用作建设出租屋。

紧邻康乐村的鹭江村由于当中有为数较多的制衣厂，与中大布匹市场在产业链上形成上下游的关联，因此笔者也对鹭江村进行简单的介绍。在20世纪40年代末50年代初，杨庆堃教授曾组织岭南大学社会学系的学生对鹭江村做过较为系统的调查。鹭江村毗邻康乐村，位于康乐村以东，北靠新港西路，距离五凤村或旧凤凰村的距离较远。杨庆堃等的调查显示，鹭江村基本上也是以农业为生，除此之外，水稻、蔬菜、塘鱼、水果、副业等也占有少许比例。❷ 相比于康乐村，鹭江村的村内交通较为发达：鹭江村内有3条主要大街，分别是鹭江东约大街、西约大街，以及鹭江南约大街，以北则与公路相邻。从村落景观及生计结构上说，鹭江村与康乐村较为相似，即面积较大，人口密集，且村内房屋排列紧致。鹭江村也未发展出较为发达的商业，如有资料显示，鹭江村的村民们在早上开工前及中午，需要在隔壁敦和圩的茶楼中饮茶休息。❸

总体上看，在3个村经济发展当中，旧凤凰村的经济较为落后，五凤村则是3个村中最发达的，再加之五凤村有科举的传统，村中的林氏、陈氏两大宗族出过不少有功名的人，五凤村的教育、卫生的发展，也领先于旧凤凰村及其他村落。从生计类型上说，康乐村的生计方式最为单一，而旧凤凰村和五凤村则很早就开始谋求多元化的生计。笔者将在下文中进一步讨论村落多元化的生计传统，从而呈现中大布匹市场的形成对地方生计转型的影响。

---

❶ 黎素菊，等．旧凤凰、五凤、康乐三村农村经济调查统计报告［M］//何国强．民国广州的疍民、人力车夫和村落：伍锐麟社会学调查报告集．广州：广东人民出版社，2010：319.

❷ YANG C K. A Chinese village in early communist transition［M］. Cambridge：Harvand University Press，1959.

❸ 正宝杰．关于鹭江村调查的回忆［M］//中国人民政治协商会议广东省广州市委员会文史资料研究．广州文史资料·第十三辑．广州：广东人民出版社，1964：153.

二、多元化的生计图景

中大布匹市场片区的3个村落在其生计传统上展现出较为明显的多元化特征。根据黎素菊等的调查："五凤村亦是来往的通衢要街，因此亦有多少店铺，大概最近农产品因供求关系，自乡中运销广州的农产品的数量，日渐增多，来往甚盛，村中商店摆售的，以鱼类瓜菜为多，并有香烟售卖，其中洋烟也复不少。村中因水源方便，种芽菜的居多，为主要的菜蔬，养鸭为活的也较其他二村为盛，这两种产品，经常运往广州出售。"❶

根据以上描述可知，五凤村的商业发达，在很大程度上源于其农副产品的丰富性。如前所述，除了农耕收入，养鸡、养鸭及鱼类或瓜果蔬菜等，也能够为五凤村民带来相当的收入。因此，先天资源的丰富性，为五凤村发展出多元化的生计提供较为充足的条件；正因为多元生计的传统，五凤村村民的生活一直较为富裕，且较早开始对外发展。黎素菊等的调查报告指出："五凤村在前清时代，科甲颇盛，历代相沿，村民每得风气之先，所以很多人都远处都市谋生，他们很多往香港谋业的。"❷ 而留在村中生活的，生活水平也相对较高。

旧凤凰村也在较大程度上呈现多元化生计的特征。伍锐麟等的调查也指出："旧凤凰村一百家的收入中，本利在内，收入的来源，可分为农产、佣工、手工及其他4项。本来在一个农村社会里，收入最多的应是农产，然而根据凤凰村情形则与常例相反，在4项收入中，农产收入的数目竟退居第三位，而佣工及其他（包含小买卖、商业、烟赌、租项等）的收入反居其上。"❸ 伍锐麟认为："出现这种情形的原因在于，农村已陷于破产的状况中，尤以这个四面被包围而无出路的小凤凰。于是很多有田的人把田卖给伍村或岭南大学，宁愿做些小买卖，或跑到附近的广州市佣工，稍有资本的便做点生意，因此在乡间耕种的人日少。"❹ 总之，旧凤凰村的村民们也很早就开始

---

❶ 黎素菊，等. 旧凤凰、五凤、康乐三村农村经济调查统计报告［M］//何国强. 民国广州的疍民、人力车夫和村落：伍锐麟社会学调查报告集. 广州：广东人民出版社，2010：319.

❷ 同❶.

❸ 伍锐麟，黄恩怜. 旧凤凰调查报告［M］//何国强. 民国广州的疍民、人力车夫和村落：伍锐麟社会学调查报告集. 广州：广东人民出版社，2010：229.

❹ 同❸.

了向外发展。

旧凤凰村的村民们或者在耕田之外兼职商业、佣工，或者干脆将田地卖掉，充当做小生意的资本。根据旧凤凰村村民的口述回忆，早在20世纪50年代，旧凤凰村的女性便去城里人的家中做帮佣，以此赚取生计，而男性则大多外出做一些小生意。到20世纪六七十年代，旧凤凰村村民们的生计已经逐渐由耕田转向打零工。

旧凤凰村之所以能够展现多元化的生计图景，主要有两个原因：其一是耕地少，从农业中直接获得收入的比例较小，由于人口较多，而耕地较少，尤其是良田数目不多，且村民当中大多数为代耕农或佃农，因此不得不在耕田之外，谋求多元化的生计；其二则是旧凤凰村优越的地理环境，为村民们谋求多元化的生计提供较为有利的客观条件。

黎素菊等的报告对旧凤凰村便利的交通指出："旧凤凰村中除务农者外，因为交通方便，亦有外出谋生的，因此村中常有新建筑的屋宇。而居留村中的农民，除却种田之外，很少有其他的副业，这是因为果树很少，菜圃不多，和鱼塘缺乏的缘故。"❶ 良好的地理位置直接带动旧凤凰村的商业发展，拓展村民的生计模式，使村民们能够在农耕之外，谋求多种途径的，尤其是零售、租项的营生。

黎素菊等指出："旧凤凰因为地近公路（即新港西路），在较为遥远的村落，多将农产品运来销售，以便购买者转运入广州市，渐渐地旧凤凰就变成了交易的集中地，于是形成一个小小的街市，经常有小量的菜蔬和肉类摆卖，有店铺一余间，可是地方虽是这么小，竟设有茶楼两间——顺天楼和巨元楼，生意也还不错。柴薪也是主要的买卖。此处农产品而能大宗销售的，除了谷米之外，要算是蔬菜了。"❷

因此，根据黎素菊等的说法，旧凤凰村在20世纪四五十年代，就成为3个村乃至整个河南片区与广州市及其周边村落进行商业往来的一个汇聚点。可见，旧凤凰村的多元生计传统，并不是源于农副业类型的多样性；相对地，在耕地及其他经济作物均较为缺乏的前提下，地理优势在旧凤凰村多元生计的形成过程中，发挥了较为重要的作用。

---

❶ 黎素菊，等. 旧凤凰、五凤、康乐三村农村经济调查统计报告［M］//何国强. 民国广州的疍民、人力车夫和村落：伍锐麟社会学调查报告集. 广州：广东人民出版社，2010：319.

❷ 同❶.

从黎素菊等的描述可以看出，就商业这一项上，旧凤凰村与五凤村不相上下，甚至要甚于五凤村。例如，旧凤凰村当中有两家茶社，而五凤村中则仅有一家茶社。五凤村的商业在很大程度上是靠村内与外界，尤其是广州的交易而发展起来的，五凤村生产种植出的蔬菜瓜果，又不得不经由旧凤凰村运到广州，因而交通的便利使得旧凤凰村在谋求多元化生计上的特征更为显著。

多元化的生计传统也导致旧凤凰村相比于其他村落而言，在应对环境变迁时，有较强的适应性，尤其是在20世纪八九十年代，旧凤凰村成为中大布匹市场片区所有村落中，最早开始生计方式转型的村落。因此，尽管从康乐村、五凤村及旧凤凰村3个村的经济水平来看，五凤村先于旧凤凰村，然而五凤村是最晚开始依靠布市场的发展，实现生计转型的村落。

据旧凤凰村的村民们回忆，中大布匹市场最开始是由菜市场发展而来，而这个菜市场，就是黎素菊的调查报告中提道的旧凤凰村的“街市”。菜市场大致位于如今广州市九十七中学的位置。市场上的菜大多是零售，售卖对象则是旧凤凰村北边岭南大学的教职工，之后随着几家大型国有企业的搬迁，菜市场的蔬菜也逐渐供应周边军营家属或国有企业职工。菜市场的摊位属于旧凤凰村，五凤村的村民们想在市场上摆摊卖菜，也需要和旧凤凰村的村民们租赁摊位。摊位出租的金额不高，出租摊位所得的租金也由旧凤凰村掌握，对于村民们而言，也算作是收入的一部分。如今位于广州市九十七中学附近的菜市场已经不复存在，而据商户们回忆，旧凤凰村的菜市场便是如今中大布匹市场最初形成的地点。

如前所述，由于五凤村的村民们一直以来较为富庶，因此他们当中的不少人选择去香港发展，乃至定居。旧凤凰村的村民则因为贫穷，只能在本地打零工或做小生意，尚未积累起较多的资本移民香港或者海外。然而，随着布匹市场的形成，旧凤凰村的村民们逐渐富裕起来，且富裕程度远胜于五凤村。根据现居五凤村的村民们口述，旧凤凰的村民们自富起来以后，不少移民去了香港特区或国外；另有传闻说，澳门赌场上经常看到旧凤凰村村民的身影，并且他们在赌场上的信誉极好，即便是赌输之后要和赌场借钱，赌场在得知他们是旧凤凰村的村民之后，也会不加犹豫地借给他们。可见此时，旧凤凰村的名气远远超过五凤村。

借助地理区位优势及多元生计的传统，在面对新的商机，尤其是家庭企业的集聚时，旧凤凰村开始快速的市场化过程。旧凤凰村依靠商铺出租带来的租金收入，在短时间内，收入水平上出现极为明显地增长，改变其以农为生的生计传统。笔者将在下文中讨论家庭企业的集聚如何加速土地升值，进而促进旧凤凰村等 3 个村的城市化变迁，将重点关注市场变迁对于推动村落生计转型的影响，也将呈现村落的生计转型如何对中大布匹市场的形成产生影响。

第二节　城市变迁与生计转型

一、企业集聚与土地升值

中大布匹市场的前身可以追溯到位于珠江北岸的海印桥底的海印布料市场。根据商户们的口述回忆，20 世纪 80 年代初期，主要来自广州、佛山两地的布料商，开始在海印桥底摆地摊卖布，形成一个小规模的布料批发市场。之后，由于海珠区市政规划的实施，海印桥底不再允许商户们摆地摊，商户们便将市场集体迁移到旧凤凰村菜市场所在地。

商户们之所以选择旧凤凰村市场进行迁移的原因大致有三个：其一，从距离上看，从海印桥市场到旧凤凰村菜市场之间，仅隔如今中山大学所在地，两地之间距离较近，步行可达；其二，旧凤凰村有较为发达的商业传统，如前所述，旧凤凰村由于占有优势的地理位置，其商业及贸易相较其他几个村落发达许多，旧凤凰村当时已经成为河南的一个小的商业中心；其三，从商铺租金上看，在迁移之初，布匹商能够以蔬菜摊位的价钱租到布匹售卖的摊位，相对于进行大宗贸易的布匹商而言，租金极为低廉。旧凤凰村将摊位上午出租给菜农，下午则出租给布匹商，因此原本的菜市场的经营方式开始转变为上午进行蔬菜零售，下午进行布匹批发。

20 世纪 80 年代初，在广州的海印布料市场兴起时，沿海的福建、浙江，内陆的沈阳、成都、湖北、河南等省份的商业活动也渐次频繁起来，并逐渐形成规模等级不同的布料及服装批发商圈。由于批发店铺的租金不高，市场行情较好，且入行门槛较低，所以有不少人选择转入这个行当。布匹商当中有原本务农的农民，也有国有企业的下岗工人，他们从临近的布料产地，以广东为例，则大多是去顺德、樟茶等地拿布，再到市场上售卖。而旧凤凰村开始扩建市场，也是伴随迁移至此的布匹商人逐渐增多开始的。

据商户们回忆，在菜市场上经营布匹生意的时候，仍然以来自广州本地及佛山两地的商人为多，来自广东其他地区及省外的布匹商较少。而在广州的市场初步发展之后，大批的原本在潮汕普宁的流沙市场经营布料批发的商人，便从普宁陆续迁移到广州。在潮汕籍商人大量迁入之后，又有来自浙江和福建的商人来到广州经营。其中，20 世纪 80 年代末，开始有为数较多的来自潮汕的布匹商们的迁入；20 世纪 90 年代，则有较多来自于浙江绍兴、宁波、温州等地的商人迁入；到 2000 年左右，福建商人也开始向广州市场迁移。如今，中大布匹市场上不止有广东籍的商人，还有来自东南沿海及内陆地区的布匹商。布匹商的大批迁移，家庭企业的集中，导致对商铺的需求增加，刺激了中大布匹市场的商铺出租，市场规模也进一步扩张。

20 世纪 80 年代中期，旧凤凰村开始以商铺和住房租赁为主的生计模式的转型。一直以来，旧凤凰村的生计便以农耕以外的副业为主，因此在有了租赁需求之后，他们便在原本的耕地上新建，或将住房改造成厂房及宿舍，出租给商户，从中赚取租金。旧凤凰村一共自行开发了 5 个布料市场，分别是东区 A 至 E 市场，其位于自瑞康路与新港西路交界处，到康乐村牌坊一带。布匹商不仅有租赁交易摊位的需求，也有租赁住屋的需求，以上均成为旧凤凰村实现生计转型的契机。

值得一提的是，旧凤凰村对东区市场进行开发之时，五凤村、康乐村还尚未进行市场开发。根据笔者对五凤村村民陈女士的访谈，在旧凤凰村已经开始逐渐以收取商铺租金为主要生计的时候，他们一家人的生计仍然以种植蔬菜并零售为主，租赁的也是旧凤凰村的菜市场上的摊位。从年份上说，旧凤凰村进行商铺开发的时间，比五凤村、康乐村提前七八年，而据村民们回忆，最开始的七八年也正是发展最快、收益最好时间。

在最初进行市场开发的七八年，旧凤凰村的村民可以完全支配商铺的租金所得。由于当时政府并未推行村社改制，村集体不需要以公司法人的身份向国家纳税，再加上只有旧凤凰村出租商铺，商铺供不应求，每年分到村民人头的份额有数十万元。在五凤村及康乐村等其他周边村落开始进行市场开发时，由于商铺的数量逐渐增多，且承包流程逐渐公开化和透明化，不可能在短时间内回收大量的租金，五凤村的一位村民为笔者计算，如今在他们将土地全部转为商铺及住房出租之后，每月每个人可以分得四五千元的收入，年分红几万元。

旧凤凰村在最初进行市场开发时，采取的是自建市场的开发方式，主要开发事宜均在村内协商，由村委组织，自行建起铁皮屋之后，直接将摊位（商铺）出租给布料批发商。在旧凤凰村之后，五凤村和康乐村也效法旧凤凰村，然而其所获得的收益却远不及旧凤凰村。五凤村的夏溪队和二队虽然先后进行了自建市场的开发，然而由于常年找不到承租人，出租率极低；旧凤凰村出租的市场一直处于供不应求的状态。由此，市场也就相应地被划分出“老市场”与“新市场”两个部分。其中，位于旧凤凰村地界上的市场属于老市场，而建在五凤村、康乐村，以及两个村落周边兴建的市场，则属于新市场。相比之下，老市场上的客流量大，而新市场的兴旺程度则远低于老市场。

中大布匹市场的兴旺程度，与距离老市场的距离远近有直接关联。以新市场广州轻纺交易园为例，共包含 A、B、C、D、E 五个区。从地理位置上看，A 区临近地铁口，C 区距地铁口最远。由于 A 区有较好的地理位置，因此原本市场上 A 区的铺位定价最高，然而开市之后最先兴旺起来的是 C 区，这是由于 C 区靠近老市场广州长江（中国）轻纺城，相较 A 区能吸引更多客源，因此租金涨幅最大。

商铺租赁的需求进一步带动了土地的市场化过程。商铺租赁成为新商机，吸引专门的投资人进行开发，逐渐地开发商成为村集体与批发商之间的中间人，他们与村社合作，兴建专业市场，再承包给批发商，以收取中介费用；专业承包人的出现也使得市场内部的生态更为复杂。

在土地承包中，通常是由村集体与承包商协定。承包商看准了土地，就向村里提出合作意向，承包之后再由承包商根据合同改建成仓库、厂房或宿舍等。承包的细节，如起多少层楼，建多少家商铺，资金在村集体和承包商之间的分配比例，也由村里与承包人自行商定。最早由承包商进行开发的市场，是位于旧凤凰村的中大长亨布料市场。如今，中大长亨布料市场已经被改建拆除，原市场所在地被用来做住宅开发。中大长亨布料市场经营的时期，也是如今商户们讲述中大布匹市场的历史时常说的“搭棚”或“铁皮屋”

时期。

由于不直接参与经营，村民与批发商的直接联系较少，对市场的需求信息的了解也并不及时，因此难以直接获取商铺租赁的资源；相对地，开发商们则掌握了较为充足的信息，在具备较为合适的招商手段之后，承包商也能够吸引实力较强的私人业主，而有实力的批发商的入驻，有时能够带动整个分市场的兴旺。村集体将市场统一出租给开发商，也有利于降低风险。根据承租合同，承租的租赁按照市场价来协定，承租的年限一般定为10年，而承租人则需要将租金一次性付清。在与承包人签订承包合同之后，村里不再针对市场开发的细节进行干涉。在旧凤凰村之后，五凤村及康乐村也分别开始与开发商的合作。

在村集体依靠租赁商铺而逐渐实现生计转型的前提下，地方政府也开始适应这一转变，并以此为契机，开始推进村落片区的城市化进程。由村集体向村社股份公司的改制，是城市化的主要途径之一。地方政府则尝试以城镇化进程为契机，将村集体作为企业法人纳入国家经济及行政管辖范围；与此同时，村落的城市化也导致产权的进一步复杂化。那么，市场化进程是如何对地方社区的城市化产生影响，而由市场化所推动的城市化，又对中大布匹市场的变迁产生怎样的影响，下文将进一步讨论。

二、村社改制与社区变迁

随着家庭企业的集聚，土地市场化程度的加深，中大布匹市场及其周边片区形成较为典型的城中村面貌。统计资料显示，中大布匹市场所在的凤阳街道，辖内有20个社区居委会，其中包括五凤及凤和两个经济联社，户籍人口与流动人口比例为1：4，城中村面积占辖区总面积的八成以上。[1]

20世纪90年代初，广州市政府陆续开展对包括中大布匹市场片区在内的城中村改制过程，对城中村的集体股份制经济进行了改造。通过集体经济的股份制改造，村集体资源分配方式得到调整，村集体经济纳入城市社区的管理范畴。

---

[1] 参考“凤阳街道办事处”官方资料：http：//www.haizhu.gov.cn/site/fyj/fykk/201103/t20110329_143430.html.

改制之后，以村为单位成立了“股份合作经济联社”，在经济联社之下，又成立了“股份经济合作社”。从级别的划分上说，经济社相当于村民小组或生产队，经济联社则相当于村集体。以凤阳村为例，村社改制之后，凤阳社区的行政管理架构如图 2. 1 所示。

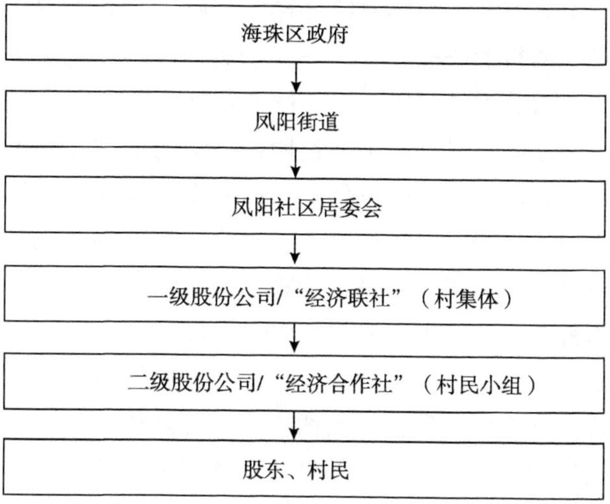

图 2. 1　凤阳社区行政管理架构

在实际的运作中，经济联社与经济社相当于两个级别的股份合作公司，且以公司的形式进行资产管理。经济社与经济联社共同运作的经济形式，也被称为“两级经济”。从资产的分配上说，经济联社与经济社的资产彼此独立。

基于经济联社与经济社各自拥有的产权及资产比重，二者对于村民的重要程度也有所不同。在中大布匹市场上，由于几个出租率较高的分市场的产权，大部分集中在社一级的单位，经济联社与经济社相比，其所占有的资产相对较少，与村民生计相关的出租、收租、分红等事宜，大多需要通过经济社实现，因此相对于经济联社而言，经济社与村民的日常生活更为密切。

在“两级经济”中，村集体的资产由经济联社和各个独立的经济社分别掌握，分红也分别由经济联社和经济社分别按照村民的股份比例进行。其中，一级股份公司的收入由村集体统一支配并进行分配。二级股份公司的资产，则由经济社在社内自行进行分配。村社股份公司中，每一位村民按照人头数目入股。分红通常在经济社的内部进行：假定社里有100人，每个人占1股，那么则相当于村社股份公司中有100股。公司中每个人都是股东，无论村中有多少家或多少户，占股均是按人头计算。假定村里今年收到1000万元租金，那么每人每股则是10万元，一家如果有10人，那么全家就可以分到10份，金额总共为100万元，如果家里只有5个人，就分到5份，即50万元。[1]村社股份公司产业所得的全部收入为全村的集体收入，村集体则将之作为村民们的工资入账，再分发给村民，作为村民的股东分红。

由于村社改制之后，村社必须通过股份公司的形式在地方政府的税务系统中进行登记注册，因此村社股份公司也必须履行作为公司法人的纳税行为。例如，一个二级股份公司，经济社承包土地收入总价的两成需要交给生产大队，生产大队将这部分费用用于日常管理。之后需要由生产大队从总额中划出一部分，作为税务交给城市税务主管部门。余下的租金总额的七成到八成，则是最终要分给村民的。村民依照人头，按月向村社股份公司领取分红，之后依旧需要向税务部门缴纳税款，大约占人头分红比例的两成。生产队每个月给村民按期发放定额工资，年底如果还能够剩下一些钱，那么村里会一次性将余下的钱分发给村民，余款的分发不需要再次纳税。

值得注意的是，村民并不具有对土地产权的直接所有权，村集体的房屋为集体所有，村民只具有使用权，因此承包商与村集体之间签订的“商铺买卖合同”，实际上只是具有长期租赁的权利，而非真正的产权转让合同。由于开发商不具有正规的产权，相应地，商铺租赁的业主们也同样只有使用权，属于建立在非正规产权之上的一种租赁形式。在中大布匹市场上，非正规产权类型的所有形式占80%左右。

除此之外，由于村社股份公司中存在两级经济，产权也在两级经济之间各自独立。例如，旧凤凰村下面分旧凤凰村一社和旧凤凰村二社，两个社分别有属于各自的土地，部分市场的产权归属于旧凤凰村，与此同时，部分市场的产权则归属于旧凤凰村一社或旧凤凰村二社。在五凤村和康乐村，集体产权的归属也是类似的。

村社股份公司的改制将土地的市场化过程从制度层面加以合法化，村社

---

[1] 根据分红制度规定，嫁出去的女性不再享受本村的分红，去世长辈的股份由子女继承，子女之间以何比例来继承，则由子女们之间自行协商之后，告知村社股份公司记录备案，村社不参与子女继承股份的分配。

改制及一系列的分红、纳税政策的确立，使得从商铺的出租中获得收入逐渐成为村民们最为主要的生计方式，促进了村民生计方式的转型；土地则进一步成为可以获得财富的直接资源。在这样的前提下，村民与承包人及企业之间形成更为紧密的联系。与此同时，以集体产权承包为基础的租赁市场的规范化，也为专业市场的发展提供较为合理的外部环境。从这个意义上说，村社改制也在一定程度上，促进并巩固了市场化过程。

在中大布匹市场的形成过程中，旧凤凰村、五凤村及康乐村的生计方式均发生较为明显的转变。其中，旧凤凰村与五凤村由以农为生转变为以出租商铺为主，康乐村则由于原本交通不便，且村内房屋结构排布紧密，因此只有临街的部分地段用于商铺的承包及开发，大部分的住屋则用作服装加工厂或出租屋。旧凤凰村的土地承包事业发展最早，五凤村与康乐村紧随其后，在很大程度上也沿用了旧凤凰村原有的开发模式。如今在旧凤凰村、五凤村及康乐村的地界上，由于聚集较多的来自全国乃至全球各地的商户和往来的商客，因此形成了多元化的群体互动的图景。

鹭江村的生计变迁方式与康乐村的较为相似，村内大部分的住房也被改建为制衣厂。无论是制衣厂或商铺，村社均能够从租赁中获取相应的租金分成。尽管鹭江村及康乐村改建为制衣厂或出租屋的租金，较商铺开发的所得的租金少，然而由于面积较大，且外来人口众多，需求仍然较为旺盛。另外，由于鹭江村大部分以制衣厂为主，而制衣厂的老板又大多为湖北籍，鹭江村甚至还有“小湖北”之称，因此群体构成较为单一，社会生态也不及旧凤凰村等三个村落复杂。尽管鹭江村与康乐村中的制衣厂以服装面料及辅料的加工为主，属于布匹行业的下游产业，且与康乐村及旧凤凰等三村的距离临近；然而，中大布匹市场的下游产业链并不只与位于鹭江村的制衣厂有关，而是覆盖全国乃至全球的面辅料加工厂。基于以上两方面的考虑，本书并未对鹭江村的社会生态及内部结构做过多的描述，而是将重点放在对中大布匹市场如何发展的讨论上。

中大布匹市场萌芽于 20 世纪 80 年代，其获得巨大的发展则是在 20 世纪 90 年代中期之后，也就是商户们口述的市场发展的“黄金时期”。1996—2008 年，中大布匹市场的扩张极为迅速。笔者认为，中大布匹市场在这一时段的迅速扩张，在一定程度上，反映中国加入世界贸易组织之后，国内市场所受到的来自于全球市场的影响。2001 年中国加入世界贸易组织之后，广州的开放程度也大大加深，而基于全球产业链及产业转移过程，广州的制造业被带动起来，从而促进以纺织品为贸易交汇点的中大布匹市场的形成。笔者将在下文中进一步探讨，中大布匹市场的扩张是如何受到由中国的对外开放，以及由全球产业转移所带动的纺织产业发展的影响，也将讨论国家力量在企业应对经济全球化及市场变迁中的角色。

第三节 纺织业与“金三角”

一、市场开放与外资进入

中大布匹市场在纺织行业中“金三角”得名，与广州乃至珠三角作为全球制造业的黄金三角的地位分离不开。广州依托其临近港澳，毗邻台湾以及东南亚的地理优势，相较其他的沿海及内陆城市，形成与全球市场更为紧密的联系。在1978年中国改革开放之后，广州获得与全球市场进行贸易的先机，进而带动珠三角地区的市场化；而作为世界贸易组织组织成员国的加入，有利我国制造业的发展，尤其是劳动密集型产业的发展与全球市场的关联。

郭湘闽等的研究对比了中国加入世界贸易组织前后，广州经济发展受影响程度的差异，他们认为在1997年东南亚经济危机之时，由于广州对全球市场的依赖程度较低，金融体系较为封闭，金融危机带来的负面影响是有限的。2008年，由于中国已经加入世界贸易组织，南部沿海城市相对于外部市场的依赖加强，广州因此受到较为严重的影响，不仅订单的对外出口量减少，金融体系也受到较为强烈的冲击，这种情形正如1997年中国香港以及其他东南亚国家或地区受到金融危机波及时的情形。而同时期的西部地区城市经济获得持续的增长，是因为它们的开放程度较低，对外部市场的依赖程度尚小。[1]郭湘闽等的研究还指出，在受到影响的行业中，尤以制造业为主。从这个意义上说，广州纺织行业的发展与全球市场的波动关系极为密切。

中大布匹市场在1996—2008年的迅速发展，在很大程度上得益于与全球

[1] GUO X M, LIU C T. Guangzhou's special path to global city status [M] //BRACKEN G. Aspects of urbanization in China. Amsterdam: Amsterdam University Press, 2012: 70 – 72.

市场联系的加强，尤其是与香港联系的加强。广州与香港在地理位置关系上的紧密，使得广州在吸引港澳投资上相对于其他的城市而言有更大的优势。例如，中大布匹市场中发展最为迅速的一个分市场广州国际轻纺城，即为香港地产公司投资开发。

香港的凯华集团于2002年开始投资开发专业市场，原拟将旧凤凰村与康乐村中间名为西山冈的土地承包下来，准备兴建轻纺城。在凯华集团买下土地之前，西山冈片区是一家国有企业所在地，之后企业倒闭，土地收归国有。2003年，凯华集团通过拍卖获得产权。因此，从产权类型上说，广州国际轻纺城市场所在地与市场片区内其他分市场的产权类型不同，属于正规产权所有地。由于广州国际轻纺城市场的开发也是由政府拍卖开始，与村集体无关，因此能够制订相对自主的发展方案。广州国际轻纺城如今已经成为凯华集团在内地投资的一个较为成功的案例。

如前所述，在非正规产权的转让中，开发人与村集体之间经由地方政府设立的公开招标流程进行土地拍卖，尽管如此，对于承包合同的内容协定，以及在拍卖中可能产生的纠纷，均由开发人与村集体进行协商，当纠纷出现时，责任法人为开发公司及村社股份公司，与地方政府没有直接的关联。相对地，在正规产权的开发当中，纠纷可以通过政府协商解决。

继中大布匹市场之后，凯华集团又打算进行另一个项目，即广州国际轻纺城大酒店的开发。广州国际轻纺城大酒店定位为四星级的高档酒店，其地理位置则是如今位于广州国际轻纺城市场东北侧原是一所小学校的位置。由于该学校占用的也是国有土地，因此拆迁与安置的工作等均由政府进行协商，特别是涉及征地等政策性措施，也由政府一并承担。征地过程中如有村民受到影响，那么政府也相应地有后续办法来补偿受到影响的村民；开发商不再对此肩负相应的责任，他们也不再需要直接与本地村民进行协商。对于企业而言，只需要进行招标、修建市场、招商等工作。

外部资金的进入及国有产权土地的市场化，也导致中大布匹市场内部出现更为复杂的产权划分。除村社两级的产权区分，市场上还形成较为明晰的正式产权与非正式产权的区别。在中大布匹市场中，具有正式产权的分市场只有三个，分别是广州国际轻纺城，珠江国际轻纺城及广州轻纺交易园。

广州国际轻纺城自建成以来，其商铺租金的涨幅十分迅速。在广州国际轻纺城二街的一楼临街铺面，价位为每年一百三四十万元，而以针织布料经营为主区的F区，一楼铺租则达到每年170多万元，即便是市场中楼层较高或距离主街道较远的位置，铺租也能够达到每年八九十万元。广州国际轻纺城的功能分区如图2.2所示。

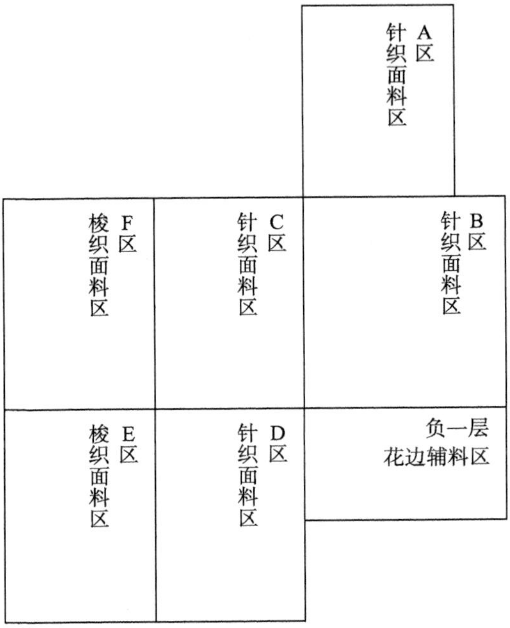

图2.2　广州国际轻纺城功能分区

在广州国际轻纺城市场的商铺租赁中，最早出租店铺的，有很大一部分并不是布匹批发商，而是商铺的中间投资人。他们通常向开发商买下几个或几十个商铺，再出租给批发商。与此同时，也有一部分批发商兼做专门投资人。商铺的价格也由于中间投资人的存在而不断攀升。上述情形在全国其他地方的专业市场发展过程中也能够被观察到。在中大布匹市场中，出租率较低的市场，通常被低价出租用作仓库；如今，广州国际轻纺城的商铺则由于租金昂贵，所有的商铺均用于现货交易，且不少品牌公司的总部也租用广州国际轻纺城的商铺做办公室。

凯华集团对广州国际轻纺城的顺利开发，还与当地政府的介入有关。2004年，广州市政府对中大布匹市场片区实施道路改建工程，为广州国际轻纺城的发展提供更为便利的交通。[1] 原本广州国际轻纺城的地段没有主公路通过，瑞康路修通后，广州国际轻纺城市场的正门即面向瑞康路，通过瑞康路，直接与主公路新港西路联通，因而大大便利了市场的交通环境。与此同时，瑞康路的修建对中大布匹市场的空间布局及社会生态也产生较为明显的影响。在广州国际轻纺城修建的同期，位于广州国际轻纺城以南的中大九洲轻纺广场和银岭轻纺广场也开始兴建，而原本在旧凤凰的自建市场，如中大长亨布料市场经营的布匹商们，在中大长亨布料市场经历拆迁之后，集体搬迁到中大九洲轻纺广场、银岭轻纺广场。由此，老客户们要去中大九洲轻纺广场或银岭轻纺广场进货，则需要先经过广州国际轻纺城，因而在较大程度上带动广州国际轻纺城市场的客流量。

综上所述，广州国际轻纺城的兴起，与来自香港的投资有关，也与广州政府的介入有关。郭湘闽等的研究则指出，在经济全球化时代，广州承担全球竞争风险的能力仍然较弱，因而只能够在低端制造业有所发展，较难过渡到高端制造业；与此同时，地方经济在应对金融危机时的能力有限，也导致其发展受全球市场波动的影响较大，进而强调国家政策的引导在国内市场的对外开放，以及进行全球贸易之时的重要作用。[2] 基于此，笔者将在下文探讨广州市政府对中大布匹市场片区的变迁产生的影响，探讨政府的介入途径，并对其效用进行反思。

二、道路改建与当地政府角色

当地政府介入市场发展较为直接的途径之一是道路的修建，即瑞康路的开通。瑞康路是位于旧凤凰村与康乐村之间的公路，以北与新港西路联通，南与逸景路相连，总体呈南北走向。瑞康路修通之后，中大布匹市场的总体地理格局发生了较大改变，从空间上被分为两个独立的区域：以瑞康路为界，瑞康路以西为旧凤凰村、五凤村所在地；瑞康路以东为康乐村与鹭江村所在地。旧凤凰村的主要街道未发生变化，村北仍与城市主公路新港西路相接，村内则通过旧凤凰大街与其他村路相连。五凤村的主要街道中，以东则为瑞

---

[1] “瑞康路”道路改建工程的政策文件见附录一。

[2] GUO X M, LIU C T. Guangzhou's special path to global city status [M] //BRACKEN G. Aspects of urbanization in China. Amsterdam: Amsterdam University Press, 2012: 71.

康路，村内主路为五凤来仪大街，西靠兴隆大街，北经顺景路与旧凤凰村相连。而康乐村的主要街道中，以西则为瑞康路，以东与鹭江村相连，村内仍然缺少主要街道，因而交通仍然拥挤。瑞康路改建工程开始后，旧凤凰村的五个自建分市场被拆除，康乐村及五凤村的部分土地也被征用，用以进行新港西路主路的扩建。除去道路占用的土地之外，村落的产权归属未发生改变。

道路建成后，从相对地理位置来说，旧凤凰村仍然有一定的优势。旧凤凰村是从新港西路进入瑞康路后，进入中大布匹市场中的第一个村落，也是外地商人最容易找到的一个村。康乐村及五凤村则沿瑞康路，在其东西两旁各自开发了不少分市场。尽管如此，从市场的兴旺程度上看，五凤村、康乐村等仍然不及旧凤凰村。中大布匹市场的地理边界大致为：以瑞康路为中轴线，东至广州大道南，西邻东晓南路，南连新滘西路，北接新港西路，大部分区域属凤阳街，小部分延伸到新港街、瑞宝街，基本处于整个海珠区的中心板块。

中大布匹市场跨越凤阳与新港社区两个社区，然而无论是凤阳社区或新港社区，均未有对中大布匹市场的直接管理权。中大布匹市场是由“中大布匹市场管理委员会”专门管理，从行政层级上说，相当于镇一级的组织。❶管委会在职能的设立上需要与政府相配合。除此之外，中大布匹市场内部有极为严密的安保系统。凤阳街道派出所的民警有 170 人之多，村社及分市场也会各自雇佣一定数量的保安。民警也会安排一至两人到村社一级任职，需要出动警力时，则由村委一级的安保人员与民警直接进行联络。中大布匹市场上还有大量的城管、辅警人员，以维持交通秩序。❷ 在中大布匹市场的发展中，以企业自发经营为主，管理委员会的职能则多为行政管理、消防、市容、交通、治安、物流运输管理等；地方政府对于中大布匹市场发展的经济措施上的直接支持较少。

全球化为广州制造业的发展带来了契机，在促进纺织贸易的发展上具有

---

❶ 据《广州文史》的记载，“2004 年，海珠区政府将布市的管理权正式交由凤阳街道办事处，成立了由区政府办公室、公安、工商、税务、城管、公安、规划、交通、环卫等十几个职能部门组成的‘中大布匹市场管理委员会’”。因此，中大布匹市场发展之初，管委会作为机构来说是不存在的。由海珠区政协社会法制文史委编写的《中大布匹市场的形成与发展》中提道：市场扩张之后，布匹市场所辖的具体区域可能不只是一个街道，而是多个街道，某个单独的分市场就可能辖两个街道。但是，2004 年之前，政府已有的行政体中并不具有能够实行统一管理的机构，因此，管委会就作为专门的行政机构，对市场作为独立的行政主体进行管理。如今中大布匹市场的日常行政管理，均是通过“中大布市管理委员会”（简称管委会）实现。

❷ 政府对于中大布匹市场管理的规章条例见附录三。

较大的推动作用。广东纺织行业发展一直处于全国领先地位，也在全球纺织产业链中发挥重要作用。就广州纺织贸易的发展而言，在适应全球化所带来的利益的同时，也承担着相应的风险。一方面，广州地区如纺织等传统制造行业，能够抓住全球市场开放所带来的商机，然而如何从全球产业链的中低端走向高端则成为共通的难题；另一方面，分市场的开发大多也不依赖本地的资源，而是外来的投资者，其中有来自香港公司的注资，也有内地企业的投资。由此，政府力量虽然从不同层面参与中大布匹市场的发展，然而其干预始终是从外部进行干预，或在很大程度上适应了市场化的过程——推动适应市场化方向的村社股份公司的改制，建立村民作为股东的分红制，也作为市场主体参与进来——政府参与广州国际轻纺城土地产权的拍卖及转让。从这个意义说，中大布匹市场尚未完全制度化的管理模式，市场片区的城市化，以及土地的市场化过程，在很大程度上是由家庭企业的聚集，以及全球市场的牵引所带动。

总体上，家庭企业对于商铺租赁的需求，使得土地租赁逐渐成为新的商机，开发商向社区内的村公司、经济社出借土地承包权，建成分市场或店铺，推进村落的城市化进程；而家庭企业的发展及其对全球市场的适应和调适，在推动中大布匹市场兴起中的作用被进一步凸显了出来。

本章小结

本章对中大布匹市场形成的历史背景进行了描述，强调了影响中大布匹市场形成的地理、历史、政治等宏观因素。自 20 世纪 80 年代至今，中大布匹市场在较短的历史时段内由以农为生的村落地带，转型成为商业网络覆盖全球的大型专业批发市场，继而在纺织行业中拥有了“金三角”的称号——中大布匹市场如今不仅是国内纺织行业的中心，也在全球纺织产业链中占有重要的地位，商业网络已经覆盖全球。

中大布匹市场片区在较短时间内由“农业村”转变为全球纺织产业链的重要聚点，与家庭企业的集聚与扩张分离不开。家庭企业的迁移与聚集为中大布匹市场片区的城市化进程提供直接动力，由市场化所推动的城市化，又在较大程度上促进并加深市场化进程。地方政府在 20 世纪 90 年代推行的村社改制，使得村社股份公司成为法人，并在公司内部实行分红制，进而使得村落生计的市场化转型通过制度化的形式被确立，为中大布匹市场的形成提供较为宽松的外部环境。

中大布匹市场形成的历史过程，也与国内市场逐步融入全球市场的轨迹相关。自中国加入世界贸易组织之后，国内市场与全球市场有了更加紧密的联系，而纺织业的波动也在很大程度上受全球纺织产业发展的影响。与此同时，政策层面尚未有更为直接的帮助私营企业家应对全球化所带来风险的措施。在这样的前提下，中大布匹市场的兴起及变迁，市场面向全球的商业网络的形成，与家庭企业及外部网络的联系更加密切。基于此，本书将在下一章节中对中大布匹市场的家庭企业的发展进行讨论，以此呈现家庭企业的策略与专业市场发展之间的关联。

第三章

家庭企业与企业发展

在华人或中国人的家庭企业中，亲属与家庭所有制对企业发展有较为重要的作用；家庭企业的发展路径、规模与周期，均以亲属及家庭所有制为基础。

吉原久仁夫（Kunio Yoshihara）指出，企业发展与以家庭所有权为基础的管理模式有较大关联，企业的家庭所有制，以及财产继承中的均等继承制，使得中国人和海外华人的家庭企业不容易持久发展。在客观分析推动及阻碍华人家庭企业长久发展的因素之后，他指出相比于其他国家或地区的企业发展，海外华人及中国人的家庭企业更多是短命的——家庭所有制使得企业倾向于将管理权牢牢掌握在家庭成员手中，过度排斥外部资源的进入，由此则不利于培养专业经理人，进而扩大企业规模。❶

黄绍伦对菲律宾、中国和日本的企业发展进行了对比，发现菲律宾由于双系继嗣制度的存在，企业即便由家庭或亲属所有，也会因为亲属对于各自继嗣团体忠诚度的不同，而导致企业的破裂；相比之下，中国人的企业发展则由于受到均分制的影响，使得企业规模逐代分裂；日本人的家庭企业则在长子继承制下，呈现长久发展的类型。❷

尽管如此，在华人或中国人的家庭企业中，也曾经出现过发展良好的企业，甚至一度发展成为企业财团，新加坡橡胶大王李光前的家族企业就是典

❶ YOSHIHARA K. The problem of continuity in Chinese businesses in southeast Asia [J]. Southeast Asian studies, 1987, 25 (3): 112 - 129.

❷ WONG S L. The Chinese family firm: a model [J]. The British journal of sociology, 1985 (1): 58 - 72.

型案例之一。[1] 因此，家庭企业在不同的情境之下，对于亲属或家庭所有制的利用策略也不同，进而决定了家庭企业的发展。如吉原久仁夫指出，相比于之下，华人银行业在东南亚能够获得更为长久的发展，这主要是源于对亲属及外部资源的共同利用。[2] 德格罗帕指出，鹿港地区的家庭企业会选择在适当的时机下，削弱与亲属之间的紧密联系，以此巩固家庭企业的稳定性。[3]

那么，在这样的前提下，仍然需要关注的问题是，亲属及家庭所有制是否以及在多大程度上能够对企业发展起作用，并且在特定的行业领域中如何发挥作用。下文将以专业市场的发展为场域，进一步讨论亲属及家庭所有制对家庭企业发展的影响，并试图指出，即使是在现代化的集群商业组织的发展中，以亲属及家庭所有权为基础的管理制度，对经济发展的推动作用仍然显著。

第一节　家庭企业的创立与发展

一、家庭企业的发展阶段

在对中大布匹市场上的家庭企业的观察中，一个较为明显的规律是，随着家庭企业中亲属及家庭成员的增加，企业的规模也随之扩大。

家庭企业在中大布匹市场的发展通常会经历以下四个阶段：第一阶段，家庭企业只有一家店铺，专门从事零售或批发业，不进行生产；第二阶段，家庭企业的店铺数量增多，与第一阶段的业务范围较为一致；第三阶段，家庭企业的业务范围扩大，不仅经营批发业务，也兼做生产商，拥有自己的织布厂或染厂；第四阶段，家庭企业所涉及产业链环节增多，兼营纺织原材料的加工及制造、印染、成品布料加工、布匹批发、服装生产与批发等。

在第一阶段中，个人经营或独立经营是主要的经营方式。从家庭企业

[1] YOSHIHARA K. The problem of continuity in Chinese businesses in southeast Asia [J]. Southeast Asian studies, 1987, 25 (3): 112－129.

[2] 同[1].

[3] GLOPPER D R. Doing business in Lukang [M] //WILLMOTT W E. Economic organization in Chinese society. Stanford: Stanford University Press, 1972: 323.

所需的劳动力上说，在第一阶段，由于企业只需要作为中间人提供货物中转的服务，因此在有了客源与货源之后，即便只有一个人，也可以开展生意。此外，独立经营又包括夫妻经营，以及夫妻与未婚子女经营两种形式。家庭企业如果只有夫妻经营，那么大多数只可能有一个店铺，而不太可能同时经营两家店铺。通常在这种店铺中，夫妇二人通常的分工是，妻子负责店内业务，而丈夫负责对外销售。如果是由夫妻与未婚子女共同经营，那么家庭企业则有可能发展到第二阶段，也就是拥有数家店铺的规模。此时，夫妇二人负责统筹数家店铺的整体运营，家中的未婚子女则可担任分店铺的店长。

在笔者调查的家庭企业中，有10家家庭企业均属于独立经营。这种情形与弥尔顿·巴内特在唐人街观察到的小型家庭企业的经营方式较为相似，即在唐人街的诸多商店中，主要由一个家庭中的全部成员参与经营，在需要的时候才雇佣多余的人手。[1] 然而，独立经营的家庭不太可能发展成为兼顾批发与制造的企业，而只可能以做批发为主。因此，上述10家企业仍然处于第二阶段。

以老金为例，老金原本是拉车的，之后靠自己的商业眼光逐渐进入批发行业，只不过无论是在家人或同乡中，老金都缺少能够合伙的人，因此老金一直是独自经营或由妻子帮忙。实际上，在转行入批发业的时候，不少潮汕籍老板看中了老金手中的客户资源，想要与他合伙，这些机会均被老金拒绝了。在这件事上，老金对笔者说："大生意可以与人合伙，我们这种小打小闹还是自己干的好。要合伙的话，好处就是能在他那里学好多东西，再说人家有经验对不对？比咱们经验多，原来需要学习一年的东西，可能跟别人合伙之后，半年就能学会。但是我又怕客户这方面，把客户给你搞走了，好多东西在里面，没法说的。"老金认为，如果是亲属之间的合作就没有问题，尽管在亲属合伙的公司内部，也可能出现争吵，但从根本上说，与"外人"，也就是没有血缘关系的人合伙不同。

客观而言，批发业通常是入行门槛较低的行业，纯粹的批发业主要是提供中间服务，需要的人手不多，如果不发展到第三阶段，那么便不需要在技术上做出更多的努力，因此独立经营的家庭企业也能够满足其发展需要。这

---

[1] BARNETT M L. Kinship as a factor affecting Cantonese economic adaptation in the United States [J]. Human organization, 1960, 19 (1): 40-46.

种情形与吉原久仁夫所指出的东南亚家庭企业，尤其是代工企业的发展较为类似，即东南亚的家庭企业由于不少是按照美国或者日本人的技术要求，充当他们企业的买办，因此总体来看需要的人手不多，技术研发的要求不高，小型家庭企业的发展也能够满足其需求。[1]

企业发展到第三阶段，则需要更多的亲属及家庭成员的参与，也就是合伙。在家庭企业中，合伙又分长期合伙与短期合伙。弥尔顿·巴内特在对纽约唐人街家庭企业的研究中对此亦有提及，然而他对短期合伙关系的描述相对较多，而对长期合伙关系的提及较少。他指出，短期合伙主要发生于家庭企业的创业阶段，尤其是家庭企业在缺少资金的时候作为筹集资金的策略。[2]由于短期合伙更加类似于资金管理策略，笔者将在第五章对理财与信用的专门讨论中，探讨短期合伙作为融资策略的情形；相比之下，长期合伙与企业结构有较大的关联，因而此处主要讨论长期合伙的情形。

在笔者调查的 31 家家庭企业中，有 20 家属于合伙企业，其中又有 13 家是长期合伙的类型，另外的 7 家则选择在独立经营的基础上，与亲戚进行短期合伙。此处，笔者将对 13 家长期合伙的家庭企业进行重点分析。

在家庭企业的发展中，长期合伙关系的建立仍然在很大程度上依赖于家庭及亲属成员。在长期合伙的 13 家家庭企业中，与亲属合伙占据了全部的比例，且均属于建立在联合家庭上的经营。在有短期合伙关系的 7 家家庭企业中，只有 1 家选择了与没有血缘关系的人合伙，其余 6 家均是与亲属合伙。企业发展到第三阶段，则更加依赖建立在家庭及亲属关系上的长期合伙关系。下文以赵先生夫妇扩大企业规模的案例加以说明。

赵先生夫妇在扩大生意规模的时候，首先想到的是与亲属合伙。赵先生和苏女士都不是家中的独生子女，其中赵先生还有大哥、大姐和妹妹。就赵先生家的兄弟姐妹而言，他们各自有稳定的工作，并且大多被赵先生称为是胆子比较小的人，所以不敢出来做生意，更不敢与他们合伙，因此赵先生家这边的亲属找不到可用的人手。而在赵先生的妻子苏女士的亲戚当中，苏女士的姐姐属于胆子大的人，愿意出来和他们一起做生意。从赵先生和苏女士

---

[1] YOSHIHARA K. The problem of continuity in Chinese businesses in southeast Asia [J]. Southeast Asian studies, 1987, 25 (3): 112 – 129.

[2] BARNETT M L. Kinship as a factor affecting Cantonese economic adaptation in the United States [J]. Human organization, 1960, 19 (1): 40 – 46.

做服装生意刚起步的时候，苏女士的姐姐一家就参与进来。姐姐和姐夫及他们二人的儿子，也就是苏女士的外甥，都十分乐于帮忙。因此，在姐姐和姐夫合伙之后，赵先生家的人手总共从2人增加到5人（见图3.1）。其中，赵先生和苏女士主要负责生产，他们在广州与武汉两地分别开设了服装加工厂；沈阳老家的批发店铺由苏女士的姐姐和姐夫负责。之后，他们在北京的大红门市场又新增一个批发分店，主要由苏女士的外甥负责。数年之后，苏女士的姐夫和姐姐相继去世，他们在老家的分店铺也就撤了，而只留下北京的店铺，由苏女士外甥继续负责，赵先生与苏女士二人也继续负责生产及发货，企业的规模也因此有所缩小。

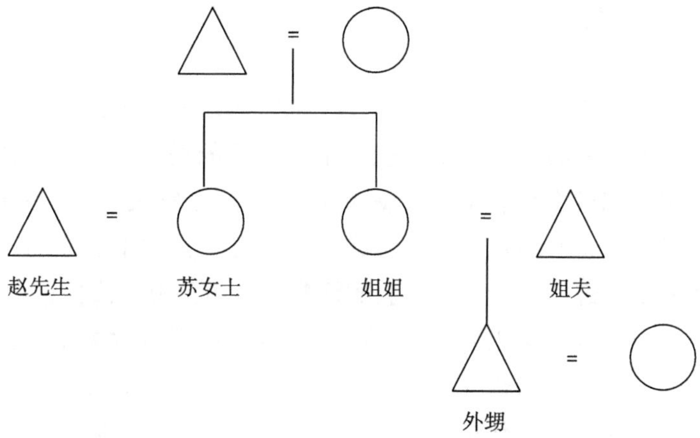

图3.1　家庭企业亲属合伙案例

第四阶段实际上是第三阶段的拓展。如果企业有足够的人手，那么有可能在产业链内形成多个环节并存的状况。然而，家庭企业向第四阶段的扩张十分受限，在笔者调查的31家家庭企业中，没有一家家庭企业是涵盖产业链内所有环节的企业集团，通常来说，最大规模的企业也只能同时涉及两到三个环节。

在长期合伙关系中，企业的所有权与经营权掌握在合伙人的手中，即由亲属及家人所有，因此相比于资金、技术而言，企业规模能否扩大，与企业掌握的软实力资源——最为主要的是家庭劳动力资源直接相关，尤其是家庭中可以作为企业管理者的人数相关。也就是说，亲属及家庭成员作为企业管理者的多寡，决定企业的规模。对于有可用人手的企业来说，如上文中提到的赵先生与苏女士家的例子，无疑可以通过增加人手来扩大规模。

家庭企业的合伙人一般不会选择亲戚，而是选择亲属或家人，因为后者才是最值得信任的。在笔者调查中，多数受访者认为“亲戚”这一概念实则与“朋友”无异，一般而言，没有血缘关系的远亲也包括在“亲戚”的范畴之内；因此他们并不将亲戚视为是自己人，受信任的范畴也远低于家人及亲属。相比之下，从企业发展来说，与亲属及家庭成员合伙则更有利于建立起长期的合伙关系，而长期稳定的合伙关系，才有利于企业发展及规模扩大。笔者将在下文中对长期合伙企业的内部结构及其与企业发展的关联进行进一步的讨论。

二、家庭结构与企业规模

在笔者调查的31家家庭企业中，更为复杂的是存在长期合伙关系的企业，其中，较为主要的是与旁系亲属及姻亲合伙的类型。笔者强调，旁系亲属当中的兄弟姐妹的合伙，对于家庭企业的规模有较大的影响，除此之外，姻亲关系也对合伙企业的发展有较为重要的影响。下文将分别对此进行说明。

在合伙关系的选择上，家庭企业的策略已经不再限于依赖直系亲属关系。企业结构，特别是合伙企业管理结构的复杂性，源于合伙关系中旁系亲属的介入。通常来说，直系亲属（如父母亲）与旁系亲属（如兄弟姐妹等）都可以成为合伙人。在长期合伙的13家家庭企业中，兄弟姐妹（包括堂兄弟姐妹）合伙的企业又占据了5家。

建立在姻亲关系上的长期合伙企业也占有一定的数量，在笔者调查的家庭企业中，共有5家企业属此类型。以HL公司为例，HL公司最初由福建长乐的王家亲兄弟二人合办，过去生意好的时候，生意主要由哥哥王WX和弟弟王WQ两家负责。王家兄弟二人还有一个亲姐姐，姐姐一直在从事其他行业经营，没有直接参与布匹行业当中；而姐姐的丈夫，也就是两兄弟的姐夫谢先生，是某钢铁厂的总经理。2008年，王家兄弟的企业利润下降，客户和员工也有不同程度的流失，企业经营遇到了危机。王家兄弟在商量之后，考虑到姐夫既懂经营管理，又有人脉，同时也是自己家人，不会做出出格的事情，因此决定让姐夫入股自家生意，帮助他们解决经营危机。

姐夫入股之后，原本由王家兄弟二人合伙的公司，变成了三家人在操办，分别是大哥王 WX 一家，二弟王 WQ 一家，与姐夫谢先生一家。谢先生作为王家兄弟的外姓亲属，成为公司三大股东之一，并且担任总经理，负责为企业管理提供核心建议。谢先生还有钢铁厂在浙江，因此谢先生把家安在了浙江，并不常住广州，而是经常出去跑市场，如浙江的绍兴、福建的石狮等地，以便尽量多地掌握纺织行业的发展现状。谢先生的加入最终很好地帮助王家兄弟的企业渡过了短暂的危机。由谢先生及王家兄弟二人合伙的企业，构成较为典型的建立在姻亲关系之上的企业类型（见图 3.2）。

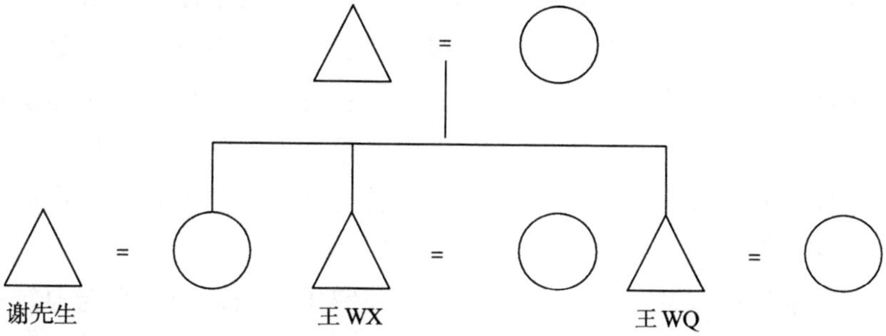

图 3.2　姻亲关系合伙企业结构案例

在旁系亲属的合作中，也不再限于兄弟之间的合伙。来自绍兴的郑女士和陈先生一家人，是和浙江的姐姐与姐夫一家合伙经营。生意最初是姐姐做起来的，之后姐姐带着妹妹（郑女士）一起做。此时妹夫（陈先生）还在国有企业中任职。之后，随着家庭企业规模的扩大，陈先生也辞去了在国有企业的工作，参与郑女士家的家庭生意中（见图 3.3）。

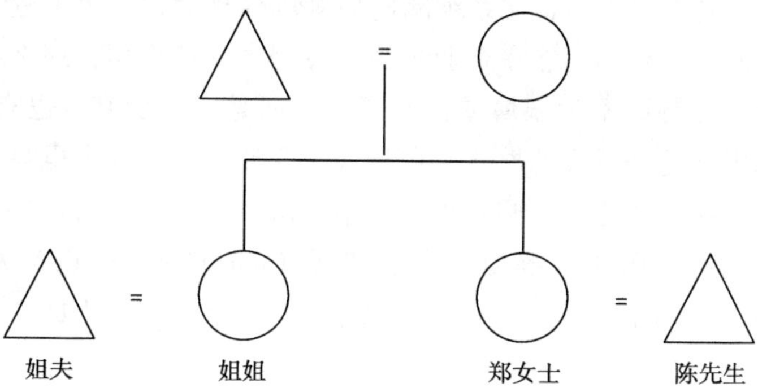

图 3.3　女性主导的家庭企业案例

在姻亲关系与旁系亲属之间，家庭企业仍然优先选择旁系亲属作为合伙人。在前文提到的王家兄弟的案例中，姐夫入股是在王家兄弟长期合伙之后，在企业遇到危机的情形下才加入的，并且只有在企业顺利度过危机的前提下，这种合伙关系才被认为是稳定的。因此，相较而言，旁系亲属对于企业结构的影响是较为直接的；而旁系亲属合伙的规模，也在很大程度上直接决定家庭企业的规模。

在另外一些案例当中，如王先生、罗先生、潘女士，他们的家庭企业已经发展到第三阶段，然而企业规模长期停留在一个水平而无法继续扩大。王先生目前与弟弟合伙，王先生说，他很清楚自己的“短处”，因此并不打算继续扩大规模。他认为除了资金不够，主要还是人手不够，特别是值得相信的人不够用，因此在现有的人手下能够做得起来，踏踏实实地做即可。潘女士家目前也只有批发店铺，没有织布厂，潘女士介绍，不开织布厂的原因也是“没有那么多的人手，自己人忙不过来”。

梅耶·福特斯（Meyer Fortes）曾经在研究中强调继嗣关系与血统关系的区别，认为继嗣关系主要是指个体成员与祖先的关联，而血统关系则指子女与父母的关系。[1] 梅耶·福特斯进一步区分了继嗣、血统与姻亲的三类关系，而体现在中国传统社会中，则为父系继嗣、亲属关系与姻亲关系。从梅耶·福特斯的分类上说，在笔者调查的专业市场中，对家庭企业影响更为深远的是血统关系和姻亲关系，而不是继嗣关系。

由于父系继嗣通常被认为是传统中国社会亲属结构的准则[2]，无论是在乡土中国，抑或海外华人社会，都能发现以父系继嗣为结构基础的文化表现形式；对应到企业发展中，父系继嗣的原则则体现为以扩大家庭为基础的公司结构。倘若父系继嗣仍然在企业扩张的过程中发挥作用，那么在理想范式下，企业的所有制则不为亲属或家庭所有，而是宗族所有。也有研究表明，父系继嗣原则下的公司管理模式，在华人商业活动中，大多也只见于华人移民的早期。例如，吴燕和的调查指出，第二次世界大战以后，许多由扩大家庭从事的生意，渐渐地分解为由直系亲属（immediate family）和主干家庭（stem family）负责。因此，实际的情况是，父系继嗣传统下的企业，分裂的

---

[1] FORTES M. Descent, and affinity: a rejoinder to leach: part Ⅱ [J]. Man, 1959, 59: 206 - 212.

[2] 许烺光. 祖荫下 [M]. 台北: 南天书局, 2001.

倾向要多于整合。❶

家庭企业在扩大规模的过程中，逐渐将亲属关系与实际利益区分开来，在打理生意中，会策略地选择有利于生意发展的合伙关系。例如，来自河南的赵女士就将她与合伙人的关系称为“利益共同体”。因此，家庭企业之间的合伙不是源于义务，而更多的是利益的衡量。在父系继嗣的原则之外，对于旁系亲属及姻亲关系的广泛利用，也使得家庭企业的合伙策略更为灵活。建立在旁系亲属与姻亲关系之上的家庭企业策略，既是家庭企业试图扩大规模的途径方式，也可以看作是家庭企业面对复杂环境时的适应策略。

家庭企业是否选择扩大规模，实际上也是家庭企业基于外部环境策略选择的结果。考虑到经营风险，企业规模越大，所承担的风险也就越大，因而从求稳的策略上说，相较于大规模经营，小规模经营更加灵活可靠；在有利润的前提下，家庭企业也宁愿将企业规模维持在一个稳定而可控的状态。基于此，下文将进一步讨论企业发展与外部环境之间的关联，尝试理解在专业市场的发展中，家庭企业为何较少发展为跨行经营的企业集团。

三、小型投资与风险控制

在中大布匹市场的发展中，家庭企业较少能够发展为涵盖不同行业类型的大型企业集团，在笔者访谈的31家家庭企业中，只有3家家庭企业存在跨行经营的情形。然而，一些研究强调，华人并不缺少将企业做大的野心，表现为对致富的渴望，对声望及事业心的驱动，如菲尔普斯·布朗（Phelps Brown）指出，上海工业家的“事业心”是推动香港制造业及工业化进程的强大力量❷等。

事实上，仅以价值体系作为解释东亚企业发展，或作为企业家的创业动机的来源，在一定程度上是有失偏颇的。就这一点而言，陈志明教授指出，

---

❶ 对此可能的解释为，在华人家庭企业创立早期，继嗣系统发挥了很大的作用，尽管其中的原因是复杂的，可能与华人社区早期的人口结构有关，然而在其他支持不多的前提下，宗族成员是获得支持的直接途径，特别是除了商业功能，宗族还发挥着团体防御的功能。参见：WU D Y H. The Chinese in Papua New Guinea，1880－1980［M］. Hong Kong：Chinese University of Hong Kong Press，1982：87－106.

❷ BROWN E H P. The Hong Kong economy：achievements and prospects［M］// HOPKINS K. Hong Kong：the industrial colony. New York：Oxford University Press，1973：13.

虽然韦伯的经济理性论述颇为有益，以东南亚华人资本主义为例，仍然没有形成西方资本主义的理性组织；然而单独的价值体系（与动机）无法带来经济上的成就，而是由价值体系与有利的外部条件——理性的法律与行政体系，现代技术的运用——互动的结果；且儒家思想虽然是重要传统，却没有涵盖华人文化的所有方面。因此尽管从外部条件上不足以产生现代资本主义，韦伯是正确的，然而其原因并不尽然是心智、价值或动机的欠缺，而是社会结构问题。❶

因此，中大布匹市场上的家庭企业较少发展为企业集团，一方面，与家庭企业内部的风险控制策略有关；另一方面，则源于外部的政治、制度及商业环境的影响。家庭企业首先面临着来自企业内部的经营风险，特别是如人手、人脉、经验、技术等的资源，上述条件的缺乏是限制家庭企业扩张的主要因素之一。笔者以王先生家的家庭企业发展为例进行说明。

王先生经营布匹批发生意近20年，王先生认为，尽管投资其他行业能够获得额外的利润，但他并没有向跨行经营的方向进行尝试。出于对资金周转的考虑，王先生认为，如果投资的行业类别过多，就相当于把做本行生意的资金抽走，如果再遇到经济环境萧条，当其中一种生意赚不到钱，又无法用充足的资金填补进来的时候，资金链就会断裂，而一旦资金被分散，企业距离倒闭也就不远了。王先生还为笔者列举两家很大的企业突然倒闭的例子，正是因为这两家企业将资金抽去做其他行业的缘故。与此同时，王先生指出，做任何一样生意不仅需要投入时间成本，还需要适当的资源。王先生认为，做新的行业的前提之一是需要花大量的时间来了解这一行的行规，熟悉投资环境，有时间去跑市场、看市场；然而更重要的前提则是要有人脉资源，也就是要有熟悉的人带着入行，同时传授经验，如怎样去寻找货源或客户等，这样才能拓宽生意渠道，如果没有熟悉的人带，不知道行业里面的行规，则会冒极大的风险。

在专业市场的发展中，来自政府的直接扶持也较少，家庭企业向专业市场的扩张，基本上可以视为自发成长的过程，这使得家庭企业不得不充分地面对复杂多变的商业环境。在这样的前提下，相比于规模化的企业，小规模的灵活经营则有利于分散风险。

---

❶ 陈志明．迁徙、家乡与认同：文化比较视野下的海外华人研究［M］．段颖，巫达，译．北京：中国商务出版社，2012：11－225．

赵先生夫妇二人原本都是沈阳国有企业的职工，他们最初利用在国有企业上班时的休假时间来经营小生意。赵先生和苏女士是1957年出生的知青，二人于1981年结婚。赵先生和苏女士的父母均在沈阳的一家国有纤维板厂工作，1978年，赵先生作为知识青年返乡之后，接班到父母所在的纤维板厂的动力车间上班；一年之后，即1979年，苏女士也返乡回城，接替了母亲的岗位，在同一家工厂做水处理的工作。1983年，赵先生和苏女士二人开始小打小闹地做生意。因为平时需要到工厂上班，二人只是抽出休息时间做生意；而客观来说，赵先生和苏女士能做起生意，也是因为他们有较为充足的时间。赵先生称，当时两人的部门都执行大倒班的上班制度，即工作12个小时，休息24个小时，两人在一个月内加起来分别有20个白天休息，并且他们的工作都不辛苦，上班的时候也能稍微休息，因此他们可以充分利用休息的时间做生意。赵先生也称，如果是在比较辛苦的岗位上工作，如做压板的，晚上上夜班，白天再做生意身体可能就吃不消了。

赵先生从单位下班后，便去马路上截一车农民从乡下拉到城里批发的蔬菜去路边售卖，一般一次拿50公斤到100公斤，买菜的钱则是赵先生和苏女士的工资攒下来的。那个时候，一天卖100公斤蔬菜，便能赚20元钱，而这个数字是赵先生夫妇两人月工资加起来的三分之一，而这仅仅是一天的利润，所以赵先生称，他和苏女士“越干越有瘾”。此后，赵先生称，他们便开始“冒充”小商小贩去进货。冬天的时候，赵先生夫妇卖苞米（生玉米）赚钱。赵先生从单位旁边的东贸库（储存仓库、批发站，为国有企业）批发玉米，买一袋子（100穗）玉米之后，拿回家煮熟了，再提着两个桶沿街卖，卖完了也能赚20元左右。赵先生称，他们还带动了整个四合院的邻居们去卖苞米。就储存仓库来说，他们不管对方是谁，只要是批发，都往外卖。之后，由于卖苞米赚得钱少，并且二人也有了一点积蓄，便于1986年开始在沈阳的大东菜市场卖高档鱼，这个生意干了半年。

1987年起，他们开始经营“招手停”的市区小客车，只不过也没有坚持太长时间。小客车的生意二人干了一年，而这一年之内，小客车的数量从赵先生他们刚开始入行时的30台，增加到3000台，且一年之后政府开始进行线路规划，私人跑客车需要摇号选线，如果选不到人流量大的线，便不容易赚到钱。于是赵先生将车卖了，用经营小客车赚的十几万元，改行做其他的生意。

赵先生夫妇由于只有他们二人经营，盈亏只需要在小家庭内部商量，因此在进行决策时，也较为简便。用赵先生的话说，他与苏女士一般是“两个人一合计，事情就决定了”。从这个意义上说，家庭企业不仅利于规避风险，也利于灵活决策，及时调整策略；与此同时，小规模的经营也方便家庭企业在遇到经营瓶颈时随时撤出，以降低损失。对于家庭企业的经营者，尤其是早期创业者们而言，是一种通过与外部环境博弈，进而获得发展空间的策略。

吉原久仁夫指出，有利的政治环境对家庭企业的持续发展十分有利，因为这可以减少企业家的不安全感。[1] 赵先生夫妇二人在经营中，也面临较多的不确定性因素。就像赵先生说：“不知道什么时候政策出来，就不让干了。”因此，特别是在创业早期，他与苏女士都拼命地抓紧时间，争取在短时间内赚更多的钱。

外部的商业环境对家庭企业发展的影响与家庭企业所处的社会及文化情境有较大关联。有研究指出，家庭企业在新加坡的成功，主要依赖新加坡政府的国家资本主义[2]，而这也导致家庭企业在国家内部的扩张较为容易，在海外扩张时的阻力较大。[3] 黄绍伦也讨论了上海的工业家为何会转移到香港而不是台湾，认为主要是受到当时香港自由的商业环境及广阔市场的吸引。[4] 马丁·佩里（Martin Perry）则指出，印度尼西亚的华人家庭企业能够获得较大的成功，其直接原因在于企业并购。这种并购不是企业在一个行业中扩大规模，而是在一个领域首先取得支配地位，之后相应地在其他行业领域中也取得支配地位，而这种并购策略靠的是家庭企业的所有者与政府之间建立起来的紧密的关系，是典型的“裙带资本主义”。[5]

那么，在外部的政策支持相对缺乏的条件下，家庭企业又如何实现了向专业市场及全球商业网络的扩张。笔者将在下文中进一步对家庭企业的策略进行分析，讨论家庭企业以怎样的雇佣方式及决策途径，实现较为有效的内部管理。

---

[1] YOSHIHARA K. The problem of continuity in Chinese businesses in southeast Asia [J]. Southeast Asian studies, 1987, 25 (3): 112–129.

[2] ONG A. Flexible citizenship: the cultural logics of transnationality [M]. Durham: Duke University Press, 1999: 97–108.

[3] PERRY M. Small firms and network economies [M]. New York: Routledge, 2002: 70.

[4] 黄绍伦. 移民企业家：香港的上海工业家 [M]. 张秀莉，译. 李培德，校. 上海：上海古籍出版社，2003: 19–20.

[5] 同[3]65.

第二节 亲属雇佣与企业管理

一、亲属雇佣与企业管理

艾尔弗雷德·钱德勒（Alfred Chandler）在讨论美国制造企业的管理结构时指出，企业管理者与员工之间的配合能力，是体现企业内部的组织及管理能力的指标之一。企业管理者与员工配合默契，则说明企业的组织及管理能力较好，有利于企业发展，反之则不利于企业发展。[1] 艾尔弗雷德·钱德勒显然是针对制度化企业而言。在制度化企业中，科层制的管理是企业管理的重要特征之一，企业管理者与员工之间有明确的界限。那么，是否只有科层制的管理模式能够代表更为完善的企业管理能力；本书的案例则提供了在科层制的管理架构之外，在家庭企业内部进行企业组织及管理能力协调的一种可能。

与制度化企业不同的是，在专业市场上的家庭企业发展中，“老板”，即企业的所有者或管理者，与员工的界限并不明确。在重要的事情上，老板通常亲力亲为，老板既作为企业所有者和管理者，同时作为家庭劳动力，这是家庭企业内部管理的一个重要特征。

“老板”对于家庭企业而言，指的不仅仅是单个的个人，而是家庭企业内部全部的所有者。夫妻经营的家庭企业内部不存在老板与员工的区分，二人同为负责人；在父母与未婚子女的家庭企业中，父母通常是老板，而子女是员工；在合伙企业中，合伙人则是共同的老板。在笔者调查的 31 家家庭企业中，有 15 家家庭企业没有雇佣员工，日常事务均由老板直接负责。

从节约的角度看，在人手够用的前提下，老板并不需要支付多余的工资来聘请员工，亲力亲为可以节省开支。笔者以陈先生的经营为例进行说明。在笔者访谈期间，陈先生的店铺没有雇人，全部的找客户、找货、发货等的工作均由陈先生一人负责，他既是老板，也是员工。陈先生一天的工作安排

---

[1] CHANDLER A D J R. Strategy and Structure [M]. Cambridge: The MIT Press, 1969.

如下：早上从位于赤岗家附近的公车站乘车上班，九十点开店，周末及休息日则不定，如果亲戚或者朋友们约着吃早茶，他便停工。陈先生的店铺也是他的办公室，办公室中有两张办公桌，一台电脑，陈先生与客户联络或下单等都通过这台电脑，邮件、QQ 和微信是主要的沟通手段。陈先生不会使用拼音，因此需要用一个外接的手写键盘输入文字。陈先生手头的客户大多是十几年的老客户，陈先生每日从客户手中接四五笔生意，主要是找货和发货。陈先生从开店之后便开始接单，处理快递，忙到一两点吃饭，午饭之后便开始处理快递，并继续接单。到下午四五点的时候，陈先生会去市场找货、拿样板，将样板拍照之后，再用通信工具传给客户，或将样板直接邮寄给客户；客户确定了货品之后，他便下单发货。

陈先生的生意不大，所发的货物也不多，因此没有另外雇佣多余的人手，客户临时寄存的货物如果需要发出，则由他亲力亲为。陈先生向笔者介绍，在他的生意最好的时候，他雇了三个人，一人负责跟单，两人负责发货。而即便是雇了三个人，陈先生自己也没有闲着，与客户联络、跟单、发货等的工作，他全部要参与。生意不好的时候，他就辞掉了员工，全部工作由自己完成，在员工的雇佣策略上十分灵活。

从信任程度上说，老板们在一些事情上，特别是重要又细心的事情上，也不放心交由员工处理，而更倾向于亲力亲为。王先生称，在对待客户上，如果是重要的客户，他一定要做到亲自跟进，而不是轻易放手给员工去跟。王先生说，如果将重要的客户放给员工，客户要商务类型的面料，员工却带去了时尚面料，客户要女装面料，他们又带去了男装面料，这样客户会觉得公司很不专业。只有做老板的先去了解，亲自跟进一段时间，对于这家公司需要什么产品大概已经熟悉了，然后才慢慢地放给员工去跟。实际上，王先生说，这个时候也还是不能完全放手，还需要仔细地跟员工交代，如某天需要带给客户哪些面料，包括型号、批次、颜色，都要交代清楚，才会放心。之后由于老板们对这个生意已经有了一定程度的了解，因此在跟员工交代任务的时候，也能够尽量交代具体后，再放给下面的人去跟，出错的概率便会缩小许多。

王先生认为，除非这家客户自己并不重视，才会一开始就交给员工跟进，而无论员工如何跟进，他也不会插手。王先生认为，员工跟进不好客户，并不是经验的问题，主要是对待事情的态度。王先生称，员工通常认为，跟进客户不是自己的事，而是老板的事，对他们而言并不重要，他们只需要把老板交代的事情做好就可以了，而不会像做老板一样认真负责，因此抱着这样的态度，只要稍微粗心一点就容易出错。

由“老板”对企业直接负责的管理模式，在我国台湾的家庭企业中也广泛存在。陈介玄（Chien - Hsuan Chen）讨论了管理能力与老板身份之间的关系，指出在台湾家庭企业中，重要的不是“老板”与“员工”的分别，而是“班底”的作用。[1] 陈介玄所谓的班底，是包括老板及老板所选出的管理者的全部人员，这些人员在公司管理中通常充当集体决策的角色。从人数及组织方式上说，班底与本书提及的合伙企业的管理模式类似，然而不同的是企业人员的构成——在班底的管理中，“老板”对于陌生人的任用是较为普遍的；而在笔者调查的家庭企业中，亲属与家庭成员仍然是家庭企业的管理者及关键岗位员工的主要来源。

在员工内部，还存在对家庭企业中的“大老板”与“二老板”的区分。杨先生与堂弟合伙开了公司，员工们则习惯称杨先生为“大老板”，称堂弟为“二老板”。员工与老板同姓的另一位杨先生告诉笔者，这样区分是因为大老板的经营年资较为久远，熟悉市场，懂得多，而二老板入行时间短，目前也处于学习阶段，在很多地方仍然需要听从大老板的建议。因此，大老板与二老板的区分，在一定程度上也是基于何者的决策权更大一些。对于员工而言，对“大老板”与“二老板”进行区分，则有利于员工在大老板与二老板的决策有分歧时，做出合理的执行决策。

尽管如此，老板们之间对于这种区分并不在意，在笔者调查的家庭企业中，老板之间尚未形成科层制的管理结构。潘女士家的家庭企业由潘女士和丈夫，潘女士的弟弟、弟妹，以及潘女士的姐姐、姐夫，三家人共同经营。潘女士的丈夫是员工口中的“大老板”，潘女士的弟弟则是“二老板”。然而潘女士称，在需要对一些事情进行决策时，通常由三家人共同商量决定，有所差别的只是各自职责的不同，如潘女士的丈夫负责生产，而潘女士的弟弟则负责销售。

因此，老板之间的职责分配，主要依据老板的经验和性格，自行商量决定，职责分配的最终目的，则要有利于工作效率及经济效益，相对而言是有

---

[1] CHEN C H. Bandi and Laoban: the development of elementary organizational capability in Taiwan's small and medium enterprises [M] // YU F L T. Taiwan's economic transformation in evolutionary perspective: entrepreneurship, innovation systems and government. New York: Nova Science, 2007: 59 - 120.

策略且务实的。在王家兄弟的公司中，哥哥王 WX 主要负责生产管理与技术研发，弟弟王 WQ 主要负责销售。兄弟二人职责分配的依据是，大哥性格上较为稳重，且对生产部分懂得多，也热衷于钻研技术；而二弟的性格较为开朗，喜欢与人打交道，因此在外部事务的处理上更为擅长。

在海外华人社区中存在较多的学徒制，在笔者调查的家庭企业中较少存在。约翰·奥莫亨德罗在对菲律宾伊洛市家庭企业的研究中指出，学徒制的盛行通常要满足两个条件，一是雇主对劳动力的需求；二是学徒对海外签证的需求，特别是在华人迁移的早期，家庭企业对劳动力的需求，以及学徒对于赚钱的渴望，二者大大促进了这种制度的发展，并延续了很长时间。[1] 以上两个条件在中大布匹市场的发展中较少能够被同时满足。一方面，在专业市场的发展中，内部形成较为紧张的竞争关系，老板为防止员工在掌握一定的经验或资源而另立门户之后，对自己构成竞争，因此在很大程度上存有防备的心理，并不会轻易向员工透露关键的信息；另一方面，在专业市场的发展中，专门的劳动中介也没有发展成为一个独立行当，国内低阶劳动力的自由流动，客观上为专业市场的发展提供了充足的劳动力资源。

在对低阶劳动力的雇佣上，虽然来自地域背景的限定逐渐解除，如王先生作为老板，在对员工的聘用上并没有地域上的限制或要求；笔者也遇到了潮汕籍的雇员许女士，她特意选择给福建籍的老板打工。然而，家庭企业在企业雇佣中仍然有对“自己人”与“外人”的区分；对于老板们而言，仍然更加倾向于雇佣“自己人”，而不是“外人”。[2]

目前潘女士家雇佣了十二三个员工，负责在仓库中卸货、装货及送货、跟单等工作，员工中的大多数是她老家的亲戚，与笔者较为相熟的一个“小弟”（打工仔）姓廖，是潘女士的远亲。笔者询问为何倾向于雇佣亲戚作为员工时，潘女士认为，生意里还是“用自己人好”，称“（外面）请来的你不好说他，自己人的话，什么都可以说，像现在的小弟（廖姓员工），动作稍微慢一点就会说他。现在别人家里都生一两个，爸爸妈妈都不舍得，我们哪

---

[1] OMOHUNDRO J T. Chinese merchant families in Iloilo: commerce and kin in a central Philippine city [M]. Columbus: The Ohio University Press, 1981: 57 – 58.

[2] 在对“自己人”与“外人”的界限进行区分时，黄光国主编的《中国人的权力游戏》；孙治本的文章《台湾家族企业的内部整合及其领导风格》；张强的文章《自家人、自己人和外人：中国家族企业的用人模式》、郑伯埙的文章《自家人、自己人和外人：中国家族企业的用人模式》等分别进行过讨论。

敢骂他？自己人就会好一点儿。”因为是亲戚，潘女士认为彼此是知根知底的，也是“好用的”，相比于陌生人而言，也更容易听得进去劝告；相反如果是不了解的人，对待起来则需要拿捏分寸。

那么，在这样的前提下，老板们对待“自己人”与“外人”的界限及准则是什么，在怎样的条件下会更加倾向于使用自己人，而排斥外人，老板们对于“自己人”和“外人”的信任程度的具体差异是什么，将在下文中进行讨论。

二、内部晋升与信任管理

家庭企业在关键岗位上的任用，与员工与老板之间的亲疏关系，以及员工能力两个因素相关。在笔者调查的家庭企业中，老板对员工亲疏关系的界定，即“自己人”与“外人”的界限大致遵循以下的原则：对于老板而言，亲属与非亲属相比，亲属是“自己人”，而非亲属是“外人”；近亲与远亲相比，近亲是“自己人”，而远亲是“外人”；远亲与老乡相比，远亲是“自己人”，而老乡则是“外人”。老板对“外人”的信任度远远低于对亲属及远亲的信任度。笔者接下来以邓先生作为职业经理人，也是家庭企业当中的“外人”，如何与老板及老板的“自己人”员工进行相处的过程为例进行说明。

从2015年起，王家兄弟的公司逐渐面临许多经营管理上的危机：一方面，公司的销售人员被其他公司挖走，客户资源也随之流失；另一方面，公司的用人成本始终居高不下，影响资金流的运转。在此之前，王家兄弟原本就有一位认识的老乡邓先生，长期为他们提供业务上的咨询；因此在出现经营危机之后，王家兄弟则想长期聘请邓先生，以帮助他们解决危机，并打算给他仅次于总经理的人力资源经理的岗位。

由于原公司的待遇较好，邓先生并没有立刻答应王家兄弟的邀请。在邓先生犹豫期间，王家兄弟带他去考察自家的工厂和机器，熟悉生产流程，此时邓先生觉得获得了王家兄弟的信任，再加上有同乡情谊在其中——邓先生是福建漳州人，王家兄弟是福建泉州人，邓先生认为两兄弟已经将他视为“自己人”，于是下定决心，辞掉原来的工作，转投王家兄弟的公司。然而，入职之后，邓先生很快与王家兄弟在管理理念方面产生了冲突。

首先，是职责分配不明。王家兄弟给邓先生的月薪近两万元，属于所有岗位中工资待遇最高的，因此王家兄弟对于邓先生的任职要求也较高，这间接导致许多不属于邓先生分内的工作，也必须由邓先生完成。邓先生作为人力资源经理，除了在公司中负责人力资源方面的工作，还需处理店铺续约或合同纠纷等，做着法务、行政、人力等的综合性工作，在无形中扩大了邓先生的权力，也让企业中的老员工们感觉不满。

其次，是在如何节约的问题上。王家兄弟并不愿意在员工的福利上多花钱，然而，根据邓先生的说法，如果公司不解决员工福利，随着员工福利意识逐渐增强，很可能会为此对公司产生不满，并且福利只会涨价，不会降价，尽快买入是最为划算的。

在员工离职率与薪水高低是否具有关联的问题上，王家弟弟认为，只要有利益，什么都好说，什么人都能招来；邓先生则认为，利润只是决定能否招到合适人选的一个方面，钱并不能解决所有问题，员工还会考虑是否有利于他的职业发展等。另外，邓先生与王家兄弟之间，还存在关于人工成本是在前期支付还是后期支付这一问题上的矛盾。老板们倾向于先用人，后给钱，认为此种处理方式的灵活性较强。

老板们也主张通过裁员的方式来控制成本，这与邓先生的想法也是矛盾的。邓先生并不主张通过裁员的方式来节省成本，而是认为“减人工”是有必要的，但是“减人工”的目的是提高效率，而不是减少员工的人数，更加不是减别人的工资。邓先生认为，少租一个店铺，可以裁掉百分之二十的人，其他剩下的人给的工资则可以稍微多一些，进而提高人员的工作效率。除此以外，通过运营或者流程改造，也可以大量地缩减成本。然而，这些也与老板们的主张不同，老板们则认为店铺的数量与家庭企业的效益之间有较为直接的关联，因此希望多开店铺。

邓先生当初愿意接受王家兄弟的邀请，是因为王家兄弟接受了他的一个提议，即想要将企业做大，包括注册公司，开股东大会，调整股东架构和管理架构，最后上市。在最初的商谈中，王家兄弟对此也是十分认可的。公司股份制之后，邓先生也能够参股。然而，老板们的实际想法却相差甚远。公司聘请邓先生并不是想要将企业进一步做大，而是进一步地节约成本，在现有的规模上求稳。由于王家兄弟一直希望邓先生能控制人工成本，邓先生也逐渐放弃了将企业做大的念头，转而考虑如何节省成本。

再次，公司的商业机密是对邓先生绝对保密的。邓先生虽然担任公司的高层经理，然而对于老板们而言，他仍然是“外人”，重要的事情不会与他商量，关键的信息，如供货渠道、销售额、利润、人工成本、客户资源等，更不会让他轻易地接触，尤其是供货商和客户两部分，属于重要的商业机密。邓先生为公司供职期间，曾跟老板们申请，想要接触一下公司的销售业务，但最终被否决了。

在王家兄弟手下任职期间，邓先生也较难被企业的老员工，尤其是员工中与老板有亲戚关系的“自己人”所信任。较早进入企业的老员工们及老板们从老家带过来的亲戚，他们更愿意直接听从老板的指示，而不是邓先生的。即便是涉及邓先生的职责领域，需要与邓先生商量，老员工们也习惯于越过邓先生，直接与老板们商量。例如，老高是王家兄弟的一个远亲，在王家兄弟的公司工作了十多年，邓先生进来之后，老高与邓先生两个人互相不服气，因此经常产生冲突。老高认为，邓先生虽然拿着高工资，但是经常喜欢“偷懒”，也时常会与老板们抱怨邓先生的懒惰。

最后，在涉及与钱有关的问题处理上，老板们显然更习惯用自己人，而不是外人。2015 年年底，王家兄弟的店铺要续租的时候，由于此店铺是由 8 个小店铺组成，最初分开两期租赁，店铺计划于 2015 年 10 月到期，需要续约。老板们一直拖延此事，因为隔壁店铺有一年的免续租权，他们也不愿意付。年底的时候业主一直催款，称如果再不交款的话，就要断水电，最后由邓先生与业主方协商，商定年前签订合同，需要先交 5 万元的定金，对此老板们也没有立刻执行。2016 年年初，店铺因为欠租，被市场掐断了电闸，最后由老板们派出自己家的“小弟”去交了费用。在这一点上，老板们通常认为，“自己人是安全的，外人很有可能卷起钱跑了”。在类似的事情上，如在办理营业执照时，也是王家兄弟托付自家亲戚的“小弟”去跑腿善后的。

在管理中，王家兄弟的公司采用的是“老人老办法，新人新办法”的管理策略。在王家兄弟的公司中，关键岗位的职责均由家庭成员担任，而在其雇佣的员工中，又有五成左右是老板的亲戚。他们虽然不一定是直系亲属，但都比邓先生与他们的关系要近，如同村的亲戚或远亲等。王家兄弟对亲戚有较多的照顾，而员工的工资待遇也与员工同老板的亲疏关系，跟随老板做事年限的长短有关；相较而言，老板们对于没有亲戚关系，且进入公司时日尚短的普通员工，在工资待遇上则相对节省。

而邓先生的管理思路，实则在一定程度上体现了制度化企业的雇佣及管理的理念。然而，标准化的管理方式是否会成为企业发展的推力，则需要谨慎讨论。实际上，王家兄弟作为老板并不是没有去解决问题，而是采用了非标准化的内部协商的策略。

因此，王家兄弟的公司内部实际上有两套人事管理的系统，一套是邓先生负责的，专门对待“外人”的管理系统，一套是老板们对待自己人的管理策略。尽管邓先生不同意在用人上偏向于亲戚，然而老板们则认为，在企业现有的情况下，最好要维持现状，经不起新人培训，对于他们这种行业来说，很可能培训出来人就走（跳槽）了，因而从这个方面考虑，用自己人是节约且有保障的。

由此可见，虽然邓先生和王家兄弟二人同为福建老乡，然而与亲戚们相比，如老高，邓先生仍然算是外人。长久下来，邓先生不得不以离职结束了在王家兄弟公司的任职。

在家庭企业中，对于外人，尤其是对“有能力的外人”的不信任的情形，实际上是较为普遍的。王先生也认为，有才华的人都比较“自傲”“不服管”，有了权力之后极有可能掏空公司。王先生还为笔者讲述了他在电视剧中看到的故事情节：一个公司，雇了四个工人，其中一个工人不知道在公司里面如何受了老板的气，对公司和老板产生了不满，于是故意给公司买入可能跌停的股票，导致公司的破产。王先生认为，倘若老板自身没有专业管理经验的话，则很难驾驭这些有能力的人。

然而，即便家庭企业倾向于信任自己人，在对亲戚进行任用的时候，老板们也会在能力、利益与亲疏之间进行平衡，不会完全依靠员工与自己的亲疏关系来做出雇佣或任职的决定。在对葡萄牙华人企业家的研究中，安娜·特谢拉（Ana Teixeira）讲述了从亲属内部选择职业经理人的过程，她指出年轻的经理人，特别是年龄在16~22岁的经理人，通常会先在家庭生意内部的不同部门的岗位上获得锻炼，才能晋升为企业中的关键领导人的位置，这个晋升过程是秩序严谨的，而非随意无章的。安娜·特谢拉也将亲戚对于关键岗位的晋升路径，称之为内部晋升的路径（inside approach）。[1]

---

[1] TEIXEIRA A. Entrepreneurs of the Chinese community in Portugal ［M］// BENTON G，PIEKE F N. The Chinese in Europe. London：Macmillan Press，1998：252 -253.

在王先生（见图3.4编号1）的公司中，父亲的堂兄弟的儿子（见图3.4编号3、编号4、编号5的成员），和母亲的兄弟的儿子（见图3.4编号2的成员），是除了企业所有者（包括王先生和弟弟两家人）以外的关键岗位的负责人，他们四人均已在公司担任重要岗位约五六年，工资由基本工资、奖金、抽成（主要决定于业绩、业务量）三部分构成，每月所得数额不低。

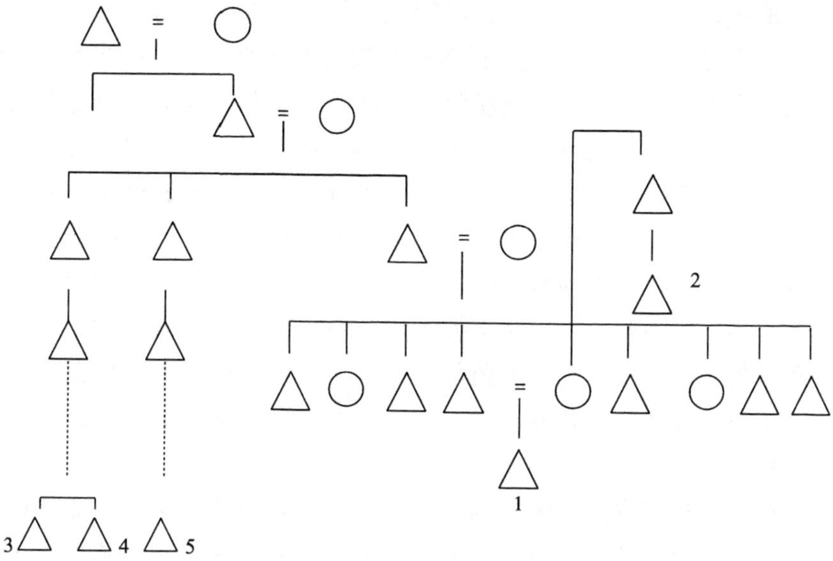

图3.4 家庭企业内部雇佣案例

王先生称，他并不会因为他们是亲戚，就一下子把他们安排到重要的岗位上，通常都是从杂工做起，他讲道："只要进了公司就完全看能力，亲戚如果没资格、没能力，也不会将他们安排到重要的位置，而之所以获得比较重要的位置，主要是因为他们比较适合这份工作。"因此，王先生在谈到经营管理时，认为公司对员工的"一视同仁"相对重要。❶ 亲戚们受到提拔，并非仅仅因为他们与老板有亲戚关系，同时也要看自身的能力。

除了四位任职重要岗位的亲戚，王先生的公司中还有不少为其打工的亲戚。对于打工的亲戚们来说，如果有相应的能力，便很快能升职到相对关键的岗位，这与普通人的升职流程是不一样的；换言之，有能力的亲戚得到重

❶ 值得注意的是，这种"一视同仁"，并不是指对待自家人与外人一视同仁，而是指在亲戚们当中做到一视同仁。

用的速度是相对较快的。相对地，如果亲戚在企业中做了一段时间，仍然没有被提升到关键岗位，那么亲戚们便会觉得升职无望，倘若仍然想有所发展，便会去寻找新的出路。王先生称，当有亲戚做出离职决定时，他并不会对此阻拦，相反王先生介绍，因为他们的家族实在太大，他前前后后还开除了不少亲戚。

如上所述，在家庭企业中，在对管理岗位与技术岗位的人员任用上，老板们对待“自己人”与“外人”的策略是较为不同的，然而在技术岗位的任用上，老板们相对地并不在意被雇佣人员是否是外人，认为将“专业的事交给专业的人去做”才是正确的。王先生介绍，在布料的生产中，对于技术而言，老板们只是懂得一些皮毛，以他本人来说，仅仅能够通过手感粗略地判断布料的好坏，专业的修改过程还是要请专业的师傅做，这其中涉及用几种线，还有密度、纱机等更为具体的知识，由于专业的师傅基本上是科班出身，对此较为精通。也由此，工厂中掌握技术的员工的地位是较高的，甚至老板们要花很大的力气才能招到并且留住这些人。王家兄弟的企业就在招聘有技术的人才上下了血本，总经理谢先生认为：“只要是有技术的人，厂商都愿意出大价钱招人。”

总体而言，在家庭企业的亲属雇佣中，应较多地关注家庭企业如何策略地回避亲属任用可能造成的弊端，而非一味地将其否决。正如陈祥水也在对美国纽约唐人街的台湾小商人的研究中，指出家庭劳动力对于华人家庭企业，特别是小规模的华人家庭企业来说，是十分重要的商业资源。由于家庭劳动力不需要支付工资，或只需要负担少量的工资，因而不仅不会构成家庭企业的阻力，反而可以为家庭企业提供支持。[1]

与此同时，通过家庭及亲属网络来实现雇佣，容易使老板和雇员之间有共同的利益联系，雇佣关系并不是纯粹的工具性的交换关系（instrumental exchange），这又反过来为企业提供了低工资支付、低流动率的特点。[2] 员工与老板之间依据私人关系在企业中建立起来的层级联系，对二者的发展均是有利的，特别是亲属占据重要岗位，使得老板在管理公司或需要额外的劳动力，

---

[1] CHEN H S. Chinatown no more：Taiwan immigrants in contemporary New York ［M］. New York：Cornell University Press，1992：104－127.

[2] PERRY M. Small firms and network economies ［M］. New York：Routledge，2002：58.

以及做出必要的牺牲时，能够获得更多的额外承诺。[1]

也有研究将家庭企业的亲属任用或企业的家族成员继承视为裙带主义，并进行批判。例如，戈登·雷丁在对裙带主义的描述中指出，“裙带主义对企业发展的抑制作用是基于这样的事实，即这个人很可能不是最适合某职位的人选，但却被安置在该职位”[2]，因此可能不利于企业发展。然而在企业管理中，必须严谨地区分裙带主义、父系继嗣与亲属任用之内涵的差别。这一点黄绍伦已经进行过较为详细的解释，指出三者之间并无必然的联系，而应该分别加以对待。[3]

由于在笔者调查的31家家庭企业中，仍有13家家庭企业已经有第二代参与进来，且在家庭企业发展中也发挥着相应的作用，因此本书也将对第二代的职业选择与晋升途径进行讨论。

三、企业家二代的晋升过程

与普通员工相比，企业家二代作为家庭成员，对家庭生意负担的责任也更重，即便企业家二代同样作为企业员工在父母作为老板的企业中打工，其晋升过程与职位要求也与普通员工不同。戈登·雷丁指出，在华人家庭企业的继承中，父母亲对子女在生意上的安排并不是强制性的，而是逐渐由强制变为引导。[4] 然而，在笔者调查的家庭企业中，二代在职业选择上多半是听从父母亲的安排，其自主权不大。只有生意上暂时不需要他们帮忙，他们才可以在短时间内做自己的事情；而当生意上需要人手时，他们则需要随时参与进来。

赵先生出生于1981年，是家中的独生子，其父母经营服装生意20多年，然而一直以来，赵先生本人很少参与服装生意中，主要是因为他的表哥在很

[1] 郑伯埙在《家族主义与领导行为》一文中认为，老板在区分自己人与外人时，通常采用关系、能力和忠诚度三个指标。关系是老板与员工间的情感性关系，家族成员的关系较为密切，而陌生员工的关系则较为疏远；能力指的是员工执行其工作任务时，所具备的知识、技能及胜任工作的程度，一般可通过工作绩效观察；忠诚度是指员工对老板与企业效忠的程度，是个人对公司与老板具有的一种长期而持久的自发性责任（assumed responsibility）。而员工越肯卖命，就说明其忠诚度越高。

[2] 戈登·雷丁. 华人资本主义精神［M］. 谢婉莹，译. 上海：格致出版社，2009：110.

[3] WONG S L. The Chinese family firm：a model［J］. The British journal of sociology，1985（1）：58－72.

[4] 同[2].

早之前就和自家父母亲一起做生意。表哥当兵回来之后便一直在自家生意中帮工，用赵先生母亲的话说，是“家里用不到他（赵先生）”，赵先生也就没有参与服装生意中来。大学期间赵先生到英国留学，之后便留在英国当地工作，几年之后，赵先生家里生意扩张，开始涉及家具生意，需要人手，赵先生便依照父母的要求，回到家里的生意中帮忙。

谢先生是“70”后，经营面料批发20余年，问到为什么会入行的时候，谢先生说，他那个时候没有别的选择，“因为我的爸爸妈妈就是做这一行的，一般父母亲做哪一行，子女也做哪一行，跟着来”。谢先生最初是与父亲共同经营，父亲年老退休之后，家庭企业便转交给谢先生负责。

即便是亲生子女，在参与家庭企业之初，父母亲并不会将他们立刻安排到核心岗位，通常的做法是去亲戚或外人的企业中打工，这不仅是让他们学东西，更是历练，明白做生意的难处及所需要的品格。父母认为，子女在亲戚或外人的公司中打工，比一开始就在自家的企业中任职，能够学到更多的东西。

许先生的父亲在深圳经营服装外贸公司约10多年的时间，许先生初中毕业之后，先听从父亲的建议当兵，于2012年12月入伍，2014年12月退伍，两年时间都在新疆度过。父亲认为当兵可以锻炼意志，至于去新疆，则是许先生自己选择的，因为新疆比其他地方的补贴要高。许先生当兵回来后，父亲没有直接让他进到自己的公司工作，而是先让他在自己的弟弟家，也就是许先生的叔叔家打工。许先生的叔叔在中大布匹市场上经营批发店铺，在广州国际轻纺城已经有两个店铺，许先生入职时，叔叔家正准备在美景纺织城（分市场名称）拓展第三间店铺的时候，由于缺一个人手，许先生便正好填补了这个空白，在学东西的时候还可以给叔叔家帮忙。美景纺织城店铺只有许先生一人负责，外加一个雇来的小弟。由于之前从未接触过这个行当，因此包括接单、跟单，如何接待客户，如何选面料或看面料等，必须从头学习。许先生也称，在叔叔家学习，要比在自己家学习用心许多。

马先生出生于1992年，是父母亲最小的儿子，他还有两个哥哥。马先生考上技校之后，只读了一个学期就不读了，他自己觉得读书没有用，大学生活也和想象中的不一样；更重要的是，家里人也觉得读这个书没有用，所以马先生就放弃了读书，来布匹市场打工。2012年的4~5月，马先生在中大布匹市场的巨海市场（分市场名称）中的一家经营蕾丝和网布批发的批发店铺中打工，马先生称这家店铺的工作是他自己找的，而他也赞同父母说的，即“打工是一个过程，做生意前必须要打工”，“可以学手艺、技术”。

与亲戚们在企业的晋升途径不同，企业家二代能够以较快的速度升到重要岗位，如独立负责关键岗位或一家店铺。通常，第二代在外打工的时间不会超过半年，半年之后就要回到自家的生意中帮忙。例如，许先生在叔叔家的店铺工作了 3 个月，在学到一些比较重要的经营技巧之后，便回到深圳，进入父母亲经营自家的服装外贸公司，负责核心业务。而马先生在打工半年之后，也开始顺理成章地与父母亲共同照顾位于轻纺交易园（分市场名称）临街店铺的生意。

约翰·奥莫亨德罗在伊洛城中观察到，在商业训练中，父母对女儿和对儿子的要求是不同的，女儿只是辅助性的帮忙，而儿子才要负担大部分的责任。[1] 在笔者调查的家庭企业中，在二代的职业选择上，父母亲对女儿的要求，与儿子是类似的，倘若是生意上有需要，女儿也需要在重要岗位上担任工作。

来自福建泉州的林女士，最初是在泉州本地的小学校做老师，父母亲则在泉州做功能服面料批发的生意。之后父母亲需要将生意带到广州，人手不够，林女士就辞职过来帮忙家庭里的生意。当问到林女士是否必须辞职的时候，林女士说当时并没有犹豫，他们家是相对传统的，老板也就是自己的父亲说什么，他们就必须听从。林女士进入家庭企业之后，短期内便逐渐接手了跟单、财务与法务工作，对客户资源也十分熟悉，基本上掌握了生意的各个面向，可以独当一面，虽然是在 1993 年出生，年龄尚轻，然而为人处世等十分成熟。

类似地，来自香港，在广州国际轻纺城经营面料批发的何先生，也是先培养了自己的大女儿去英国读高中，再去美国读大学，最后回到自己家的企业中担任销售经理。何先生的二儿子则因为还在读书，且对家庭企业没有兴趣，暂时还没有加入进来，这有可能只是暂时性的情形，因为无论是在华人家庭企业的研究所呈现的案例中，还是在笔者调查的家庭企业中，几乎不存在二代完全脱离于家庭企业的既有资源，独立经营而获得成功的

[1] OMOHUNDRO J T. Chinese merchant families in Iloilo：commerce and kin in a central Philippine city［M］. Columbus：The Ohio University Press，1981：147.

情形。

依据企业规模与亲属结构的不同，在夫妻经营、父母与子女经营，以及旁系亲属合伙企业的三种类型中，企业内部的决策方式也有不同。那么，家庭企业如何进行有效的企业内部决策，亲属或家庭成员之间的代际或性别上的差异，又如何对企业内部决策产生影响，在下文中将对此进行分析。

第三节　亲属地位与企业决策

一、家庭企业的决策方式

在夫妻经营的家庭企业中，主要由夫妻二人商量决定。其中，女性在决策中也越发占有主要地位。正如吴燕和在对巴布亚新几内亚的家庭企业研究中指出，随着女性在家庭企业中发挥愈发重要的作用，家庭企业中的权力结构逐渐由父系转为双边。[1] 这种情形在夫妻经营的企业中体现的尤为明显。

罗先生和张女士均来自四川泸州上弯村，罗先生生于1979年，张女士生于1978年，二人于2003年结婚。虽然罗先生与太太最早知晓对方是在他们十六七岁的时候，但两人在老家的时候并不熟识，是离开家乡到外面工作之后，再经同学认识介绍并结婚的。张女士是员工口中的“女强人”，张女士开始创业的时候，罗先生还在部队里当兵。张女士最初到布匹市场，是从店铺门前的招聘广告上获悉了需求信息，应聘到店铺中做打工妹。张女士打工的店铺在中大布匹市场最早的东A区分市场，老板是潮汕人，店里打工的“小妹”也有不少是老板家的远房亲戚，也是潮汕人。因此，张女士在打工初期，便整日和“潮汕妹”们接触，大家一起吃穿，合租房子，也就逐渐熟悉了起来。就这样，张女士一边打工，一边有意无意地从一起工作的潮汕人那里，掌握了不少做批发的经验及技巧，包括怎样款式的货销路好，或哪个地方是哪些货的产地等；在与客户的频繁接触中，张女士也掌握了一些客户资源。在粗略地弄清楚布匹批发、销售的流程之后，张女士打算尝试独自经

[1] WU D Y H. The Chinese in Papua New Guinea, 1880－1980［M］. Hong Kong: Chinese University of Hong Kong Press, 1982: 100－102.

营，此时因为人手不够，张女士的父亲便过来帮女儿的忙。罗先生退伍之后也进来帮忙，因此家庭生意转为夫妻经营的结构（见图3.5）。在决策中，虽然夫妇二人也会就一些事情共同商量决定，然而由于张女士比罗先生有经验，在生意中的人脉关系，也是主要靠张女士的积累；罗先生刚加入进来时，仍然是以张女士的决策为主。

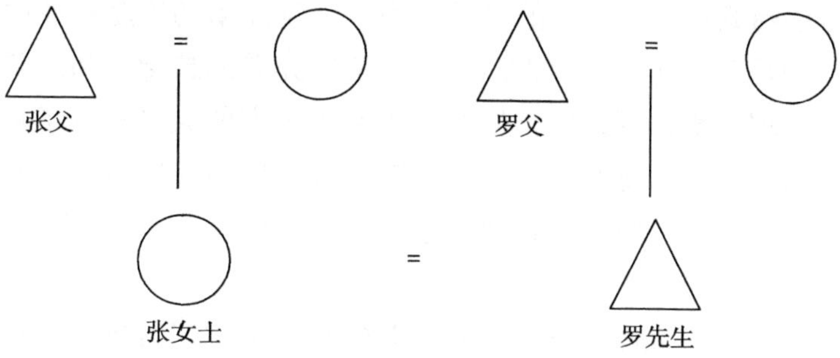

图3.5　夫妻经营的家庭企业结构案例

在父母亲与子女经营企业的内部决策过程中，父母由于经营年限较久，有较为充足的经验，因此掌握较大的决策权。

马先生与父母亲共同经营面料批发的生意，马先生称所有面料都是父亲选的，因为选货很考验“眼光”，而他作为新入行的年轻一辈，对里面的很多知识并不清楚，如“大路货”（大众的面料）相对普通，不用经常换款式；相对地，流行的面料则必须紧跟市场，注意款式变化，诸如此类的技巧等。而父亲由于经营的时间久了，对市场的动态把握比较清楚，因此选择面料主要依靠父亲决策。此外在与客户沟通上，也是基本上依照父亲的判断。马先生认为父亲很注重面对面的沟通和说话技巧，同时也非常谨慎，做一次生意通常需要经过几次的协商，在完全看清对方的实力之后，才决定是否与对方做生意。而马先生本人对于能不能做成一笔生意，则是基于他所说的“一眼缘”，即短暂的交谈之后，就匆忙决定是否要与对方做生意，因此在决策上时常出错。

随着国外商机的拓展与丰富，尤其是在互联网营销，或面对外国客户，需要使用英文进行沟通时，年轻的子女们也容易表现出优势。马先生称，他如今也会通过阿里巴巴这些网络平台尝试联系客户，对于这些互联网的媒介，父亲反而用得不熟，因此他也主要负责网上销售。另外，来自湖北的李女士，她的父母亲虽然已经经营服装生意十五年，但是因为对英文不熟，而李女士刚好是学英文的，因此外单的生意主要由她来经手，到后期，与外国人做生意的次数甚至超过与国内人做生意的次数，李女士的父亲便也开玩笑地称道，如今他是在“给女儿和女婿打工”。

而在旁系亲属合伙的家庭企业中，决策以共同协商为主。在王家兄弟的家庭企业中，有王家哥哥、王家弟弟与姐夫三家合伙人，并且王家哥哥和弟弟的妻子也参与其中。从职位的安排上说，王家兄弟的家庭企业中共有三位总经理，分别是王家兄弟的姐夫谢先生、王家兄弟的二弟，和二弟媳妇陈女士，三位总经理主要负责销售，生产则主要由王家的大哥和妻子负责。做决策的时候，通常不是由总经理，而是由三家人共同商量决定，因而与制度化企业的决策模式不同，而无论是独立经营或合伙经营的家庭企业中，决策人的经验是十分重要的。

此外，对教育的重视在华人家庭企业的二代中体现得较为明显，特别是在大型家庭企业中，如王爱华在移民美国的香港人的研究中，讨论了在从事家庭企业经营的家庭中，父母如何通过对子女的教育，令其获取高学历，进而实现跨国资本的流动与积累。❶ 吉原久仁夫则特别指出教育对企业延续性的影响，认为企业家不仅要有意识地在专业技能上培养子女作为继承人，使子女接受良好的教育，还必须将作为企业领导人的兴趣传达给继承人。❷

在笔者调查的家庭企业中，就多数家庭企业而言，对于二代的教育及培养，更强调实际经验。正如约翰·奥莫亨德罗描述的伊洛城华人社区二代参与家庭企业的过程中，子女通常从开始读书起，就要在家里的生意中帮忙，学习看店、卖货、记账等。他们还会跟随父亲去马尼拉，学习信贷与供货，学习装货、卸货，直至最终能够自己负担店铺经营的每一个方面❸，即强调亲身经验的习得过程。

在类似的案例中，何先生认为读书并不重要，因此早早地让他的孩子出来帮忙。何先生提道一些人花钱去学管理，认为这是很不值得的做法，他还讲道，自己的一个亲戚花了五万块钱去报读广东金融学院的营销班，何先生

---

❶ ONG A. Flexible citizenship: the cultural logics of transnationality [M]. Durham: Duke University Press, 1999.

❷ YOSHIHARA K. The problem of continuity in Chinese businesses in southeast Asia [J]. Southeast Asian studies, 1987, 25 (3): 112－129.

❸ OMOHUNDRO J T. Chinese merchant families in Iloilo: commerce and kin in a central Philippine city [M]. Columbus: The Ohio University Press, 1981: 146.

认为通过这样的途径无法找到客户，花钱读书学管理的知识没用，最重要的还是经验。何先生喜欢与读书人打交道，欣赏读书人，但是对于自己的儿子，何先生则认为如果读不好书，就出来赚钱。

二、长辈角色与企业发展

基农·艾德森（Keanon Alderson）在深入访谈 15 位职业经理人，以及家庭企业的二代负责人之后指出，企业家二代在决策中，由于对第一代创业者，通常是父母亲存有敬畏之心，决策也易受其影响。[1] 然而，在笔者调查的家庭企业中，家长权威不仅在企业家二代中可以呈现，在第一代的经营中，即便父母亲没有直接参与家庭生意中，也会对企业发展产生较大的影响，其中最主要的是对企业稳定性的影响。笔者将对与此有关的三类情形分别进行说明。

情形一：在合伙企业的“分”与“合”的问题上，企业决策人会参考长辈的意见。例如，在兄弟姐妹合伙的家庭企业中，某一家是否能够分出去单做，会在较大程度上参考父母亲的意见。笔者以潘先生的案例进行说明。

潘先生从 2007 年开始在广州经营小餐馆，2016 年年初，潘先生妻子的朋友打算转让其在北京批发市场的店铺，妻子在平时聊天时，跟潘先生说起这事，潘先生便随口说了一句想要买下朋友的店铺，潘先生的妻子便把这个事情告诉了朋友。由于朋友跟潘先生的妻子是“穿一条裤子都嫌松”的关系，便打算把客户也一起转让给他们。因此，从 2016 年开始，潘先生便开始准备转行去北京做批发。朋友还在许多方面可以给予方便，如转让费可以分期还，朋友还对潘先生夫妇交代了利润问题。朋友还承诺，刚开始的时候可以带着他做，传授经验等。为此，潘先生夫妇还专门去北京考察了市场，也觉得可行。家庭企业的经营者们在转行中会担心缺乏资源而小心谨慎，因此有朋友带着可以说是十分便利的条件，潘先生的妻子也愿意接手这个生意。

到此为止，潘先生的生意相对顺利，而且几乎算得上是一路绿灯，然而考察后期，潘先生最终还是放弃了这个机会，其中最主要的原因并不是来自生意上的阻碍，而是来自潘先生岳父母的压力。潘先生称，当时如果要去北

---

[1] ALDERSON E J. Exploring the complexities of family business decision making: how the second generation makes decisions [M]. Minneapolis: Capella University, 2009.

京做生意，那么妻子必须和他一起去，这既是从人手上考虑，也是从家庭方面考虑；潘先生的妻子也是同样的想法。只不过，在潘先生的妻子提出要和丈夫去北京创业的时候，遭到父母亲和哥哥的共同反对。潘先生的妻子在自家大哥的公司里做财务总监，用潘先生的话说这是机密位置，十分重要，其他人无法替代，因此哥哥无论如何也不愿意放妹妹离开；哥哥也担心妹妹离开，不仅带走一个得力干将，还可能把公司的一些商业机密泄露出去。

由于潘先生的妻子坚持要离开，大哥大嫂一家与潘先生夫妇二人，商量了几次都没有结果，最终这件事惊动了潘先生的岳父母，也就是大哥和妻子的父母亲。岳父母明显更支持大哥一方，更与家里人一起来劝说潘先生不要去北京，最终潘先生在权衡之后不得不接受这个安排。

类似地，王家兄弟在考虑是分是合的问题上，也慎重地考虑了他们的老母亲的想法。王家兄弟的父亲已经不在了，现在老家还有老母亲在。王家的哥哥告诉笔者，他们两兄弟无论出现再大的矛盾，都不会分家的，因为“两兄弟在一起做事，无论是谁吃亏一点，老妈肯定会说我们的，所以不会让我们为了一点钱争来争去”。

情形二：在企业发展上，企业决策人也有可能因为长辈的建议，而在一定程度上调整商业策略。因此，长辈虽然不直接参与经营，也有可能间接影响企业的内部管理。

来自湖北的吴先生1996年开始做生意，到2005年的时候已经做到一定的规模。吴先生的父亲过世早，母亲尚在。吴先生还有一个弟弟，一个妹妹和一个大姐。母亲对吴先生和他的弟弟很重视，却不怎么在女儿身上花精力。在吴先生的生意有了一定起色的时候，母亲便要吴先生带一带他的弟弟，要他们一起做生意。然而，无论是对做生意的兴趣，还是管理才能，吴先生的弟弟都远不及他。母亲很清楚，如果吴先生的弟弟分出去自己做的话，他不懂经营，也做不起来，因此无论如何也要吴先生和他弟弟一起做。母亲认为，如果她过世了，那么，大儿子虽然有能力养活自己，她的二儿子却没有办法让她放心；而母亲也认为，两兄弟在一起，就不能一个特别富，一个特别穷，而是要两兄弟差不多，尤其对于吴先生而言，母亲认为吴先生作为哥哥，也有照顾弟弟的责任。因此，在母亲的建议下，吴先生在生意上一直照顾着弟弟，虽然没有与弟弟合伙经营，但是也给了弟弟做代理商的机会，自己则为弟弟供货；相应地，在有了重要的货源保障的前提下，弟弟的生意也能够一直顺利进行。

情形三：兄弟姐妹之间在有了利益冲突的时候，也可能因为考虑家中长辈，而有一定程度的化解。

普宁的何先生讲述，目前他和弟弟均在广州国际轻纺城做面料生意，常住广州，两兄弟也将父母亲接到了广州。何先生也说，因为老家的环境不好，所以现在一般有能力的年轻人们都把祖辈以及父母亲接出来住。如果两兄弟都在广州，那么父母亲具体住在谁家，则看父母的喜欢。何先生家每年都要为父母亲举办庆生宴，宴会的地点一般选择在中大布匹市场附近的较为宽敞且正式的餐厅。何先生称，即便是几家人在生意上有矛盾，在父母的寿宴，或是清明节祭祖的时候，也必须到场出席，彼此间也尽量地以礼相待，和睦相处。

没有直接参与家庭企业的长辈对于家庭企业决策的影响，从一定程度上体现了家长权威的作用。需要进一步指出的是，企业决策人的决策过程仍然是相对符合商业理性的，决策的标准最为重要的是从企业利益出发，而不会做出牺牲企业利益，仅仅听从父母指示的行为。因此，家庭企业的策略则是会尽量在子女角色与企业利益之间寻求平衡。

在王家兄弟的案例中，两兄弟之所以没有分开，除了考虑其母亲的意见，也从生意上进行了考虑。两兄弟的企业如今不仅经营批发生意，还开工厂，积累了较多的客户资源，同时需要充足的资金投入，于是无论是从运作资本，还是客户资源，抑或企业持久发展上看，都是两兄弟合伙对于企业的发展更为有利。

湖北的吴先生，虽然体恤母亲照顾弟弟的心思，却没有将弟弟安排在企业的核心岗位，也没有与他合伙。实际上，对于弟弟而言，与哥哥合伙要比自己出去单干省心很多，风险也降低不少。吴先生在考虑弟弟的能力之后，仍然不给他分配重要的位置，而是安排他去做代理商，与此同时，吴先生又会在供货成本价等方面照顾弟弟，争取让他多赚一点，这样既对母亲有所交代，又不会影响自己生意的稳定。而吴先生称，如果弟弟有管理的能力，能够在企业管理中发挥作用，也会考虑让弟弟担任重要岗位，或是与其合伙。

在潘先生的案例中，潘先生之所以放弃转行，除了受岳父母的影响，另外一个理由是，在他自己考察市场之后，也考虑做批发的风险较大。潘先生从北京即将要落脚的市场管理处打听了消息，听说的是“市场拆还不知道是哪一年的事情”，而从北京市政府那里打听到的消息是“市场肯定是会拆的”。两种截然不同的说法，使潘先生的创业信心没那么足了，加之家庭因素的阻力，在综合考虑之下，最终放弃了和妻子分出去单干的想法。

总体而言，家长权威能够在维系企业的稳定经营与发展上发挥一定作用；与此同时，家庭企业会根据实际情形，采取更为灵活的决策策略。而对于家庭企业的所有者而言，他们也尽量地将其作为子女的角色，与企业利益之间相互平衡，这在一定程度上，反映传统家长权威在家庭企业决策中的适应。

本章小结

本章讨论的是在专业市场的发展过程中，家庭企业的创立与发展，其中显而易见的是亲属与家庭所有制在家庭企业发展中的作用。

在家庭企业的创立中，家庭成员的数目，尤其是在企业发展中可利用的家庭成员数目，与企业规模大致成正比。合伙是扩大企业规模较为直接的途径之一。除直系亲属外，建立在旁系亲属和姻亲关系之上的合伙形式也较为重要。家庭企业的管理架构与制度化企业不同，在重要的事情上老板通常需要亲力亲为，在低阶职位与高阶职位的任用上，老板对待“自己人”与“外人”有明显的区别。作为家庭成员，与普通员工相比，企业家二代所需承担的责任以及晋升的路径也不同。在企业决策中，家庭企业又明显受到家长权威的影响。

亲属与家庭所有制作为家庭企业的组织原则之一，并未与传统父系继嗣的原则完全对应起来，相对地，旁系亲属与姻亲在家庭企业中逐渐成为推动企业发展的主要力量。许烺光认为中国人的家庭结构是由父子关系所支配的，而中国人的行为特征也就环绕在这个父子轴周围，衍生出父子型的文化模式❶；然而家庭企业中的策略变迁是否意味以父子轴为主的家庭结构的转变，仍然需要更为审慎的讨论。本书的案例仅仅能够说明，作为家庭企业的策略，父系亲属之外的亲属也发挥着相应的作用，而这种对于亲属的多样性的利用，更多的可以被看作是家庭企业面对复杂环境与广阔商机时的适应策略。

---

❶ 许烺光. 祖荫下［M］. 台北：南天书局，2001；许烺光. 中国人与美国人［M］. 台北：南天书局，2002.

在家庭企业发展为专业市场的过程中，无论是外部商业环境，还是企业自身的发展，均需要其在短时间内发现商机，并且找出相应的应对策略。因此，面对多元商机时的变通与适应，也使家庭企业越发呈现复杂的面貌。那么，家庭企业是如何在变动的环境中把握商机，面对全球商机时又有怎样的商业策略，将在下一章进行讨论。

第四章

商机与商业策略

不少研究已经表明，家庭企业在获取商机的过程中，非正规的商业策略相较于正规商业策略的作用更大。非正规的商业策略包含更多依赖特殊的人际关系的商业行为，并以此为基础，实现对商业信息的内部共享与外部垄断，进而获得竞争优势。

海蒂·霍根（Heidi Haugen）与乔根·卡林（Jorgen Carling）在对非洲佛得角的中国新移民的研究中指出，商机与商业信息是对新移民而言，成功或失败的关键因素；在特殊的商业网络，尤其是单一行业门类的商业网络中，亲属网络对于特殊的商业信息及技术的传递具有较为重要的作用。[1]

黄绍伦指出，为了实现信息封锁，家庭企业可以动用大量特殊关系，其中部分关系比其他的关系更为有用。而在华人或中国企业家中，用于经济竞争的最为重要的关系之一，是具有相同的原籍联系的地域关系。在此基础上，黄绍伦指出，企业家的地域关系有普遍性、灵活性等特征，有利于商业信息的内部共享。[2]

马丁·佩里在对华人家庭企业研究时指出，基本的商业信息，如价格、货源、过去的商业习惯和金融表现等，主要通过私人网络来获得，由此华人商业才会获得成功；而私人网络是否能够被恰当运用，也成为区分成功的和不成功的华人家庭企业的方式之一。[3]

---

[1] HAUGEN H O , CARLING J. On the edge of the Chinese diaspora: the surge of baihuo business in an African city [J]. Ethnic and racial studies, 2005, 28 (4): 645.

[2] 黄绍伦. 移民企业家：香港的上海工业家 [M]. 张秀莉，译. 李培德，校. 上海：上海古籍出版社，2003：99 - 100.

[3] PERRY M. Small firms and network economies [M]. New York: Routledge, 2002: 70.

也有研究在探讨东南亚的华人大企业如何拓展海外商机时，提出“竹节网络”（bamboo network）概念，指出包括中国在内的亚洲地区的商业网络，是以熟人关系为基础拓展的，“竹节网络”也使企业交易成本减少，商机的信息交换更容易，合作关系更加灵活，贸易阻碍减少，研究者认为这是华人或中国人的商业在与西方企业，以及日本公司进行激烈竞争时，得以快速反应的关键。[1]

由此可见，私人网络作为非正式商业策略的社会基础，在家庭企业找寻商机的过程中发挥较为重要的作用。那么，家庭企业在逐步发展成为专业市场的过程中，如何进行信息的传递，进而支持国内及全球商业网络组织的构建；面对有限的商机及商业资源，家庭企业之间如何竞争或协商；在全球化的场域中，家庭企业又如何针对现有的商业策略进行调整及适应，将在本章中进行讨论。

第一节 内部合作与商机共享

一、信息资源与商机选择

经济理论认为，在市场情境中，信息具有稀缺的特性，并非所有参与合作的双方或多方都能够及时掌握到准确的信息，在这样的前提下，信息具有相应的经济价值。[2] 而海蒂·霍根与乔根·卡林在对非洲佛得角的中国商人的研究中也指出，商业信息传播的快慢能够影响家庭企业的利润，其中信息的传播速度越早，传播速度越快。[3] 因此，家庭企业需要通过对商机的把握，来增加盈利的机会，而把握商机的重要性，最为核心的体现是能否及时获取有用的商业信息。

---

[1] SUSANTO A B, SUSANTO P. The dragon network: inside stories of the most successful Chinese family businesses [M]. New Jersey: Bloomberg Press, 2013: 7.

[2] STIGLER G. The economics of information [M] //DAVID M. Economics of information and knowledge. Lamberton: Hammondsworth, 1971: 61 -82.

[3] HAUGEN H O , CARLING J. On the edge of the Chinese diaspora: the surge of Baihuo business in an African city [J]. Ethnic and racial studies, 2005, 28 (4): 639 -662.

赵先生与苏女士之所以能够创业成功，很大程度上在于对商机的及时把握。1989 年，赵先生夫妇从妻子的嫂子（帮人打工卖假发）的口中得知，卖假发很赚钱，但是具体能赚多少钱不清楚，苏女士便请嫂子帮忙打听假发的进货渠道，确定是在一个叫九江的地方。赵先生和苏女士也不知道九江在哪里，于是去请教赵先生的表哥。表哥是在手表厂上班的部门主任，称江西有一个九江，但是赵先生夫妇从苏女士嫂子得来的信息是九江在广东的南海。最后，两人从地图上查到，在广东佛山南海县有一个小城镇叫九江，即九江镇。于是二人便买了去广州的火车票，从北京转车，到广州之后又坐了三个多小时的公交车。赵先生称，当时由于假发在大城市早已流行，而在中小城市还没有流行，所以他们就将假发拿到东北的中小城市销售。在当时，他们的产品属于独一份，只要一打广告，顾客便蜂拥而至，此时的顾客主要局限于掉头发的。假发的进价为 60 元，而赵先生卖 150 元，利润空间较大。

赵先生和苏女士也是较早进入服装批发行业的，他们将服装从广州卖到东北。那个时候由于生产基地和批发基地均位于南方，对于南方生产的服装，很多时尚款式在北方的市场上较为少见。1994 年春节之前的一个月，即农历腊月的时候，赵先生夫妇从广东的普宁进牛仔服，是有色彩间隔的、由白色和蓝色的牛仔布拼接而成的牛仔夹克，这种牛仔服在当时又叫“乞丐服”，主要面向中学生群体销售。“乞丐服”一卖即火，赵先生形容，当时他需要站在批发摊位上收钱，而客户们则拼命往赵先生手里塞钱、抢货，有的人拿 10 件，有的人拿 20 件，有的人拿 100 件。赵先生的拿货价是 38 元一件，而批发价是 60 元一件，客户回自己老家再以每件 120 元左右的价格零售。赵先生介绍，由于哈尔滨、长春当时没有批发市场，沈阳的五爱市场[1]是东北地区最大的批发市场，因此东北地区的二线、三线、四线城市的零售商们，都集中到五爱市场进货，当时牛仔服在五爱市场属于十分新奇的货。赵先生称，在牛仔服之前，他们的生意从来没有这么火，仅一种款式，三个码，赵先生就卖了三年，即 1994 年、1995 年和 1996 年。他们每年的 11 月向广东普宁的生产商订货，而下游的零售商们也认准赵先生家的货，连着三年每年都来拿货，而赵先生夫妇仅牛仔服的净利润每年就能达到 10 万元左右。

---

[1] 五爱市场位于辽宁省沈阳市，是东北三省规模位列第一的服装及小商品批发市场，作家木青在其文学作品《五爱人》中描述的便是五爱市场中的批发商群体。

赵先生夫妇及时把握商机，在假发和流行服装的批发上，占领东北市场的一席之地，因而获得了较大的利润。在另一个案例中，马先生夫妇则是因为接触行业的时间较晚，失去了先机，进而导致经营失败。

马先生和妻子原本在广东潮汕开设针织厂，且经营有20年之久。赚到一些钱后，两人看到周围的不少老乡在做建筑生意，他们也打听到做建筑生意比开针织厂赚得多，因此决定将针织厂关了，转行去做建筑生意。然而，由于老家的建筑行业已经被早年入行的同行垄断，马先生夫妇由于入行的时间晚，几乎抢不到什么资源，因此竞争不过已经在建筑行业当中做得十分成熟的人们，这一行没做多久，便支撑不下去，倒闭了。2011年10月，马先生和妻子重操旧业，转行到中大布匹市场上做面料批发生意。由于有家中的亲戚支持，加之过去开针织厂，熟悉上游的市场资源，因此面料批发的生意得以顺利开展。笔者调查期间，马先生夫妇的生意已经稳定。

家庭企业也通过多种渠道获取商业信息，并且倾向于跟随商机进行地理上的迁移。吴燕和在新几内亚华人家庭企业的研究中指出，有关华人家庭企业的迁移策略显示，只要新的地方发现了商机，那么华人都乐于做这种地理上的迁徙。[1] 这在笔者调查的家庭企业中也是较为明显的。不仅如此，家庭企业为了获取商机，地理上的迁移不仅是必要的，甚至是经常的。

何先生如今在中大布匹市场经营名为“新兴盛”的批发行，在这之前，何先生先后到过不同的地方寻找可能的商机。何先生生于1968年，高中毕业之后便离开老家，外出打工，当时何先生只有10多岁。他首先到深圳，找到了一份送菜员的工作。1989年何先生到香港，在香港的一家饭店中继续做送菜员。何先生说，那个时候在香港一天可以赚300元，这个工资比在深圳高出十几倍。1991年，何先生回老家结婚。何先生的妻子生于1969年，是他的小学同学。结婚之后，何先生又于次年只身去香港“淘金”，这时正好赶上1992—1994年香港输入劳工政策的推行，何先生通过这一政策的工作签证继续到香港打工。何先生在香港干了三年，直到1994年，一方面，赶上劳工签证合同到期；另一方面，香港工作签证政策改变，何先生决定回到内地谋生。回到内地之后，何先生开始独自创业，分别做了好几项生意，如开饭店等。在笔者调查期间，何先生通过妹妹的关系，已经来中大布匹市场做起布

[1] WU D Y H. The Chinese in Papua New Guinea, 1880 - 1980 [M]. Hong Kong: Chinese University of Hong Kong Press, 1982: 101.

料批发的生意，且生意逐渐稳定。

史德拉（G. Stigler）指出，为了获取商业信息，交易者通常可能会花费大量的资金或时间进行市场调研，以降低实际交易中的不确定性。与此同时，交易方还必须考虑信息收集的成本与其所能够获取的信息，在价值上达到相互的平衡。[1] 在笔者调查的家庭企业中，商业网络中的信息传递，主要是通过亲属及社会网络来实现，在熟人网络内部，家庭成员之间对于信息有高度的开放性和共享性，因此批发商并不需要花费额外的成本进行信息的收集及筛选工作，进而节省了交易成本。

受访者潘先生认为，要进入一个新的行当，必须有人“带”，而这个过程可以帮助家庭企业的创业者在短期内学习到足够的经验与技术。如前所述，潘先生原本在广州经营餐馆生意，在有了妻子的朋友帮助的前提下，决定去北京做玩具批发。同类生意在广州也有较大的市场，潘先生之所以“舍近求远”，主要是因为北京有可以“带”他们的人，即资源与关系都在北京。

此外，商机获取的途径不同，信息资源不同，家庭企业行业门类的选择也不同。其中，家庭企业的路线受亲属及社会网络的影响。对于家庭企业而言，亲属资源不同，各自形成的商业路线也不同。受访者金女士这样形容家庭企业的路线，即“有人能做大生意，没人只能做小生意，是因为每个人的路线不同；在做生意中，每个人有每个人的路线，你去那个方向，他也去那个方向”。路线对于家庭企业的扩张与集聚具有十分重要的作用，路线的选择也决定家庭企业的商业网络可以覆盖的范围。

商业信息的聚集可以带来商机，吸引批发商的聚集，相应地，当商机转移的时候，商业路线也会相应地转移。普宁地区的流沙纺织品市场是在当地较为出名的地方性市场，主要经营针织面料的批发生意，在广州的市场有了一定知名度之后，在普宁经营的商人便逐渐迁移到广州的市场，而流沙纺织品市场作为一个地方性的交易市场，逐渐衰落了。

由此可见，商机对于家庭企业的行业门类及迁移路线均有十分重要的影响。那么，家庭企业的商机传播路径与亲属及社会网络等有着怎样的具体联系，将在下文中进一步分析。

---

[1] STIGLER G. The economics of information [M] // LAMBERTON D M. Economics of information and knowledge. Hammondsworth: Penguin Books, 1971: 61 -82.

二、亲属优先的商业原则

在中大布匹市场上，家庭企业的经营者大致通过四种途径入行：其一作为家庭企业的劳动力；其二在家庭企业中为各自的老板打工，在积累一定的经验及创始资金之后，由打工者转行成为老板；其三通过与人合伙的方式入行，即利用个人资源寻找合适的合伙人；其四先在其他行业中做生意，积累到一定经验和资金后转行。

在笔者调查的家庭企业中，直接通过亲属资源进入相关行业的案例，占总调查数目的89%，除此之外，有7%是通过拟亲属关系入行，另外的4%则是经由朋友介绍入行。因而，在笔者调查的家庭企业中，不存在不具备任何的社会关系，自己“单打独斗”进入市场的情形。与此同时，利用亲属资源进入市场的途径占据绝对的优势。亲属资源能够为批发商的入行提供直接的支持，商机也是在亲属团体中优先被传播的。

韩先生从做家具生意的战友那里得知做家具生意可以赚到大钱，便说服原本与自己有生意合伙关系的二姨和二姨夫，跟他一起转行做家具。韩先生并没有将这个商机告诉其他人，而是告诉了家里人。其他家庭企业在发现新的商机时的表现也是类似，他们并不轻易同外人分享商机，而是多数选择与亲属分享。

亲属团体对于信息的内部流通有较强的控制力，家庭企业通过亲属团体的合作，实现商业信息的共享。这在华人家庭企业的商机传播中也能观察出来。吴燕和在对新几内亚华人家庭企业的研究中指出，家庭企业在城镇与城镇的扩张，主要依赖家庭企业的亲属纽带，且扩张过程类似于华人家庭企业早期向海外的迁移及扩张过程。早期定居的商人会首先在这个地方找到适合经商的落脚点，亲属也随之而来，之后共同投资土地，建造店铺。[1] 从另外的意义上说，对于家庭企业而言，寻找商机是最终目的，亲属网络与迁移等则作为具体的商业策略。

华琛对香港新界人在伦敦找寻商机的描述，与吴燕和提道的早期华人移民的商业策略极为类似，二者均强调以获得商机为主要目的，通过亲属

[1] WU D Y H. The Chinese in Papua New Guinea, 1880 - 1980 [M]. Hong Kong: Chinese University of Hong Kong Press, 1982: 101.

纽带而实践的商业策略。相比之下，华琛更强调宗族网络在家庭企业寻获商机时的重要作用。华琛指出，在其调查的村落中，83%的村民到国外寻找的第一份工作，都是由宗族成员介绍的，直至1970年，这些人中有89%成为独自经营者或继续为宗族成员服务。宗族也作为移民的中介机构发挥作用。❶

家庭企业在经营中，除了依赖亲属网络，拟亲属关系与朋友关系也发挥一定的作用。托马斯·曼可夫（Thomas Menkhoff）指出，在家庭企业策略中，尽管亲属关系是最重要的，然而却不是关系的唯一起点。亲属网络相比于关系网络而言，不可达到的面向较多，因此在亲属关系需要被考虑是否能够发挥相应作用的时候，"拟亲属"纽带、方言团体、宗亲纽带、工作纽带、同学纽带，则成为对商业发展有利的关系被加以利用。❷

罗先生、张女士二人在中大布匹市场经营服装布料批发约20年，他们最初是通过张女士家的干亲关系获得商机的。张女士的父母原本在四川泸州卖水果，当时，与张家在泸州一起卖水果的同乡，在与张女士及其家人熟络之后，张女士的父亲张先生便认了老乡的儿子做干儿子。这位干儿子先来到中大布匹市场上打工，之后张先生的女儿，也就是张女士，听说了这件事，便也从老家来到中大布匹市场上找工作。尽管张女士从干亲这里打听到工作机会，但张女士之后找到的第一份工作，以及此后的创业，均是她自己慢慢摸索出来的。在创业之初，张女士遇到不少的坎坷，在不完全掌握市场行情，本钱有限且没有任何的独立经营经验的前提下，是靠拿其他家的布去卖，"摸着石头过河"而逐渐做起来的。❸ 刚开始的四五个月生意不理想，到第六个月的时候，由于迎来大客户，才扭转了局面。

在家庭企业的策略中，对于拟亲属或朋友关系的依赖也展现一定的不稳定性。黄绍伦对这种不稳定的合伙关系进行了说明，他指出，即便是已经建立起的合伙关系的合伙企业，由于地域差异等的因素，很容易造成合伙关系

---

❶ WATSON J. Emigration and the Chinese lineage: the mans in Hong Kong and London [M]. Berkeley: University of California Press, 1975: 99 - 100.

❷ MENKHOFF T. Trade routes, trust and trading networks: Chinese small enterprises in Singapore [M]. Saarbruecken: Verlag Breitenbach, 1993.

❸ 这种做法在批发中又叫"炒货"，由于不用囤货，也不用押本金，不用租仓库，因此风险较小，是缺少资金或资源的批发商们首选的入行方式。

的破裂，这主要是由于合伙人之间缺乏信任。[1]

张女士的干兄弟，也就是父亲认的干儿子，在张女士与罗先生夫妇二人盈利之后，便想要与二人合伙，不想再继续打工。张先生考虑是干儿子，且张女士他们的生意也处于起步阶段，需要人手，因此决定让女儿与干儿子一家合伙。事实证明，这种合伙关系有较为不稳定的一面。在笔者访谈期间，干儿子与张女士两家人已经因为利益的冲突分开经营。张女士的父亲告知笔者，两家合伙的时间不长，在合伙关系破裂之后，干儿子一家甚至在产品上也防着他们，有时候甚至与张女士家卖同类产品，形成直接的竞争。

在类似的案例中，赵先生夫妇 1992 年开始尝试做服装。做服装赚钱的信息是赵先生夫妇从与他们一起上山下乡的同学处打听到的，同学当时已经在沈阳市的五爱市场经营服装。赵先生夫妇本想从他们同学那里了解一些做服装经营的细节，请他们下次去广州进货的时候带上他们，结果这位同学去进货的时候自己跑了。因此，赵先生夫妇只能自己干。由于赵先生夫妇是工人出身，没有经营经验，不懂服装，在经营牛仔裤之前的几笔生意，要么是没有赚到钱，要么是亏本：他们的第一笔生意是去温州进货，卖八九岁的小孩的西服，这笔生意除去摊位费、进货费、交通费等成本，只赚了 500 元钱。而同时期，曾经与他们一起上山下乡的同学只在年底春节前的一个月，就赚了 3 万多元。

因此，虽然家庭企业可以通过拟亲属网络或朋友关系获得商业信息，但不太可能通过这些关系来获得直接的行业经验。而在商机的共享与传播中，家庭企业对于拟亲属或朋友关系的信任度也不及亲属。与亲属团体相比，拟亲属团体对于家庭企业资源共享的重要程度处于次级地位，这是亲属优先原则的具体体现之一。信息在拟亲属团体中是主动获取的过程，而在亲属团体当中，信息不仅是低成本的传播，甚至可以说是一种主动分享的过程：对于信息的输出方来说，信息是主动输出，而非被动输出，相应地，对于信息的接受方来说，信息也非被动索取，即信息在输入方和输出方中是一个良性的互动和共享过程，由此体现出亲属优先原则在信息输入及输出过程中的效用。

家庭企业除了信息的内部共享之外，也存在与外部信息的交换。在华人家庭企业中，社团是家庭企业用于实现外部信息交换的主要方式之一。因此，

---

[1] 黄绍伦. 移民企业家：香港的上海工业家［M］. 张秀莉，译. 李培德，校. 上海：上海古籍出版社，2003：105.

笔者将在下文中讨论家庭企业在发展过程中，社团（如商会等）是否能够在家庭企业的商机获取中发挥作用。

三、商会团体与家庭企业

在探讨商会对于华人或中国人的家庭企业获取外部信息支持的研究中，不同国家或地区的家庭企业展现出不同的策略。如陈志明指出："较之北美，在东南亚地区，华人社团与华人商业的关联更为重要，主要是因为东南亚华人及华人社团组织较多的缘故，而许多东南亚华人涉足商业。"[1] 德格罗帕在讨论台湾鹿港的家庭企业时则指出，家庭企业对于团体或组织的依赖程度是较为有限的。在鹿港，尚未观察到家庭企业成立任何的商业团体，鹿港也没有建立起商会；与此同时，由于鹿港属于镇级行政单位，而台湾统管贸易的同业公会，其行政层级应属"县"级，因此官方的商业协会未发挥任何的作用。[2]

笔者调查的家庭企业中，仅有13%的家庭企业选择加入商会，除此之外，仍有87%的家庭企业，尚未加入任何的商会。在选择加入商会的家庭企业中，有两家家庭企业已经不再参与商会的活动，实际上相当于已经脱离了商会组织。因此，商会在家庭企业进行外部信息沟通时的作用有限，笔者认为，这与商会的性质有关。

笔者在调查仅有的四家家庭企业加入的商会后发现，家庭企业的商会组织，更多地表现为受官方引导的非正式组织，与东南亚华人社会中较为普遍的自愿性社团，或中国台湾地区的同业公会，即由政府设立，有目的性地推动行业发展的经济组织均有所不同。在笔者调查的案例中，商会的前身是官方的工商联组织，而商会成为合法化组织之后，则具有相对明显的行政管理职能。笔者在下文中将以福建泉州联谊会为例进行说明。

王先生来自泉州，他加入的是广东省福建泉州商会（以下简称泉州商会），泉州商会成立于2013年，从2014年开始，泉州商会每年组织一次联谊

---

[1] 陈志明. 迁徙、家乡与认同：文化比较视野下的海外华人研究［M］. 段颖，巫达，译. 北京：中国商务出版社，2012：193.

[2] GLOPPER D R. Doing business in Lukang［M］//WILLMOTT W E. Economic organization in Chinese society. Stanford：Stanford University Press，1972：323.

会，邀请在广东创业或打工的同乡参加。王先生老家的村子里总共有5000多人，据王先生说，村中约有十分之一的人都在广东谋生，总共有五六百人。这五六百人之中有做老板的，也有打工的。由于老乡们分布在不同的城市，因此每年聚会的地点也有所不同。泉州商会举办联谊会的地方需要至少可以容纳30张桌子，还需要搭讲台，讲台可以用作主持场地，也可以用于娱乐或唱歌，组织者会请生意做得大的几个人上台去讲话。一场联谊会，讲话的人有五六个，这几个人中要么是同乡里最有钱的，要么是年纪比较大、有名望又有钱的。王先生回忆，2016年在深圳举办联谊会的时候，被邀请上台发言的有两人，其中一人是在深圳做电子生意，是整个村庄里最有钱的；另一位则是王先生的堂叔，堂叔早年去香港做生意，他的儿子在广州、深圳、东莞开了30多家日式料理连锁店，生意做得较为成功，而堂叔的岁数在整个村子里也是最大的，所以请他上去发言，大家都不会有意见。

王先生是布行里做得相对成功的，然而当台上的组织者提到布行时，王先生认为可能要叫他上去讲话，因此提前走开，有意避开上台讲话。王先生认为，在同一个村中，自己怎样把握“出风头”的尺度比较困难，需要特别小心。王先生参加这样的场合，实际上是迫于同乡盛情邀请之下的无奈。2015年，王先生没有参加在虎门举办的同乡联谊会，2016年整整一年，特别是会议的组织者，每次见到他就会说，去年的联谊会他没有参加，建议他今年无论如何都要参加。因此，王先生说，如果不参加联谊会，那么同乡，尤其是同村的人可能会认为自己做生意发达了，就看不起家乡的人。然而，王先生称，参加这样的聚会，对于他的生意几乎没有帮助。整个村里在广州做布料生意的包括王先生家在内只有两家，其他的会员们基本上是做五金、皮包、辅料、配料等。在王先生看来，聚会就是有几个人想“出风头”，而在聚会上所做的事情就是吃吃喝喝。而王先生认为，大家聚在一起，如果是纯粹地吃喝就没有什么意义了；如果是参与项目，或者商量怎样为家乡做一些贡献，如村里需要修路或者修祠堂等，这些都是他们愿意做的事情，这样的聚会才有意义，否则就发挥不出商会应有的作用。

董先生也认为如今的商会越来越不能发挥作用，特别是在一些会员的生意做大之后，原本的同乡关系，相比之前也发生了一些变化。董先生认为，商会如今对自己的经营“越来越没有帮助，（聚会时）也越来越看谁有钱，看谁生意做得好”。因而，董先生怀念当初老乡们刚刚到广州的时候，大家凑凑热闹，互相交流、集资，且偶尔还给家乡捐款。如今生意做大了规模之后，每次去吃饭或者一起玩的话，谈论哪一家生意做得大的情况比较多，而不是做一些真正的合作。

金女士虽然是温州商会的会员，目前已经逐渐脱离了温州商会。金女士讲述，虽然温州商会平日里会组织一些出游、聚会等联谊活动，只不过，她本人由于生意繁忙，再加上温州商会对于自己的生意帮助不大，所以她基本不参加温州商会的活动了。

那么，既然家庭企业对于商会的直接依赖程度较小，获得来自官方协会的直接性支持也较少；家庭企业如何获知外部信息，实现家庭企业的外部交易，就成为进一步需要考察的问题。在笔者调查的家庭企业中，相较而言，建立在私人关系之上的商业团体，在限制信息的外部流通，形成同行合作与商业垄断中的作用，表现地较为明显，这又表现在商业团体对于信息及价格的封锁，团体之间以赊账交易为主的竞争策略，以及熟人信誉在商业交易及获取商业担保中的作用。

第二节 团体保护与商业垄断

一、同行合作与信息封锁

在家庭企业向专业市场的扩张中，家庭企业一方面，可以利用亲属及私人网络，形成对商业信息的把握，进而实现商机的内部共享；另一方面，也可以对信息的外部流通实行封闭，形成商业垄断。其中，私人关系，特别是建立在私人信用之上的同行关系，发挥较为重要的作用。

德格罗帕在对鹿港的小型家庭企业研究时，指出在没有正规性的商业组织可以借助的前提下，下级客户与上级供货商之间的关系就成为影响商业团体交往中最为重要的关系。[1] 这种以商业团体为基础而建立起的家庭企业之间的紧密联系，在本书讨论的专业市场的形成过程中也可以被观

[1] GLOPPER D R. Doing business in Lukang [M] //WILLMOTT W E. Economic organization in Chinese society. Stanford: Stanford University Press, 1972: 301.

察到。

在专业市场内部，已经形成较为清晰的层级式的商业联系，这种商业联系主要发生在供货商、代理商（或中间商）与客户之间。供货商有大型供货商与小型供货商之分。以私人关系为基础形成的层级式的商业联系，便构成一个内部具有紧密联系的商业团体。对于同行关系，批发商们都极为重视，笔者以王先生家的经营为例进行说明。

据王先生介绍，同行与自己虽然经营不同的产品，但他们彼此对于各自产品的货源、价格及销路等是十分熟悉的，与此同时，与同行之间的往来能够在产品、货源与价格上实现互助。其中，互助的方式之一是“借货”，即在货源及价格上建立合作并实现资源共享。

王先生称，倘若客户去同行的店铺找其需要的面料，同行家没有，而王先生家有，那么同行就会从王先生这里“借货”。王先生家的货，如果是按每米 30 元的价格卖给自己的客户，那么他卖给同行的价格则是每米 28 元；而同行则必须卖给他们的客户每米不低于 30 元的价格，差价就是同行所得的利润。如果每米布的成本是 26 元，卖给自己的客户是每米 30 元，那么，王先生的利润是 4 元；倘若是卖给同行，那么利润大致会减半。尽管如此，减半后的利润，对于王先生来说是纯赚，不用多出任何的开支，所以王先生认为这其实是同行帮自己在赚钱。王先生回忆，在 2015 年的时候，他的一个同行帮他卖了 2 万多米布；而现在他作为供货商，一共有 3 个同行找他拿布，总共帮他销掉了 6 万多米布。保守来说，如果 1 米布的利润是 0. 8 元，那么仅仅通过同行，王先生就可以纯赚 48000 元。王先生认为这 48000 元相当于是他多赚的；相对地，如果同行不帮忙的话，也就少赚了 48000 元。

王先生向其他同行索取货源，道理也是相仿的。如果一种面料，王先生卖给自己的客户可以赚 0. 8 元，但是这个面料并不是由他们自己开发的，而是其他同行开发的，同行给他的价钱是每米 15. 2 元；倘若同行卖给客户是 15. 5 元，那么王先生这边就卖 16 元，需要比同行的价格多 0. 5 元，即便如此，王先生还是可以赚 0. 8 元。

王先生通过同行来帮自己散货，由于保证不了最大的利润，因而是本着有多赚多，有少赚少的态度与同行合作。同行合作的好处是他不需要出开发费，也不用积压货物，有订单就请对方将货物直接运到他的店铺，直接请客户拉走，运费也是由客户出。对于王先生来说，从货物到店，再到客户的手上，他只需要负责其中的服务和沟通工作。王先生指出，由于布行的利润较为微薄，因此对于供货商来说，最重要的是要“跑量”，即通过增加销售总量来获取利润；而在这样的前提下，仅仅靠自己家的企业，一定卖不动，于是就必须依靠同行帮忙，而只要客户不冲突，同行也并不介意为其他同行介绍生意。

如前所述，目前王先生的家庭企业，共与三家供货商保持同行合作关系，那么加上王先生在内的四家供货商之间，已经形成较为密切的联系；这四家供货商，也就相应地形成一个具有内部合作关系的商业团体。据同样与同行团体有密切联系的林先生介绍，无论是供货商，或代理商，也无论做哪一个行当，都需要有“一帮人”，有了这帮人之后，生意才能做下去。这一点在批发商当中已经形成共识。

同行不仅可以在货源上提供互助，还可以在价格及产品信息上形成紧密的合作，尤其是在产品的价格信息上，同行团体必须做到对客户，以及并不具备内部合作关系的同行的保密，从而保证同行团体的利益，这是家庭企业实现信息封锁策略的关键。[1]

同行之间对于各自目标客户的划分，实际上是十分清楚的，他们所做的是尽量抬高给客户的产品售价，以此扩大自身的利润空间。因此，在与客户商谈价格，特别是与不熟悉市场行情的客户商谈，或是客户所订购的面料属于稀有面料时，都有可能通过封锁价格信息，来获得更高额的差价。

笔者在董先生的仓库中观察到，他们在每次上新货的时候，都会在给客户出具色卡（布料的色彩样板）时极为谨慎，他们不会将产品的供货价格直接标在色卡上，以便供货商对下游的客户保密。

同行之间的合作还必须依靠一定的策略，以维系更为长久的合作关系，在这个基础上，供货商之间针对产品及价格的共同协商策略是必要的。正如唐志强（Chee Kiong Tong）指出，即便是有了所谓的关系的基础，然而在关系如何发挥作用的情形下，仍然要投入更多的努力，才能促进商业活动的良

---

[1] 信息经济学的一个观点也指出，在一些情况下，合作的一方有可能利用自己的信息资源，具体来说可能是封闭或修改已知的信息，来损害其他合作方的利益，从而使自己获得优势。参见：克利斯托夫·帕斯（Christopher Pass）、布赖恩·洛斯（Bryan Lowes）、莱斯利·戴维斯在《科林斯经济学辞典（第3版）》一书中指出，在一些情况下，合作的一方有可能利用自己的信息资源，具体来说可能是封闭或修改已知的信息，来损害其他合作方的利益，从而使自己获得优势。

性进行。[1] 在商业关系的合作中，将彼此的客户区分清楚，是同行合作的准则之一；事实上，在同行合作中，也有具体的策略来保证彼此不因为客户资源起冲突。

如前所述，即便王先生在批发给同行时会让利出来，然而对于这部分的利，王先生是经过精确计算的。倘若王先生卖给客户每米 30 元，利润为 2 元的话，那么同行的利润一定不会多于 2 元。这是因为同行还要扣除店租等的开支，而王先生则对此十分熟悉。于是，同行的定价一定会高于王先生对同一种产品的定价，且高出的部分在王先生的计算之内。在此基础上，王先生即便与同行合作，同行也不会抢走王先生的客户。为了保险起见，王先生与同行也必须就这个问题提前商量清楚，即便是同行的客户去找王先生，王先生也不能卖给他，倘若卖了，同行就会失去一个客户，王先生也同样会失去供货商，对于王先生与同行而言是不利的。

随着对市场的越发熟悉，客户可能获取更加真实的价格信息，如客户可能直接找到王先生拿货。此时，为了维护同行之间的关系，王先生仍然不能够以与自己客户交易的低价来卖给同行的客户，而是要出到和同行一样的高价，等于王先生在帮同行的忙，帮他尽力促成这笔生意。

同行关系可能与不同类型的社会关系，如亲属关系、同乡关系、朋友关系，或合作时间较长的商业伙伴关系等交叉或重叠。在此需要指出的是，笔者讨论的同行关系更多指的是商业关系或利益共同体，而不是特指某一种社会关系。正如唐志强指出的，关系能够促进，但并不决定商业交易，不同类型的关系会由于不同的原因而被激发，因此关系在被用于讨论究竟是静态的理想化的模型，还是动态的基于商业目的的实践，二者的内涵是不同的。[2]

作为供货商，在选择代理商或客户时，并没有清晰的限定条件，他们并不排斥与除了亲戚以外的，已经具有某种特殊关系，如同学、同事、朋友等熟人关系的个人，成为商业上的伙伴，对于他们而言，这并不是基于一种人情往来，而更多的是出于利益考虑；与此同时，他们也不会拒绝来自其他途径的商业资源，特别是对供货商而言，从多个渠道拓展代理商或客户，有助于他们提高销量与利润。

---

[1] TONG C K. Chinese business：rethinking Guanxi and trust in Chinese business networks［M］. Singapore：Springer，2014：12.

[2] 同[1].

同行关系的建立与维系，在很大程度上，依赖个人在商业团体中所受到的道德约束，即个人或企业的信誉的影响。有研究表明，在评判信誉高低时，“值得信赖的声誉”（a reputation for trustworthiness）多过对经济能力的衡量。[1] 而一个人如果缺少了信誉，那么所有的关系基础将不再发挥作用。[2] 正如克利夫顿·巴顿（Clifton Barton）在对越南西贡华人家庭企业的研究中所指出，华人团体之间的商业往来依赖个人或不同商业团体所具有的信誉评定，其中信誉的高低不仅与资产数量、偿还能力，或商业能力有关，更为要紧的是对方的品格，即商人在维系社会关系中所做的努力，以及在他身上所体现的来自团体内部的道德压力。[3]

受访者陈先生认为，是否与同行争抢客户，在很大程度上，关系到职业道德的问题，因而对于维系自己的信誉来说是极为紧要的。目前，陈先生与万隆公司有较多地合作，万隆公司的总公司位于新加坡，在广州设有办事处，陈先生是万隆公司的直接供货商。与此同时，万隆公司作为供货商，也为来自马来西亚的客户供货，货源地之一是位于浙江的义乌；万隆公司也通过陈先生，为马来西亚的客户订货，陈先生间接作为马来西亚客户的供货商。因此，陈先生对万隆公司的马来西亚客户也是较为熟悉的，他们彼此之间通过万隆公司进行间接的业务往来。

除此以外，陈先生还为马来西亚的客户提供发货服务。陈先生手头上有马来西亚的公司提供的联系信息，如专门的出入关的发货单等，发货单由马来西亚的公司制作，在万隆公司向陈先生下单之后，陈先生将发货单转交给黄埔港的船货公司，再经由海运发至马来西亚。尽管直接为马来西亚的客户供货，能够为陈先生增加一个客户，然而陈先生并不会把万隆公司的客户转而变成自己的客户，陈先生认为，这不仅会失去他与万隆公司之间基于长久的合作而建立起来的信任关系，也可能丧失个人信誉，失去马来西亚的客户，乃至更多的客户。

如前所述，同行关系是商业团体之间实现内部合作的基础，然而在商业

---

[1] BARTON C A. Trust and credit: some observations regarding business strategies of overseas Chinese traders in south Vietnam [M] // LIM LY C, GOSLING L A P. The Chinese in southeast Asia: ethnicity and economic activity. Singapore: Maruzen Asia, 1983: 52.

[2] TONG C K, YONG P K. Guanxi bases, Xinyong and Chinese business networks [J]. The British journal of sociology, 1998, 49 (1): 75-96.

[3] 同[1]50.

团体之间，也不可避免地存在竞争。那么，不同的商业团体之间，如何应对来自其他的商业团体的竞争；商业团体维系团体内部合作，以及实现相对竞争优势的策略是什么，笔者将在下文进行分析。

二、赊欠交易与商业竞争

在同行商业团体的竞争中，笔者强调赊账交易的作用。在笔者调查的家庭企业中，存在层级较为明晰的赊欠制度，即客户向代理商赊欠，小型供货商向大型供货商赊欠，大型供货商向生产商赊欠。商业团体内部，同行之间利用建立在熟人关系之上的赊账交易，实现对商业资源的垄断。赊账交易作为一种金融制度、行规，形成不同商业团体之间，进行商业竞争的主要策略。

巴素在对越南南部城市华埠（Cholon）进行的考察中，发现在当地的米粮贸易中，除了由法国人所经营的三家公司外，其余均为华人公司，且这些负责米粮交易的华人中间商的生意资本大多并不是来自自己筹集的资金，而是来自他们的上级供货商；与此同时，这些上级供货商也在更大的城市范围内开展贸易，地区内的批发商会赊欠货物给下级供货商，下级供货商又会赊欠货物给零售商，而零售商又会赊欠货物给客户。因此，每一级的批发商，都相当于是一个信贷机构。❶

在传统中国社会，费孝通教授对江村米粮贸易的赊账制度进行过研究，指出在米行的交易中，以航船主为媒介，村民、收购人、米行三个层级的代理人之间存在赊账的习惯，这是米粮贸易正常交易的信用基础。❷

在家庭企业扩张为专业市场的过程中，赊欠交易不仅发挥金融信贷的功能，也作为同行的商业团体之间的博弈策略，以获得竞争优势。如今，在专业市场的发展中，有一种流传较广的说法，即赊欠交易最早是由福建人发起。林先生作为福建人，对这一说法并不避讳。林先生认为："欠账本来是我们福建人最先开始做的，现在除了福建人，市场上不管是哪里的人都欠，不欠就没法做生意。"正如林先生所说，如今在中大布匹市场上，除了福建人，在浙江人、广东人、四川人等群体当中，也广泛存在赊欠交易。

林女士来自福建晋江，目前她们家的生意主要以赊账的方式经营，林女

---

❶ PURCELL V. The Chinese in southeast Asia [M]. Oxford: Oxford University Press. 1965: 197.

❷ 费孝通. 江村经济：中国农民的生活 [M]. 北京：商务印书馆，2001: 221.

士称，如今是“没欠，没生意”，赊账的主要目的是提高自己家产品的“公信力”。在赊账交易中，如果是大额交易，通常可以使用“三七”开的方式交易，即客户在支付定金的30%之后，批发商即可为其提供发货服务，而对于特别相熟的客户，不需要定金也可以发货。除此之外，他们还为客户提供售后服务，即7天之内可无理由退换货，林女士称，这些都是提高公信力的办法。

谢先生来自浙江绍兴，是大型供货商，他们也有以欠账作为维护客户关系的经营习惯。谢先生说，自己家的生意并不存在资金周转不灵的情形，即便是资金周转不灵，也会先欠着上面的，也就是上游的生产商。谢先生称，因为都是认识的人，所以不会过多地计较，而这些人当中有亲戚，也有老乡和同学，总体上都是合作较久的生意伙伴。

金女士来自浙江温州，她手里的许多客户目前也存在欠账的行为，金女士认为，如今市场上竞争激烈，能够生存下来的家庭企业，基本上与同行和客户之间都存在赊欠交易，不太可能发生没有欠账的情形。就算在第一次的交易中不欠，在后面的多次交易中也可能发生欠款，这大多是在客户提出欠账的要求之后，批发商为了维护住客户资源，不得不允许他们欠款。

赊欠交易对于具有合作关系的同行团体而言，是一种保护性的策略，这与华人家庭企业与其他族裔在竞争中，形成比较优势的逻辑较为类似。马丁·佩里认为，亚裔美国人比非裔美国人更具有竞争优势的原因之一，就是对合作关系的运用，即能够运用族群的纽带（包括家庭、亲属、社会网络），建立信用体系。[1]

建立在私人信用上的赊欠制度，除了能够作为团体保护策略，以及资金周转的办法，还表现在能够对新入行的从业者形成商业壁垒。在赊欠交易的行规下，新的从业者不仅不容易发展客户，同时有较大的可能，被其他竞争的商业团体所淘汰。林先生、罗先生正是由于无法进行赊欠交易，或放弃本行业，或更改经营策略。

林先生是入行资历尚浅的供货商，入行一年半之后退出市场。林先生于1989年出生，2011年从某大学的国际商贸专业毕业之后，应聘到外贸公司做销售，公司位于广州火车站附近，主要经营镀金首饰批发。林先生称自己对

[1] PERRY M. Small firms and network economies [M]. New York: Routledge, 2002: 57.

做销售有一些天分，不到一年的时间，便升到管理层。2012 年年底，林先生便辞去外贸公司的工作，2013 年的上半年他用来学车，2013 年下半年，他在中大布匹市场租了一家店铺，开始做生意。林先生的父母亲在普宁老家从事茶叶批发生意。林先生称，父亲认为茶叶生意有家人帮忙，还雇了工人，多他一个人也增加不了收益，因此暂时不需要林先生来帮忙，不如让他自己先出去闯一闯，增加一点经验；同时父母亲从做布料的朋友处听说做布料批发能赚到钱，因此便投入本钱，让林先生与大哥一起做布料批发生意。林先生的第一笔生意是由设计师介绍的。

然而，林先生称，由于同行之间的赊欠行为太过厉害，给他们带来很大的压力。一方面，如果不能做到赊欠交易的话，就无法挽留已有的客户；另一方面，由于新入行，缺少同行的支持，与供货商及生产商的信任没有建立起来，没有形成相互往来的同行团体，一旦客户欠了他的款项，林先生就无法向他的供货商或生产商再进一步欠账，林先生反复催款无效，导致资金周转不灵；而即便林先生家有一定的资金实力，也不可能全部使用自己的资金来填补。笔者之后回访林先生的时候，他已经回到老家帮父母经营家里的茶叶生意。

在另一个案例中，罗先生则由于无法持续进行赊欠交易，选择更改经营策略。罗先生最初经营男装面料的批发，之后转变为经营女装面料。罗先生称，这样改变的主要原因是在男装面料的经营中，跑路（欠债不还，不得不逃走）的客户太多，特别是同行之间允许先发货，再付款，导致赊欠行为过于严重，罗先生也时常因为资金紧张，而不得不找亲戚朋友周转。最终，从降低风险的角度考虑，罗先生选择转变经营种类。罗先生称，男装面料的客户通常是固定且长期的，而女装由于经营周期较短，并且以上门客户为主，因此在交易中不常出现大额的赊欠。

在赊欠交易中，对于供货商而言，并不是所有的客户都会被轻易允许赊账。赊欠交易通常会使批发商担负较大的风险，因而赊账行为主要是建立在熟人信用的基础上，即便是入行多年的批发商，倘若不重视熟人信用，也有可能因此蒙受损失。在做辅料批发生意第十个年头的时候，陈先生也被骗取了一单货款。当时对方要求先交货再打款，陈先生称，这种情形之前也遇到过，而且大约知道应该提防的事情，因此凭经验还是照做了，结果货款迟迟没有打来，客人最终跑路了。

与熟人交易能够在一定程度上规避风险，这不仅是因为如唐志强所说的，与熟悉的人做生意通常能够获得安慰与安全感[1]，更在于有策略上的保证。金女士认为，进行赊欠交易的一个基本前提是要熟悉他们的“家事”，也就是说要对这个客户有充分的了解，看清楚对方的家底实力，金女士说：“不懂得家事是没法给他欠账的，我知道他家有钱，我才给他欠，他如果没有实力的话，我不会给他欠。如果是知道他没有实力，那我宁愿不做这个生意也不赊欠给他。一单生意才赚一点儿，再欠几十万元，那还不亏死。”因而，懂得彼此的“家事”，是熟人信用的来源之一。

相比之下，对待头次上门的陌生客户，批发商们都极为谨慎。王先生称，对待陌生的客人，主要采用现金交易的方式，且需要先打款、再交货，或一手交钱、一手交货；钱款需要当面点清，钱款没有到账，则不发货。

除此之外，赊欠交易也是客户用来对供货商进行约束的策略。倘若客户在第二批货发出后，再结上一笔的款，这样可以保证新货的质量；倘若新货质量没有达到客户的要求，客户可以扣除上一笔的款项，给上级批发商施加压力，让他们重新生产或发货。因此，金女士说，即便是对熟悉的客户，“如今是能不欠就不给他们欠。有一些客户看你好脾气，就给你拖欠，就算是他们有钱，也会拖欠。钱先放在自己的口袋里，给他们自己活动着，心想既然（我们）给他们欠，（他们）就欠到有钱的时候再把钱还回来，否则就永远不还给你。所以说，钱还是放在自己口袋里最安心，想买东西就买，想用作生意的本钱，就作为生意的本钱；钱到了别人手里就是别人的了，是别人说了算，不是自己说了算”。

如前所述，商业团体内部的赊欠交易，是不同层级的批发商，以及客户之间，在熟人信用的基础上，实现互利的行为。尽管如此，随着全球商机的拓展，客户群体构成逐渐复杂，家庭企业也会面临同众多新客户进行交易的机会。那么，在对待新客户或老客户上，家庭企业的策略是否有所差别，熟人信用是否仍然作为交易担保而发挥作用，且发挥作用的程度如何，对此笔者将在下文予以讨论。

---

[1] TONG C K. Chinese business：rethinking Guanxi and trust in Chinese business networks［M］. Singapore：Springer，2014：1.

三、熟人信誉与商业担保

家庭企业或商业团体的信誉，需要建立在同行之间长时间合作的基础上；在笔者调查的家庭企业中，与熟人合作对于家庭企业而言仍然是首选，而即便有可能建立新的商业关系，家庭企业仍旧倾向于与原本有合作关系的商业伙伴进行往来。正如罗伯特·西林（Robert Silin）在对我国香港的蔬菜批发市场的研究中指出，在蔬菜交易中，中间商会对每一位客户设定个人信誉的评价等级，而这种评价则是基于他的声望，以及在之前的交易中积累下来的可靠程度。[1] 笔者以发生在徐先生、于先生及黄女士三家之间的店铺租赁的生意为例，讨论建立在熟人信誉之上的长期合作，对商业活动的影响。

徐先生是绍兴人，是经营针织面料的批发商，同时也掌握一部分市场上的店铺出租生意。在铺租到期时，徐先生会张贴出租广告对外招租，同时他也将此消息提前告知他的“老朋友”们，也就是原来的店铺租户，同时告知对方新的租赁价格。

徐先生在店铺出租生意中的一位老朋友是于先生。于先生是湖北人，做面料批发生意，由于常年同徐先生租赁店铺，两人也较为熟悉。六年前，于先生向徐先生租了三年期的店铺，租了两期，即六年，店铺于2016年到期。笔者调查期间，于先生正打算与徐先生续签第三期的合同。然而，由于本行生意难做，店铺的租金成为批发商们的负担，在得知店铺价格后，于先生便开始犹豫是否要和徐先生砍价。徐先生给出的价格是与前两期相同的价格，于先生希望徐先生能够给比之前更低的价格，于先生便和徐先生进行商谈。

在第一次的商谈中，徐先生不打算压价，理由是其他分市场的店铺全部跟着市场行情涨价了，并且早在第二次续租的时候，徐先生便没有向于先生加价，而是报给予先生最低价；在第三期续租的时候，徐先生也没有加价，因此减价更加不可能。据徐先生说，根据市场行情，不仅店铺租金需要上涨，第三期还出现所谓的信息费，即徐先生会告知于先生哪些地方的店铺相对赚钱等较为重要的信息。于是，徐先生不肯让步，于先生第一次尝试压价的结果自然也是不成功的。

---

[1] SILIN R H. Marketing and credit in a Hong Kong wholesale market［M］//WILLMOTT W E. Economic organization in Chinese society. Stanford：Stanford University Press，1972：332.

然而，就在于先生犹豫是否要继续压价，且与徐先生协商未果之时，另一位批发商黄女士，也从广告上看到出租信息，看中这家店铺，便开始联系徐先生，并且是以徐先生张贴在广告商的市场价出价，而市场价则要高于徐先生向于先生出的价格。尽管如此，徐先生并没有立刻答应黄女士，而是先将此事告知于先生，请他再次考虑。在反复沟通中，徐先生称，如果于先生在一个星期之内不交定金的话，就会考虑把店铺租给黄女士。

徐先生告知笔者，他并不愿意与于先生这样反复地沟通："现在已经有人要了，他（于先生）再不答复我，我就会卖，这年头是看钱的，是吧？谁先交钱就给谁。"然而，徐先生最终还是为于先生这位老主顾做了一些让步，给他一些优惠：按行情，于先生的店铺，其报价为三年的租金共 108 万元。倘若是逐年交租，那么租金每年递增 10%；倘若是一次全部交齐，那么三年内不再涨价。因此，徐先生建议于先生一次性交齐费用，并且看在老朋友的面子上，允许于先生分两期付清，即第一期交 60%，剩下的 40% 半年之后再交，但是也必须在一年内付清全款。与此同时，徐先生还答应在总价的基础上再减 1 万元；最终与于先生成交。

徐先生并不是不可以将店铺租给黄女士，只不过，徐先生称，生意总体上以"求稳"为主，特别是在经济形势不好的情形下，首要的是将店铺租出去，而不是赚取更高的利润。在这样的前提下，徐先生对于先生的实力、家事知根知底，而黄女士是新客户，徐先生并不熟悉对方，所以徐先生首选是跟于先生做生意，以便降低风险。徐先生的另一个考虑是省时省力，由于与于先生之间已经有了一定的信任基础，徐先生也不再需要花额外的成本了解对方的背景，这也是节省成本的方式之一。总之，批发商与客户之间建立起商业联系之后，便能够依靠熟人关系上的信誉，最大限度地确保交易顺利进行。

与此同时，有研究表明，在商业交易中，个体之间建立起来的私人信誉及个人或企业的信誉评级，对于商业活动有重要的影响[1]，而信誉作为商业交往中的担保，使个人信誉与产品质量有直接的关联。[2] 因此，对于客户而言，即便一些客户能够知晓更低的供货价格，他们也不太可能轻易地更换供

---

[1] GLOPPER D R. Doing business in Lukang [M] //WILLMOTT W E. Economic organization in Chinese society. Stanford: Stanford University Press, 1972: 297–326.

[2] TONG C K. Chinese business: rethinking Guanxi and trust in Chinese business networks [M]. Singapore: Springer, 2014: 13.

货商。后者则往往需要在产品质量上承担较大的风险。[1]

陈先生是做辅料生意的，他的一个老客户来自新加坡，两人已经有10多年的合作关系。客户最初没有办事处，之后在广州建立了办事处，对市场也逐渐熟悉。尽管如此，客户在知晓一些产品的报价能够低于陈先生的报价时，仍然没有去开辟新的供货渠道，而是一边与陈先生商量压价，同时请陈先生帮忙，再向其他的供货商压价，这样做可以保证产品质量的稳定。

供货商之间的私人关系也可能被客户利用来达到压价的目的。据何先生讲述，有些客户得知他的大妹妹也在经营同类产品，且价钱比何先生这里的要低时，就尝试利用这种关系来同何先生压价。就这种情形而言，何先生会提前和大妹妹商量好，即便是何先生的客户找到大妹妹，大妹妹也不会以低价售出，因此客户只能选择找何先生压价。

除此以外，“感情”或“交情”也作为家庭企业基于熟人关系的商业策略而被加以关注。唐志强将“感情”界定为情感上的依赖或交往中的舒适性，认为好的感情可以加强商业联系。然而，唐志强也指出感情或交情并不是关系的基础。[2] 陈敏郎则强调，交情在商业交往中的作用，认为合作者可能由于长期的合作而建立起交情关系，相较于一般商业关系而言，是更为亲密的关系，且这种关系又可以促进商业合作。[3]

事实上，无论是感情，抑或是交情，均建立在个人信誉累积的基础上。一方面，良好的交情的确有利于生意的往来，批发商们会将在商业活动中建立起来的关系称为“朋友”，交情深的对彼此的信赖程度也更深；另一方面，这种通过商业关系建立的亲密关系，其本质上仍然是商业关系，具有一定程度的不稳定性。因此，唐志强强调建立在商业关系上的友情是一种工具性的

---

[1] 目前市场上仍然存在“贴牌”经营的情形，指的是借别人的牌子来销售自己家生产的产品，于是即便是同品牌的产品，也不太可能完全来自一家生产商。生产商不同，即便是有同等的质量要求，在把控产品质量上也可能有偏差，便不能轻易地保证产品质量。与此同时，客户也有他们的下游客户，更换供货商同时存在着连带风险，所以，对于用惯了的东西，客户们并不愿意轻易更换。多数客户则会选择与供货商进行私下的协商，希望在原有的基础上降低价格。

[2] GLOPPER D R. Doing business in Lukang［M］//WILLMOTT W E. Economic organization in Chinese society. Stanford：Stanford University Press，1972：323.

[3] 陈敏郎. 交际、交情与企业的经营：“关系”运作下的经济行动与社会生活［J］. 思与言，1995（33）：261－294.

联系，与友谊的内涵不同。[1]

谢先生是绍兴人，已经在中大布匹市场上经营近20年，在与笔者的交谈中，谢先生反复提及在外面感受不到“人情味”。谢先生称：“我来广州20多年了，但是我的圈子很小，有些做生意的人我们也不太熟悉。因为做生意的人有那个想法在那里，比如会想你在他的店里，会不会把他的生意抢走了，比较要好的可能会过去，关系一般的就不过去了，所以不太熟悉的人，我们也不想去接触，怕他们心里有那种想法。”谢先生一直强调他的圈子是在老家，“这边现在一个是亲戚也没有，该回去的都回去了，朋友也少，虽然我们来得时间久的还算可以，但总的来说，没有家里边的朋友多”。对谢先生来说，生意上的伙伴与家人或同学不同，而与生意上的朋友的接触则需要谨慎，如此才能维护彼此关系的持久。

潘女士在谈到与商业伙伴的关系时，认为最重要的相处原则是“该问的问，不该问的不问”，只要把生意做好了，对各自的日常生活并不做过多的了解，潘女士认为适当地保持距离也是维持商业关系的一个关键。

家庭企业向专业市场的扩张，与全球经济的发展亦有密切的关联。在经济全球化的背景下，专业市场的扩张，不仅需要面对国内市场，也需要面对国际市场。那么，家庭企业在向专业市场的扩张中，面对全球商机时的策略是什么，下文将对此进行讨论。

第三节　全球化与商业经济

一、家庭企业与全球贸易

全球化背景下，商机并不仅在国内存在，而是已经扩展到全球。笔者调查的家庭企业中，其海外市场的开拓，商业网络的全球扩张，与社会网络的实践分离不开。全球商业网络的拓展，主要基于社会网络的外部信息的交换，其中地域联系，特别是同乡关系，在跨地区及跨国商业网络的形成过程中，

---

[1] TONG C K. Chinese business：rethinking Guanxi and trust in Chinese business networks ［M］. Singapore：Springer，2014：13.

发挥较为重要的作用。下文将对郭先生及其同乡，在福建、广州及莫斯科三个地点的商业网络拓展的个案进行分析。

王先生是福建石狮人，在中大布匹市场上有两家商铺，经营品牌男装面料的批发。王先生的供货商是郭先生，郭先生是王先生的同乡，也是与王先生在十多年间保持联系的业内朋友。十多年前，他们二人一起从老家外出打工，在老家石狮的服装批发城创业，当时郭先生做面料批发，而王先生做服装批发，由于两人的店铺是相邻的，因此很快就熟识起来。此后，王先生一直做服装，从服装批发扩大到兼营服装批发与服装生产，而郭先生则一直做面料，从面料批发扩大到面料生产。

随着面料市场竞争的加剧，产品开发费用的增长，郭先生需要更为充实的资金支持，同时由于王先生积累了一定的实力，并且认为开服装厂过于辛苦，便与郭先生商量一起做批发。在王先生看来，做批发只需要和客户打交道，不用处理工厂里的繁杂事务，要轻松不少。于是王先生也加入郭先生的生意当中。在王先生与郭先生开始合作的同时，王先生还邀请他的另外一位同乡朋友加入。此时，郭先生、王先生及王先生的朋友 3 个人便形成合作关系。

合作之初，郭先生在石狮，王先生的朋友也在石狮，王先生负责在广州开辟新店。由于人生地不熟，王先生便邀请同乡李先生与他合伙，由李先生出任店铺的经理。李先生过去一直在中大布匹市场的其他店铺做经理，因而对中大布匹市场相对熟悉，他的加入也能够减少王先生作为新人经营的阻力。此时，王先生与郭先生等人的生意仍旧在国内，尚未拓展到海外。

在广州分店铺的生意逐渐稳定之后，郭先生又邀请自己在莫斯科的同乡加入。郭先生邀请同乡，主要是因为同乡在莫斯科已经居住十多年，并且一直在莫斯科商贸城做服装批发生意，对莫斯科市场相对熟悉；而郭先生也有了相对稳定的货源，尤其是在与王先生合伙之后，能够开发有市场竞争力的新产品，郭先生便向他在莫斯科的同乡提议，作为供货商向他供货，二人一拍即合，由此便打开了莫斯科的市场。

于是，郭先生、王先生、王先生的朋友及郭先生的同乡，再加上李先生，共五人，组成从石狮到广州，再到莫斯科的商业网络。其中，石狮市场由郭先生和王先生的朋友负责，广州店铺由王先生负责，莫斯科的产品销售则是同乡负责。在三个地点中，石狮同时作为生产基地与销售基地，而广州和莫斯科则均为销售基地。

在王先生、郭先生与王先生的朋友三位同乡之中，虽然郭先生是大老板，实际上三人间是彼此独立的。最初，几家的合作是以总公司与分公司的形式进行的，其中郭先生的公司是总公司，而王先生和朋友的公司则分别注册为总公司的分公司。由于王先生和朋友二人之前是做服装生意的，对面料不熟悉，因此需要借用郭先生的品牌打开销路；对郭先生而言，产品的开发需要注入更多资金，而王先生和朋友在借用品牌的时候，也会投入一定的资金，用于品牌开发，他们的加入对于总公司的发展也是有益的。

在家庭企业向海外的扩张中，尽管同乡网络发挥较为重要的所用，然而长期合伙关系在海外拓展中的作用相对较小，与此同时，家庭企业尚未发展成为全球公司（global firms）[1]，这与我国台湾及东南亚地区的华人家族企业在海外扩张时的策略不同。

在王先生、王先生的朋友及莫斯科的同乡，三人的合作关系逐渐稳定之后，便分别注册了自己的独立公司，从总公司中分离出来。无论是王先生、王先生的朋友，或是莫斯科的同乡，他们都不会长期依赖郭先生的品牌经营，而是尽快拥有自己的品牌。王先生认为："万一他（郭先生）哪天说不给我用了，我就没出路了，所以说我们就提前先注册一个，那我们随时想换，客户也不会说什么，因为开票的时候就是这个名字，客户便不会在乎我们是用哪个名字了。"因此，王先生等人在积累一定的老客户之后，便转而申请新的公司，注册自己的品牌。

分公司从总公司中分离出去，郭先生也是支持的。郭先生认为，即便是分公司独立之后，在名义上不属于总公司的分公司，实际上还是与福建的公司有合作关系。另外，郭先生称，分公司独立出去也利于经营的分离，新公司成立之后，可以帮助总公司多开发票，分离利润，从而节省成本，因此也是一项多赢的策略。在王先生等同乡先后加入之后，郭先生的面料批发生意发展为石狮的同行之间数一数二的规模。

勒韦-特蕾西认为："企业通过私人网络进行国际化扩张，大大简化了国际化的流程，而这个前提则是要有共同的商业喜好，并能够对贸易网络的

---

[1] YEUNG W C H. The internationalization of ethnic Chinese business firms from southeast Asia: strategies, processes and competitive advantage [J]. International journal of urban and regional research, 1999, 23 (1): 88-102.

搭建做出贡献的亲戚或朋友。”❶

在上述的案例中，由于郭先生有同乡资源，才得以顺利开展海外市场，与此同时，郭先生还必须有王先生和朋友，以及李先生等同乡的支持，才能顺利保证货源，两个条件缺一不可。郭先生等四位同乡的合作，使得国内市场得以与全球市场进行紧密的接触。而在另一个案例中，赵先生虽然从国内可以拿到货源，但由于缺少海外资源，尤其是缺少熟人网络的支持，难以开展跨境生意。

赵先生与苏女士当时为了拓宽销路，也尝试到绥芬河的边境做服装批发。然而，赵先生称他们的经营是“走马观花”，只待了两天，货没有卖出去，他们认为没有市场，于是就撤出了。如今赵先生谈起此事十分后悔，认为如果当时在那个地方扎下根来，租一个柜台，一下子就能做起来了。然而他们因为是“工人出身，没有经营外贸的商业头脑，思想有局限性”，只能“按照当时的形势分析当时的事”。尽管如此，更为重要的是周围没有合适的商业伙伴为他们引路，机会也就错过了。

笔者讨论的家庭企业，在面对多元化商机时，也倾向于选择多元化的商业策略。这与一些华人家庭企业中所展现的保守策略有较大的不同。例如，约翰·奥莫亨德罗对菲律宾华人家庭企业的研究表明，华人对与外资合伙的策略是相对保守的，至少在他观察的伊洛市的华人之中，极少有华裔选择与菲律宾人合伙做生意。华人极少向菲律宾人的企业中投资，菲律宾人也不投资华人开设的企业。华人与菲律宾人合伙的情形，在马尼拉以外的地区也极少。❷

在笔者的调查中，已经有家庭企业选择与外国人合作，以此争取更多的海外资源。家庭企业向海外拓展的策略，也是专业市场中的家庭企业发展策略，相较于华人家庭企业策略中的保守，较为不同的一点。下文将以李女士的经营为个案，讨论家庭企业为何，以及在何种条件下，选择与外国人建立合作关系。

李女士 2008 年毕业于北京一所著名高校，大学毕业后，她开始独立创

❶ TRACY C L. Interpersonal trust in ethnic business traditional, modern or postmodern? [J]. Policy organization and society, 1992 (5): 50 - 63.

❷ OMOHUNDRO J T. Chinese merchant families in Iloilo: commerce and kin in a central Philippine city [M]. Columbus: The Ohio University Press, 1981: 77.

业。李女士说，尽管她开始创业的2008年，正值全球金融危机，但是她还是顺利地把生意做起来了。李女士的老家位于浙江宁波，宁波紧邻绍兴市的大型面料批发市场，柯桥面料市场；与此同时，宁波也是梭织面料的重要生产基地之一；而李女士的生意则在很大程度上，依赖这种同乡网络的关系。李女士称，她最开始是通过宁波老乡，也就是她家里面的人找到可以合作的布厂老板，而自己则在中大布匹市场租了店铺，她负责接单，布厂的老板负责生产，在两人的配合下，李女士的生意从1个店铺逐渐扩大到6个店铺。

在生意逐步扩大的过程中，李女士结识了来自法国的批发商，开始尝试与他合作。逐渐地，李女士不仅在中大布匹市场上继续经营批发生意，还与法国人合伙开了服装贸易公司，公司总部位于法国，而分公司的办事处则位于广州的淘金路。李女士称，在生意中，法国人负责设计环节，带现成的款式和面料样板过来，她则负责打版，找面料商买面料，同时负责生产。李女士将服装生产放在浙江宁波的老家进行，而与宁波的服装厂所建立的联系，也是依靠同乡关系。由于已经有了做布料生意时积累的资源、经验、人脉，李女士在拓展服装生意时也较为顺利。

语言是家庭企业与外资企业建立长期合作关系的一个较为重要的条件。倘若家庭企业希望不通过贸易公司，而直接与外商建立长期的合作关系，则需要有较强的语言沟通能力。李女士在读大学时，主修工商管理，辅修法语，英语也较为流利。在与法国人及其他国家的外商洽谈生意的过程中，不会受语言的阻碍。

除此之外，在全球化商业网络形塑的过程中，家庭企业也不得不面对具有多元化的族群背景的商人群体。那么，家庭企业在对待来自不同的族群背景的商人群体时，其商业策略是什么，与华裔商人进行往来时，其商业策略有何异同之处，笔者将在下文对此进行讨论。

二、群体互动与商业策略

在全球化的背景下，受迁移、流动，与不同国籍背景下的群体互动的影响，经济及商业策略也呈现多元化的特征。在中大布匹市场上，有来自世界各地的客户，并以来自非洲、南亚、中东、欧洲及东南亚地区的客户为主；其中，非洲的客户又多来自西非地区，南亚的客户则主要来自印度，东南亚则以新加坡和马来西亚的客户为多。

有研究表明，群体关系能够对商业策略产生一定程度的影响。蒙德·拉姆（Monder Ram）以南亚裔商人的家庭企业为例，对比南亚裔商人在英国、印度、巴基斯坦、孟加拉国等的家庭企业策略之后，指出虽然群体合作能够为他们在拓展商业网络的过程中提供支持，然而也可能成为商业活动的一种阻碍。例如，在英国，南亚裔的服装生产商，在与主流族裔的英国人作为经销商的商业往来中，需要由英国人作为中间人代办，因此南亚裔的雇主通常会雇佣专门的“英国人”，以应对专门面向白人的销售渠道。[1] 在这一案例中，群体的文化特征及其关系对于家庭企业的经营策略产生较为深刻的影响。

相较而言，华人或中国人的家庭企业在面对来自不同国家或地区的商人群体时，则较少受到群体特征的限制，群体之间互动的商业策略也相对灵活。在笔者调查的专业市场发展中，面对全球资本主义带来的商机，家庭企业并不限定与特定群体的商业往来，只是交往的策略有所不同。

福建晋江的林女士，她手头最多的是来自欧洲及印度的客人。林女士称，欧洲人与印度人相比，更容易交往的是欧洲人，他们对欧洲人的评价是“守信守时”，一方面，欧洲客户较为重视对合同的使用，在交取定金的时候，会严格按照合同的规定，不会多给或少付；另一方面，对于定金或尾款的支付，也基本上不会拖账、欠账。

在谈到印度人时，林女士对印度人的评价则是“滑头”，十分会砍价、杀价。由于相比其他国家或地区的客户，印度客户的订货量大，他们在谈价格的时候会故意抬高订货量，在降低单价后，又在实际的交易中减少订货量，以此获得最优的单价。而林女士称，这种“不诚实”的杀价策略，在欧洲人、非洲人及华裔当中都是较少采用的。

晋江的林先生手上目前也有不少印度客户。林先生认为，相比华裔或欧洲商人，印度商人更加精明。林先生称，自己在与一位印度客户做生意时，印度客户只付了2000元的定金，便预定了2万米的布；然而按照客户预定的每米10元的价格，定金则需要付5万元左右。对于这样的生意，林先生及林女士等均认为，如果客户预定的是畅销款，仍然是可以接下来的，即便是客户最后跑路了，货再卖给别人，对生意没有影响；反之则需要谨慎对待。

---

[1] RAM M. Unravelling social networks in ethnic minority firms [J]. International small business journal, 1994, 12 (3): 42-53.

黄先生来自潮汕普宁地区，他手头最多的是非洲客户。从订货量上说，非洲客户的订货量远不及印度客户或欧洲客户，而非洲客户的一个最为明显的特征是极易在支付定金的环节压价。一般而言，定金需要支付订单总金额的30%；黄先生的一位来自非洲的熟客，则无论订货量多少，通常是付100元的定金。由于每次的订货量不大，相对而言风险较小，黄先生一般也会接下这类订单。

欧洲客户与印度客户，二者与非洲客户最大的不同之处，在于对正规化的商业合同或商业规程的认可及实践程度上，尤其是在签订合同或解决商业纠纷时，相比中国人或非洲人，欧洲人与印度人则更倾向于寻求正规的法律途径解决问题。马丁·佩里在对印度商人的家庭企业策略研究中，指出类似的选择倾向，即印度商人虽也倾向于利用家庭成员作为商业合伙人，然而他们同时热衷于进入法律、律师等行业，并以此作为家庭企业的支持。[1]

如今，不少的外国客户也尝试摆脱中介，以便直接向批发商寻求获得更为优惠的定价，如尽管非洲客户多来自西非，相对熟悉法语，然而他们同样在与批发商的沟通中努力使用英文进行杀价。尽管如此，贸易公司等作为中介群体，在跨国商业中仍然扮演不可替代的角色。不仅是外国客户，国内的批发商在寻找海外商机的过程中，也会大量依赖和贸易公司的合作。

贸易公司的兴起与本地市场与国际市场的关联，以及国际市场的开放程度均有一定的关系。盖瑞·汉密尔顿与高承恕指出，在台湾地区曾出现过皮包公司（指没有固定资产、没有固定经营地点及定额人员，只提着皮包，从事社会经济活动的人或集体）集中兴起的情形，皮包公司有时只有一个人便可以运作，支撑公司的最为重要的是来自客户的订单，因此皮包公司的老板们会想方设法去美国或日本，与零售商联系，获取订单，再转去寻求货源。他们同时指出，在台湾地区，皮包公司大量兴起于国际市场自由开放之后的20世纪90年代。[2]

20世纪90年代起，随着中国改革开放及全球资本主义过程的加深，类似于皮包公司的贸易公司，也在中国内地，尤其是广州、深圳两地大量兴起。

---

[1] PERRY M. Small firms and network economies [M]. New York: Routledge, 2002: 76.

[2] HAMILTON G G. KAO C S. Taiwan's industrialization: the rise of a demand - responsive economy [M] //CHU Y W. Chinese capitalisms: historical emergence and political implications. New York: Palgrave Macmillan, 2010: 136.

林先生来自福建晋江，2007年开始接触布行的批发生意，他从福建做起，之后去浙江绍兴，之后又来到广州。林先生称，来广州最为主要的原因是方便做外单生意，认为广州相比浙江或福建，有更为充足的中介资源，如贸易公司。来广州不久，林先生便与开贸易公司的朋友建立起合作关系，继而成为长期合作的生意伙伴。

在大额的外单生意中，家庭企业为了降低风险，通常会找中介人作为担保，此时也不得不通过贸易公司。正如黄绍伦指出，在与陌生人打交道时，中国人倾向于聘用与陌生人有共同关系的中间人给予帮助。[1] 这实际上也是出于批发商自身的要求。

在与外国客户的接触中，翻译也充当专业中介的角色。贺姐手头有不少外国客户的订单，贺姐向笔者介绍，外国人来做生意一般都会带翻译，而翻译很可能在为客户向批发商讲价时提价，从中收取一定的费用作为提成。这一点在笔者与潘女士的交谈中，也得到证实，潘女士说，现在无论是中介还是翻译，都很精明，没有谈好费用的话，他们是不会把客户带过来的。

随着全球商业网络及商机的拓展，在专业市场中还诞生出一个新的职业门类。老金和妻子贺姐是第一批提供专业找面料服务的生意人，他们主要为不熟悉中大布匹市场的客户们提供寻找目标产品的服务。老金来广州只有较短的5年时间，他在从事专业找面料的行当之前，在服装厂干过杂工，之后开过三轮车，后因机缘巧合，在一位同乡老板的服装贸易公司做采购的工作。时间久了，老金得知老板给客户的定价如果是每米10元，他还会在10元的基础上，另外加几毛钱，作为自己的提成。之后，老板发现老金暗中收受贿赂，而老金也已经掌握采购面料的窍门，同时也发现了新的商机，即从国内外第一次来到中大布匹市场的客户不断，他们对市场并不熟悉，在找寻相应的产品时需花费较多的时间；由此老金便辞去采购的工作，做起专业找面料的生意。

老金的个人名片上包含如下信息：正面印着“专业找版、布料、辅料”的业务简介及姓名、电话、地址、微信二维码的个人联系方式，其中联系地址写的是“广州市海珠区新港西路轻纺城大屏幕”；名片背面则印着“熟悉中大商圈、针织、梭织、五金花边等各种面料和辅料，代客人购货发货”的

---

[1] 黄绍伦．移民企业家：香港的上海工业家［M］．张秀莉，译．李培德，校．上海：上海古籍出版社，2003.

信息，并且用中英文双语标识出“信誉保证（credit guarantee）”“诚信合作（good faith cooperation）”的服务承诺,还标明中国农业银行与交通银行，两个银行的开卡卡号及收款人姓名。老金的妻子贺姐主要负责在市场门口的一棵大树下收货、发货，由于客源较多，因此虽然名片上的地址没有明确的门牌号码，客户或物流公司仍然可以十分准确地找到他们的摊位。

如今，老金的客户不仅包括来自全国各地的服装厂老板，其中有来自杭州的老板、东北的老板及广州本地的老板等；老金还接待从国外过来的客户。老金称，他的外国客户很多，全球各地的客户都有，因此他也认识好多外国人，老金的手机背景图便是老金和他的儿子，还有他的两个来自中东地区的客户的合影。

总体而言，家庭企业在面对多元化的商机时，商业策略也显现灵活性与多变性，家庭企业会依据客户的商业习惯，选择适当的商业策略，其中又包括正规性的商业策略与非正规的商业策略。在既有的行业门类以外，批发商们还会寻求新的商机，这同样是家庭企业在实现全球扩张时的策略选择。

本章小结

本章指出，在家庭企业发展为全球化的商业网络的过程中，非正规的商业策略相较于正规的商业策略发挥更为明显的作用。

在商机的内部共享中，亲属资源发挥较为关键的作用。尽管家庭企业也借助拟亲属等私人关系来发现商机，然而从两者当中获得支持的程度却有所不同。其中，亲属资源不仅能够影响家庭企业的行业门类的选择，与此同时，还能够为家庭企业的入行提供直接有效的商业信息；而通过拟亲属或其他社会关系，家庭企业的从业者们只能获取表层的信息，有效的行规或经验仍然需要自己摸索。因此，从受信任程度上说，亲属优先仍然是家庭企业实现商机内部共享的基本原则。

家庭企业与外部信息的交换，又与同行之间的合作与竞争分不开。在专业市场的发展中，同行之间形成较为清晰的层级式商业体系，不同层级的批发商之间以同行关系为基础，形成合作团体，且商业信息（包括价格、产品、市场等）在团体内部的传递是开放的。尽管同行关系可能与不同类型的社会关系，如亲属、同乡、朋友关系交叉重叠，同行关系更倾向于表现为建立在信用上的商业关系。供货商、代理商及客户之间，形成的是以私人信用为基础的合作关系，其中个人信誉不仅是商业团体内部建立合作关系的基础，个人信誉在很大程度上直接与产品质量相关。

商业团体之间也存在较为明显的商业竞争，对商机及商业资源的垄断，是商业竞争的最终目的。其中，赊账交易作为商业团体竞争的具体策略，在不同的商业团体之间形成商业竞争的比较优势。商业团体利用内部的赊账形成对商业资源的垄断，这是商业合作之中，团体保护主义原则的体现。

在全球商机不断出现之时，家庭企业也尝试采用更为灵活的商业策略把握商机。海外市场与商机的发现，家庭企业的全球扩张，是通过亲属及社会网络实现的。其中，同乡关系在海外商机的获取中的作用较为明显。从群体互动的视角出发，家庭企业选择与外资企业也就是外国人进行商业合作，其中语言是一个相对重要的前提条件。新的商机的出现也可能导致新的行业类别的发展，这也是家庭企业面对商机时积极适应的表现。

如前所述，在合作与竞争的基础上，不同的商业团体之间，均试图形成对商机或商业资源的垄断；然而在笔者调查的专业市场发展中，并不存在企业垄断经营的情形。专业市场的发展，最终形成的是以家庭企业为基础，内部具有纵向一体化关联的集群式商业组织的发展。那么，在纵向产业链的扩张中，专业化的生产及销售，是基于怎样的部门分工被整合起来的，这涉及对家庭企业的具体环节的关注。笔者将在下一章对家庭企业的环节进行讨论，以便呈现家庭企业是如何基于不同环节的分工及配合，实现对纵向产业链的协调，进而推动全球性的商业网络的发展。

第五章

家庭企业的环节

在华人家庭企业的扩张中，家庭企业的行业类别的关联性相对较小，这是华人家庭企业扩张的主要特征之一。约翰·奥莫亨德罗指出，在菲律宾伊洛卡诺市，家庭企业的扩张方向是多样性的。为了避免在已经不能继续赚钱的行业中浪费资源，原本经营电影院的家庭企业，开始转投小吃店；原本经营五金器具的家庭企业，开始经营摩托车；原本经营摩托车的家庭企业，开始经营加油站；反之也有可能。因此，一个成功的商人，会同时经营摩托车代理、水泥批发公司、船舶代理公司和酿酒厂，涉足不同的行业门类，且这类情形在菲律宾华人中是较为普遍的。[1]

与华人家庭企业的扩张路径有所不同，在笔者讨论的专业市场中，家庭企业主要是在单一的行业门类下，实现以产业链为基础的扩张。其中，家庭企业既包含向跨地区及跨国商业网络的拓展，也包含纵向产业链的扩张过程；以专业分工为基础的纵向产业链的发展，对家庭企业发展为专业市场有不可或缺的影响。

安娜·布尔（Anna Bull）对集群经济组织内部的关联性特征进行概括后认为，在集群经济组织内部容易形成扩大的社会分工，在这种分工中，独立的工作场合往往专注于生产的一个阶段，并在其中产生大量的中小企业，虽然其中的许多企业可能只是分包商。在独立的工作区域内，产业链往往能够延伸到供应商和与区域外的客户进行联系的营销人员。她同时指出，集群经济组织相较

---

[1] OMOHUNDRO J T. Chinese merchant families in Iloilo：commerce and kin in a central Philippine city［M］. Columbus：The Ohio University Press，1981：77.

于大企业的优势之一，就是由清晰的产业内部分工所带动的发展。[1]

尽管集群经济组织的发展具有某种共性，然而对于集群经济组织内部的企业形式，及其如何适应产业链的不同部门的分工，不同地区之间仍有差异。例如，在意大利的丝绸及女鞋制造的集群工业区中，扩大的专业分工的形成，主要是基于分包商与生产商之间的地理上的联系与契合。[2] 安娜·李·萨克森宁（Anna Lee Saxenian）则以美国硅谷的发展为例，指出硅谷的内部组织，是建立在非正式的具有高度专业技能的个体或企业的联系之上，新的企业只有随着技术分工的细化，才能逐渐分离出来。[3] 在笔者调查的广州中大布匹市场的个案中，则表现为以亲属网络等私人联系为基础，家庭企业的不同环节，与产业链的纵向分工之间建立起较为紧密的关联，这也是广州中大布匹市场区别于世界其他国家、地区集群经济组织发展的特征之一。

由此，本章将主要对在专业市场的发展中，家庭企业的不同环节是如何被关联起来的；建立在家庭企业之上的产销网络，如何推动纵向产业链的发展；家庭企业能否，以及在何种程度上与产业链的专业分工相协调；亲属及社会网络又是如何在产业链的部门分工中发挥作用等问题进行讨论。

第一节　家庭合作与专业生产

一、家庭企业与生产组织

安索夫（Ansoff）指出，大型生产必须建立在由专业管理者对生产环节进行协调的规模化企业制度之上。[4] 然而，在笔者讨论的专业市场的发展中，

---

[1] ANNA C B, MARTYN P, JOSEPH S. Small firms and industrial districts, structural explanations of small firm viability in three countries [J]. Entrepreneurship & regional development, 1991, 3: 83 – 99.

[2] BRUSCO S. Small firms and industrial district: the experience of Italy [M] //KEEBLE D, WEVER E. New firms and regional development in Europe. London: Croom Helm, 1986.

[3] SAXENIAN A L. Regional networks and the resurgence of silicon valley [J]. California management review, 1990, 33 (1): 89 – 112.

[4] CHANDLER A D. The United States: engines of economic growth in the capital – intensive and knowledge – intensive industries [M] //CHANDLER A D, AMATORI F, HIKINO T, et al. Big business and the wealth of nations. Cambridge: Cambridge University Press, 1997: 63 – 101.

大宗生产主要依赖于家庭企业以熟人关系为基础的合资。

在生产环节，批发商们大多选择的是家庭企业的合资经营。由于生产环节所需要的资金投入巨大，如一台坯布机的进价需要十几万元，开设一家坯布加工厂，需要数十台，甚至上百台的机器。相比之下，开设印染厂的投资更大，基本上置备一台印染设备就需要上百万元的资金。因此，就投资成本而言，开设一家染厂，不是单独的家庭企业能够负担得起的。

郭先生目前拥有四家织布厂和三家染厂，就当下行业发展水平而言，经营规模属于行业内数一数二的。然而，这四家织布厂与三家染厂中，任何一家都不是郭先生独资经营的。郭先生说："现在即便开设纺织厂，也不能全部算作是自己的，只是说，我有一部分，别人有一部分，我负责材料，再找人帮我做；如果我的厂里的技术不够，产品需要的技术自己家做不出来，我先弄好材料，之后再请别人帮我做。"因此，郭先生认为，在纺织行业中，"没有一家企业可以不依赖别人而生存"，即便是自己家的公司已经有了一定的规模，公司的能力也还是有限的，不太可能把所有的事情都做完，有很多事情仍然是需要交给别人去做的，这是家庭企业应对专业生产的策略。

郭先生指出："厂子开得越多就越麻烦。"他向笔者进一步讲述："想象一下，一台机器买进来，便宜的五六十万元，七八十万元，贵的要 100 多万元。今年买进来，明年 50 多万元又要卖掉，折旧之后就剩下 40 多万元，所以有可能这台机器买进来 5 年，就剩下 10 万、8 万元了，所以将这个损耗、折旧算下来，和多给其他工厂一些加工费是一样的。"因此，更为准确的说法，是郭先生与这四家织布厂及三家染厂，都有合作关系。

王家兄弟投资了两家织布厂，分别位于福建老家长乐与广东佛山的西樵，与此同时，他们还经营批发店铺。然而，经由王家兄弟的店铺流通的成品布，不完全是由长乐或西樵这两家织布厂所生产。两家织布厂既会接到来自其他批发商的订单，也会另外寻找其他的织布厂家与自己合作，生产出自己所需要的布料。而据生产商王先生的估计，从生产工厂的订单总量上看，完全由自家工厂出货的比例可能只有五分之一，其余的五分之四则要去找合作的加工厂来做。而在笔者调查的专业市场中，通常来说，一家大型的印染厂大约可以同时供应五六家织布厂的订单，大型批发商最多只能同时占据产业链当中的两到三个环节。

合资者的选择仍多以亲戚、朋友或熟人为主。与郭先生的织布厂进行合资的生产商当中，其中一位是郭先生认识10多年的朋友，朋友是江西人，过去在郭先生手下做经理，之后分出去自己单干，如今在企业有了一定规模之后，又重新与郭先生一起合资。

如前所述，尽管极少有家庭企业能够垄断整条产业链，然而家庭企业仍然可以通过建立在亲属及社会网络上的合作关系，来实现产业链的配合。家庭企业在生产环节之间的合作，是生产环节组织的关键。从这个意义上说，家庭企业的灵活性与生产环节的分工体系是相适应的；家庭企业的配合还直接促进生产分工。

产业链中的部门分工也显现越发专门化的趋势。其中，生产环节又可以细分为以下的环节：首先，大型供货商依照客户订单，向上游的批发商或贸易公司订购纱线，之后联系纱线厂，对纱线进行加工，制成坯布（净布）之后，再由供货商将坯布拿到专门的定型厂进行定型加工，再拿到专门的干燥厂进行干燥处理，之后还要送到磨毛厂进行磨毛加工，此时是半成品。此后，还必须经过验布环节，将布匹依照质量等级进行分类，最后才能进入包装厂包装，包装之后的布匹作为成品布流向市场。各个环节的分工十分细致，因此批发商较为普遍的做法是，自行与不同环节的生产商或加工厂建立合作关系，由专业的部门来负责专业的环节，以此协调产业链的内部分工。

既然批发商能够联系到不同环节的生产商或加工厂，那么为何还需要自行投资或开设工厂。针对这一问题，王先生称有自己的加工厂可以为产品的生产加工争取更多的时间。王先生有自己的纺织厂，他指出当订单量较大，有合作关系的工厂的出货量有限，生产商来不及将订单分散给其他的工厂，而客户又在催货时，就可以在自己的工厂中把布织好，直接送到染厂，从而节省一些时间。

家庭企业在生产环节与熟人合作，也是降低风险的直接途径之一。对于生产商来说，其所面临的主要风险是可能产生存货。这实际上要求批发商在下订单时，需有一定的准确性。在生产中，批发商进行大量的备货；工厂出货之后，倘若下游客户订单有变动，或对市场行情把握不准而造成过量生产，进而导致货物积压，新货就很有可能变成尾货❶。因此，为避免存货，及时把握信息，批发商们并不会完全转型成为生产商，而是同时保留批发店铺，或是与熟人的店铺之间保持密切的联系。

董先生本人负责生产，而他的妻子的姐夫一家负责店铺，董先生称，留一个店铺有利于看准市场行情，及时更新产品。在另一个案例中，徐先生虽然已撤掉了自己的店铺，而专门做生产与仓库，然而他仍旧会每日到朋友的店铺喝茶、聊天，了解市场行情。徐先生也说，只待在仓库里是不行的，必须出来走动，以便了解到最新的市场信息。

基于熟人网络的合作，在生产环节中具有较为重要的作用。大宗生产依赖家庭企业的合作；建立在家庭企业之上的熟人配合，也使产业链中的专业生产成为可能。

家庭企业在发展为专业市场的过程中，生产基地也随之扩张。家庭企业向专业市场的扩张，不仅带动跨国市场的发展，同时也带动地方性的生产基地的发展。中大布匹市场的不断扩张，使家庭生产与跨国市场形成较为紧密的关联。那么，家庭企业与跨国市场如何推动地方性的专业生产体系的扩张，笔者将在下文进行讨论。

二、跨国市场与专业生产

在中大布匹市场的发展中，生产基地与跨国市场之间的联系是通过家庭企业的配合实现的，地区性的专业生产依托于家庭企业与跨国市场，亲属与社会网络则构成联结生产基地与国内乃至全球市场的纽带。而专业市场的发展也带动地区性的生产基地的扩张，扩大国内的生产基地与跨国市场的联系。

---

❶ 在中大布匹市场上，货物也被相应地划分为不同的类型，有“头批货”（或“一批货”），及“二批货”“尾货”几类。其中，产品过了季，存放日子久了，仍然没有卖出去的叫“尾货”。从价格上看，“二批货”的出售价格高于“头批货”，但二者的售价都大大高于“尾货”。“尾货”售价低的原因不仅仅是因为过了时尚的流行季，更是由于服装与陶瓷等耐用品不同，新织出的布匹不好保存，存放的时日久了，布匹的颜色、质量等都有下降。同时，生产布的大厂，囤布的仓库，也大多分布在东南沿海的几个城市，气候的潮湿更加不利于布匹的保存，因此新布变旧的速度远比想象的快，布匹变质之后便无法再以原价交易。如今在中大布匹市场上，也有专门从事尾货收购的批发商。尾货一般是通过批发商雇佣的收尾货的工人收购，再由尾货的批发行将尾货分销出去。尾货以低于进货成本价的价格批发给收购者，对于出货商本身来说是一种较大的损失，因此，批发商都尽量避免尾货的囤积。

笔者将以下文的案例对此进行说明。

陈先生与郑女士是浙江绍兴人，他们在绍兴柯桥布料市场有自己的批发店铺，也有自己的加工厂。其中，绍兴的柯桥布料市场是梭织面料的生产和销售基地，与中大布匹市场大约形成于同一时期。他们在柯桥布料市场有了一定根基后，为了拓宽渠道，既保留了老家的生意，又尝试到国内其他地方开设分公司。目前他们在中大布匹市场，以每年 170 万元的租金，租下一个位置较优的店铺，在笔者调查期间，他们已经在中大布匹市场经营近三年。陈先生夫妇的生意因而从绍兴逐渐扩展到广州，绍兴的生产基地也与广州的市场，以及以中大布匹市场为中心的全球商业网络关联起来。

20 世纪 90 年代，赵先生夫妇到普宁的流沙服装专业市场批发牛仔服，再拿到沈阳的服装批发市场贩卖。沈阳的五爱市场是以东北三省为主要销售点的大型区域批发市场，市场范围覆盖黑龙江、吉林及辽宁三省。由此，广东普宁作为牛仔服的生产基地之一，通过赵先生夫妇的经营，便与东北的市场联系起来，普宁流沙服装专业市场作为地方性的专业批发基地，与全国市场产生关联，跨区域的商业网络也因之形成。

来自广东普宁的杨女士和她的哥哥、弟弟，在中大布匹市场经营辅料花边批发，哥哥在中大布匹市场做了近 10 年的时间，等到杨女士和弟弟成年，便把他们安排过来。杨女士在哥哥的帮助下，和弟弟合伙开了一家店铺，已经经营了五年。杨女士称，之所以选择经营辅料花边的批发生意，是因为她的老家是辅料花边的生产基地，位于潮汕的普宁地区。由此，普宁的生产基地则通过杨女士的哥哥，与外部市场联结起来，之后又通过杨女士和弟弟扩大了商业网络。

王家兄弟来自福建省长乐市。王家兄弟 1996 年开始经营涤纶面料的批发，当时是小打小闹，从厂家拿一些布，到石狮的布料批发市场卖，赚到一些钱后，再去批发更多的布，如此积累了一定的资金。之后，王家兄弟在福建老家经营起一家小型的涤纶面料加工厂。在生意渐渐稳定之后，2005 年王家兄弟又将批发店铺从福建石狮扩展到广州；与此同时，他们还在佛山的西樵镇投资了朋友开的一家织布厂，主要负责男装特殊针织面料的加工。王家兄弟的生产基地，也从福建长乐扩展到广东西樵。

外部市场与本地的加工业，通过家庭企业联系起来，进而促进地区性的专业生产，带动生产基地的工业化及城镇化进程。

王先生在广州做布料批发，他的妻子和弟弟一家，在老家石狮做服装生产及批发。在石狮的生意稳定之后，王先生又在广州的西红棉市场（位于火车站的大型服装批发市场），租了一家店铺，由弟妹负责管理。王先生在石狮注册了服装外贸公司，专门负责挂板接单，西红棉市场的店铺与石狮店铺大多经营的是外贸货。与此同时，王先生在乡下老家还有自己的服装加工厂。无论是石狮的服装外贸公司，还是广州的服装批发店铺，在接到订单之后，则一律将订单转到乡下的服装加工厂，制成成品后，再转销给下游的客户，如此带动石狮本地服装加工业的发展。

王家兄弟则称，在老家，他们的房子总共盖了四层，目前除一层留给王家兄弟的老母亲居住以外，其他三层都已经用作厂房和仓库。据王家兄弟介绍，这种将住房变为工厂的情形在老家还有不少，当地除了他们之外，还有不少家庭参与开设涤纶面料的加工厂。王家兄弟的老家长乐也逐渐发展为涤纶面料的专业生产基地之一。

王家兄弟与西樵的面料生产商的合作，也相应带动西樵镇作为纺织基地的发展。目前，佛山西樵已经发展成为含盖面料的纺织、加工、流通的专业基地，这在很大程度上得益于外部的商业网络，如王家兄弟等批发商的支持。

费孝通教授曾经对内地的家庭工商业的发展模式进行概括，将江苏地区以工补农的模式概括为“苏南模式”，而将浙江地区“以工扩商”的模式概括为“温州模式”。费教授指出，在“苏南模式”中，合伙制下的合作工厂（前期为社队企业，后来为乡镇工业）发挥重要作用；而浙南地区则是以家庭工业加专业市场的形式发展，其中家庭工业作为大流通网络的附属品发挥作用。[1] 而在20世纪90年代后，在推动内地的工业化及城镇化发展中，相较于合作工厂而言，家庭工商业的作用更为明显。

黄绍伦与郑宏泰较早地指出这个趋势，他们以1986—1987年江苏省家庭工业发展为个案进行研究，指出家庭工厂的发展并不是由于集体工厂的逐渐衰落，而是家庭工厂与集体工厂之间形成不同的分工，同时又是伴随农村剩余劳动力的增多发生的，除此之外，政府虽然不鼓励家庭工业，但也没有明

---

[1] 费孝通. 小商品、大市场，志在富民：从沿海到边区的考察［M］. 上海：上海人民出版社，2007：186－200.

令限制。[1]

在笔者调查的专业市场发展中，专业化的部门分工直接促进家庭工业的发展，家庭生产的分工也有专业化的趋势，并依托商业网络保证销售渠道。而随着生产专业化的发展，生产基地与行业门类也有了较大程度的关联。

林女士向笔者介绍道："每个地方都有各自可以做的种类。做花边辅料的是我们潮汕人比较多，做蕾丝面料的是福建人比较多，因为他们有生产蕾丝面料的机器。"因此，倘若批发商的老家已经在一定程度上，发展成为生产基地，那么批发商最为常见的策略是将生产基地设在老家，或与老家的生产商进行合作，经营的产品种类也与老家生产基地的产品种类具有较为一致的关联。在广东省境内，包括潮州的普宁、佛山西樵、中山沙溪、东莞樟茶等，均形成纺织面料的专业生产基地。

尽管批发商们的老家已经逐渐发展为面辅料的专业生产基地，然而批发商们并不限于与老家的生产商进行合作，更主要的是基于产品门类及家庭企业的社会网络资源。例如，王先生是福建泉州人，他的老家是男装针织面料的生产基地，然而，王先生投资的另一家工厂位于浙江宁波，宁波的面料商则是他在生意中结识的合作伙伴。另外，徐先生是浙江绍兴人，他在绍兴老家有针织厂，而他也与位于广东中山的生产厂商有密切的合作。

在地区化的专业生产与跨国市场的衔接中，互联网技术的带动作用也逐渐体现。家庭工业与跨国市场相结合的最终目的是寻找销路，在互联网的带动下，家庭工业与专业生产，也与更大的商业网络有密切的关联。

在中大布匹市场经营多年的施先生告诉笔者，目前在布匹批发中相对普及的网络平台为"链上网"，他的很多交易都是通过这个网络平台完成的。而笔者在马来西亚进行田野调查时，也遇到过通过易趣（ebay）等电子平台，与中国国内的批发商进行成品服装交易的印度裔马来西亚客户，他主要经营的是儿童服装的批发。他不通过贸易公司，也没有通过中间代理，主要以互联网为媒介进行商业交易。相应地，互联网技术的发展也促进家庭工业的发展。进行专业生产的村镇（如专业村、专业镇），如今可以直接通过互联网技术，将产品销往全球市场，而"淘宝村"就是由互联网技术所带动的专业化的地方市场发展的一种较为典型的形式。

---

[1] 孙文彬，黄绍伦，郑宏泰．小城镇的经济发展与家族企业［M］//嘉兴市人民政府，中国小城镇发展研究院．城乡一体化与小城镇发展．上海：上海社会科学院出版社，2005：352.

家庭企业不仅推动专业化的生产基地的发展，也沟通了全球产业链中的生产及流通环节。在专业市场的发展中，跨国原材料的供应市场，与全球化的成品销售市场的联系，在很大程度上是经由家庭企业为主导的商业网络而被关联起来。

王家兄弟在长乐与佛山两地的织布厂，都存在使用进口印度纱的情形。印度生产的纱线作为重要的纺织原材料之一，需要从国际市场上购得，主要的购买方式是通过贸易公司，通常在城市港口的位置大多分布有经营纱线等大宗货物批发的贸易公司，在广州则集中在黄埔码头。印度纱由于价格较低，因此主要供应中低端产品的批发商。又由于中大布匹市场仍然以经营中低端产品为主，因此中大布匹市场上的批发商们使用最多的仍然是印度纱。

与印度纱相比，国产纱线的质量好，价格高，主要供应欧洲、日本的纺织厂商，也供应国内的高档面料批发商。林女士家是做功能服的，需要较为特殊的面料，他们的纱线供应商多来自江苏。杨女士家在购置纱线的时候，也是通过国内的纱线贸易公司。

同时，也有学者从全球产业链的视角下，讨论全球化对于西方传统集群经济组织发展的影响，认为专注于传统制造业的西方本土企业的集群经济，他们的竞争优势是从产业链的专业生产环节中凸显，特别是中小企业在技术、资金及管理资源上的劣势，能够从专业化的过程中获得补偿，而全球产业结构的变迁，已经进一步威胁到发达国家集群经济组织的发展。[1] 不仅如此，本书的案例进一步指出，在非发达国家或地区的集群经济的发展中，与之相关的产业链的专业生产，也能够对全球产业链的发展产生一定程度的影响。在中大布匹市场中，家庭企业同时联通家庭工业与全球化的市场体系，除了在推动生产基地的工业化及城镇化进程以外，更加快其与全球市场的接触。

就家庭企业融入全球资本主义进程后的效用而言，张辉指出，尽管也有研究区分了发展中国家或地区，在融入全球产业链时，存在高端融入与低端融入两种途径；然而全球价值链的形成对于发展中国家而言，更多可以视为

---

[1] BELUSSI F, SAMARRA A. The international fragmentation of the industrial districts and clusters (ids&cs) value chain between relocation and global integration [M] // BELUSSI F, SAMARRA A. Business networks in clusters and industrial districts: the governance of the global value chain. London: Routledge, 2010.

一种机遇。[1]

如上所述，以家庭企业为基础，部门之间的专业分工在全球产业链的生产环节的组织过程中，发挥较为重要的作用。除此之外，专业市场中的生产环节及销售环节的沟通，也与部门分工的专业化分离不开。笔者将在下文中，对家庭企业的环节与专业市场所带动的产销网络发展的关联性进行考察，以便呈现家庭企业的经营环节与产销网络之间的内在关联。

第二节　产销网络与家庭合作

一、产业分工与家庭配合

吴燕和对巴布亚新几内亚的华人家庭企业，自拉布尔城到高地小镇的扩张路径进行了研究，指出亲属网络在家庭企业的扩张中有较为重要的作用。在吴燕和的个案中，四家具有亲属关系的家庭企业先后建立：一对夫妇雇佣妻子的姐姐的丈夫作为合伙人，成立第一家家庭企业，此后合伙人分离出来，单独成立第二家商店。之后，第二家家庭企业的所有者又邀请丈夫的姐姐加入，合伙成立第三家店铺，之后第三家店铺的合伙人分离出去，成立第四家店铺。[2] 因而，后三家店铺均是从上一家店铺雇佣的亲属当中分离出来的。

在笔者调查的专业市场的发展中，家庭企业存在依托于亲属关系的扩张；然而在本书中，依托于亲属网络的家庭企业，不仅能实现商业网络的跨区域扩张，还能够实现对产业链中的生产环节的组织。在部门的专业分工及配合的基础上，家庭企业实现对生产及流通环节的整合，对产业链的整体分工产生影响，并以此形成产销网络的基础。笔者将以下文的案例进行说明。

王先生家的家庭企业包括了四个环节，分别是布料生产、布料批发、服装生产及服装批发。在亲戚当中，王先生最早出来做服装批发，在赚了一些本钱后，便开始经营服装厂。服装厂与服装批发不同，需要工人及管理者，

---

[1] 张辉．全球价值链理论与我国产业发展研究［J］．中国工业经济，2004（5）：38－46.

[2] WU D Y H. The Chinese in Papua New Guinea, 1880－1980［M］. Hong Kong：Chinese University of Hong Kong Press，1982：101.

因此王先生的弟弟也加入进来，负责工厂管理，与王先生合伙经营服装厂。王先生的家庭企业便从一个环节——服装批发，扩张到两个环节——服装生产与批发。从产业分工上说，服装生产位于产业链的上游，而服装批发位于产业链的下游。

在服装批发生意中，王先生负责在批发市场接单，他的妻子负责工厂的财务管理，弟弟负责工厂的生产管理。王先生的弟妹原本与她的哥哥做手表生意，哥哥在广州白云的金沙洲做了10多年的手表生意，有了一定的经济基础，据王先生说他还在金沙洲购置了270平方米的房子，因此也有能力带着妹妹一起做。之后，王先生无论是服装生产，还是服装批发，都已逐渐稳定，因此决定向上游拓展布匹批发的生意。那么，服装批发的环节就缺少了一个人手。于是，王先生的弟妹便从哥哥的手表生意中撤出来，给丈夫家的生意帮忙。弟妹接替了王先生的位置，主要负责服装批发店面的接单。这样，王先生便能够抽身出来专心做布匹批发。此时，王先生家的家庭企业便从两个环节扩张到三个环节——布匹批发、服装生产、服装批发。

虽然王先生经营布料生意，王先生并不一定直接将自己公司的面料提供给下游的服装加工环节；尽管如此，王先生仍然可以通过与行业内的同行联系，较为容易地取得货源，供应下游的服装厂。这样，面料批发、服装生产与服装批发的三个环节就联系起来了。

徐先生家的家庭企业，则同时涉及面料生产与面料批发两个环节。徐先生家在广州中大布匹市场与浙江绍兴柯桥布料市场两地做面料批发的生意，在绍兴还有自己的加工厂。绍兴的工厂由徐先生的姐姐和姐夫一家打理，徐先生的父母则专门负责绍兴的批发店铺的经营，具体负责挑花、选花，而徐先生和他的舅舅则在中大布匹市场负责打理批发店铺。徐先生介绍，父母从“上面”（指的是绍兴柯桥布料市场）挑好花色后，交给徐先生的姐姐、姐夫来联系做布，姐姐家的工厂里做不出来的花色样式会交给同行去做，做出来的成品布则分别发到“下面”，即绍兴与广州的批发点进行分销。

徐先生认为，生意做得好不好，主要是几家人之间“配合”的好坏，其中，家庭企业的环节与产业分工之间的配合尤其重要。倘若配合得好，生意开展起来就相对容易。徐先生回忆道，他们最初来广州开辟市场的时候，生意之所以开展得较为顺利，是因为几家人之间相互配合得很好。徐先生称，自己的母亲很会挑花色，选中的花色基本上是当季的畅销款，几家人的配合也较为密切（如图 5.1 所示）。

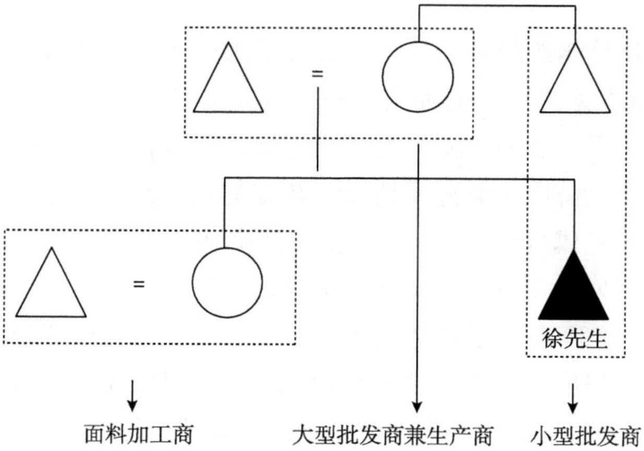

图 5.1　家庭企业产销分工案例 a

马先生家的家庭企业，联系起来的是纱线加工、针织加工与成品布批发的三个环节（见图 5.2）。在马先生家中，马先生的弟弟一家是开纱线加工厂的，马先生从贸易公司订购纱线，之后将纱线放到弟弟家的纱线生产厂进行加工，如果弟弟的纱线厂缺少所需要的工艺，那么则由弟弟去寻找同行关系，帮马先生找到可用的加工厂。由于弟弟家并不从事纱线生产，马先生必须从贸易公司首先购得原材料，才能拿到弟弟的加工厂加工。

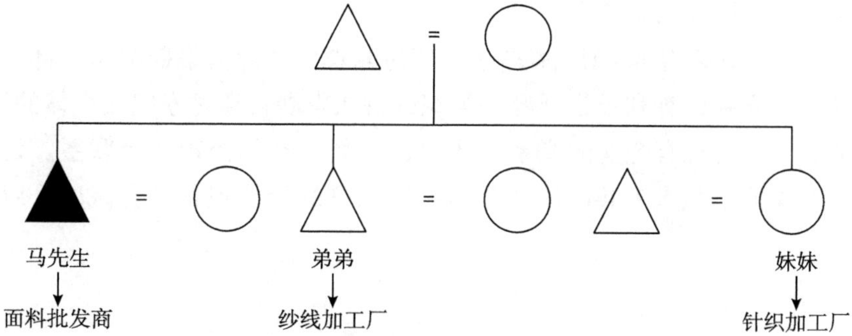

图 5.2　家庭企业产销分工案例 b

马先生的妹妹是在老家开针织加工厂的，在对纱线进行加工之后，马先生会将纱线送去妹妹的加工厂，进行面料加工。如果妹妹的针织厂缺少加工需要的机器或工艺，那么妹妹也会帮马先生找到能够进行加工的同行。

反之，马先生也会通过自己的资源，介绍其他的下游客户给弟弟或妹妹的工厂。

在对产销网络组织的研究上，安索夫指出，在营销网络及采购组织的扩张中，“管理资本主义”相对而言发挥较为重要的作用——无论是原材料在产销地之间的流通，还是成品的生产或分配，都需要经过受薪经理人的协调安排，这是美国经济向工业化及现代化转变的具体途径；相对地，作为传统商业的形式，家庭成员极少会参与企业管理中。❶

杰弗里·琼斯（Geoffrey Jones）在安索夫观点的基础上，进行了一些反思，指出英国的汽车与电子产业的繁荣，由于过于依赖外资投入，导致资本在大企业中过度集中；如果一个充满活力的中小型企业可以与大公司共存，英国经济可能会更具竞争力。❷ 然而，他也同时强调大企业制度相较家庭企业的优势，认为家庭企业是一种相对传统的企业组织形式，无法应对不稳定的市场环境，且具有效率低、对市场反应较慢等特点，对于规模经济的发展是一种阻力。❸

以中大布匹市场为中心，内部纵向一体化的产业结构，生产商与分销商的互动，生产基地与跨国市场的联系，全球性的商业网络的构建，均是通过家庭企业的不同环节的关联而实现的，因而与安索夫及其追随者所主张的大企业制造业发展有较为明显的不同——在中大布匹市场发展的案例中，家庭企业及亲属网络，不仅没有成为规模生产抑或产销网络扩张的阻力，反而推动了全球化的商业网络体系的发展。

安娜·布尔对集群经济体的分析较为客观，她指出集群组织内部的经济的与社会的联系，有利于集群经济组织的持久发展；通过家庭或个体的网络，不仅能够维护与现有企业的联系，还可能与新入行的公司取得联系。她还特别强调在集群组织作为共同体，其内部所共享的价值观念及忠诚度，对于企

---

❶ CHANDLER A D. The visible hand: the managerial revelution in American business [M]. Massachusetts: The Belknap Press of Harvard University Press, 1999: 491 -497.

❷ WENGENROTH U. Germany: competition abroad cooperation at home, 1870—1900 [M] // CHANDLER J A D, AMATORI f, HIKINO T. Big business and the wealth of nations. Cambridge: Cambridge University Press, 1997: 173.

❸ 同❷.

业发展的影响。[1]

尽管笔者也强调家庭企业或亲属网络与专业市场内部产业分工之间的关联，然而安娜·布尔所强调的建立在共同体之上的共享价值观，在笔者调查的专业市场中体现得并不明显。在笔者调查的案例中，更多的情形是家庭企业的合作建立在以私人关系为基础的商业团体中，与商业团体以外的联系较少；这也呼应了在批发商当中流传较广的一个说法，即中大布匹市场是一个经营了一年多，还不认识隔壁人的地方。此外，也有研究认为，集群经济虽然能够获得一定程度的发展，然而也有可能使大企业在其中吸取更多的资源，导致生产能力的分散，如果市场条件不利，则有可能导致其发展的衰退。[2]笔者将在下文中对专业市场的内部结构及其竞争优势进行进一步的讨论。

二、产销网络与家庭企业

家庭企业在发展成为专业市场的过程中，形成的是内部既竞争又合作的紧密关联的商业联系，这种组织形态对于专业市场的发展而言是相对有利的。

作为对集群经济组织进行研究的先驱之一，经济学者马歇尔认为，集群经济指的是建立在松散的网络联系的基础上，企业间以地理上的共同特征作为聚集的基础，而内部缺少重要的基于企业之间合作的企业集聚现象；并且这种集群经济组织的内部大多是小型的专业化的企业，并基于市场机制的反馈来生产和分销产品，于是单个的企业可以依赖集群经济而降低交易成本，获得竞争优势。[3]马歇尔所呈现的集群经济组织的发展状况，在20世纪初的英国最为典型，其内部结构呈现的是相对松散的关联。笔者讨论的中大布匹市场的内部结构则与之有较大的不同。

相较而言，以中大布匹市场为中心的集群商业组织的发展，具有以下三个特征：其一是对市场有较快的反应速度；其二是在集群组织内部有明确的层级，批发商及生产商的分化，能够促进产品的差异化进程，实现竞争合作；其三是能够通过内部具有私人联系的商业网络，实现对风险的化解。以上三

---

[1] BULL A, MARTYN P, JOSEPH S. Small firms and industrial districts, structural explanations of small firm viability in three countries [J]. Entrepreneurship & regional development, 1991, 3: 83-99.

[2] COOKE P. Building a twenty-first century regional economy in Emilia-Romagna [J]. European planning studies, 1996, 4 (1): 53-62.

[3] 马歇尔. 经济学原理 [M]. 章洞易, 译. 海口: 南海出版公司, 2005.

个特征，笔者认为与专业市场的发展有较大程度的关联。

首先，在中大布匹市场内部，生产商与批发商之间有紧密的合作，这使得产业链的各个环节，对于市场有较快的反应速度。

在成品布料的加工过程中，作为任何一个生产环节的工厂，主要不是自己设计或加工产品，而是依赖批发商的订单生存，订单是工厂利润的直接来源，信息与订单均来自市场。由于产品的质量、种类、规格也是根据市场的行情确定下来的，因此对于直接接触市场的批发商来说，反而更容易获得对市场行情的准确把握。

王先生这样形容生产商与批发商的关系："工厂在里面做事情，我们（批发商）就在外面。外面正在流行什么，我们都知道，每个工厂都需要我们的信息给他，今年你要做什么样式，做什么面料等。因为我们是对客户，对消费者，工厂只是我们的供应商，外面的信息工厂是不知道的。至于一块面料，你的面料需要1.5米宽，或者是要1.4米宽，工厂都会把布定型到你需要的宽度；另外你要什么手感，是要硬的手感，还是要软的手感，工厂也能把这个厚度处理好。做好之后把它们包装好，送到店铺，就这么简单。"

批发商不仅在流通环节发挥作用，更是生产环节信息的中转站。他们熟知产品的销路，对于流行信息的把握也较为及时，下游的客户与上游的生产商，均形成对批发商的直接依赖，进而也影响产业链的内部结构。

其次，在中大布匹市场内部，与工厂取得直接联系的是大型批发商，而不是中小型的批发商，几者之间的分工和层级关系是相对分明的。

如前所述，工厂需要来自批发商的订单；然而从工厂的角度来说，还必须有最低拿货量的保证。运作一家工厂，对于任何生产者来说，都是不小的负担，工厂机器不能停，机器不停，损耗和人工就不能停。于是，在订单数额达到一定量的时候，工厂才会接单。换句话说，工厂只接受大宗订货，而不接受小额订单。

有研究者以"中心"与"辐条"来形容集群组织内部的企业关系，指出集群组织所具有的一般特征，即内部既包括有经验的老牌企业，也包括一系列新兴的中小企业，且老牌企业对于中小企业的发展有一定的带动作用。❶然而，在笔者调查的家庭企业发展为专业市场的过程中，无论从产业链的上

❶ MARKUSEN A. Sticky places in slippery space: a typology of industrial districts [J]. Economic geography, 1996, 72 (3): 293-313.

游，抑或是末端观察，都极少能够观察到具有明显领先地位的企业。

在中大布匹市场的集群产业链中，家庭企业对于信息或商业资源的内向约束性较强，而在与外部的沟通及交流过程中的约束性或限制性并不突出，这使得家庭企业在家庭以外，不具有对资源或信息的控制权。每一个单独的家庭企业及其合作团体，所面对的实际上是相对开放且自由的市场竞争环境，产业链中的企业是平等竞争的关系，而非大企业支配小企业的关系；这是专业市场内部竞争及合作关系的结构基础。

相较而言，笔者调查的专业市场内部的关联特征，与“第三个意大利”（the third Italy）作为集群经济组织的内部结构存在某种程度的相似性。例如，有研究指出，在“第三个意大利”的发展中，其内部以专业化的生产为主，这种专业化又是通过企业之间的竞争实现的，而这种竞争则在推动产品的差异化与技术创新上有重要作用。[1]

除此之外，专业市场内部的层级分化，实则是形成竞争与合作的必要条件。企业之间的竞争是实现产品差异化，也就是不完全竞争所必需的途径，这有助于技术的创新；对此本书将在第六章中进行详细讨论。

最后，大型批发商与小型批发商，以及客户间的基于熟人信用的合作，也为企业间的风险共担提供保证。批发商通过私人网络，与各个环节所对应的工厂保持十分紧密的联系，以确保交易环节的风险共担。

金女士做辅料生意近 20 年，已经积累了不少的熟客，在生产及备货上，已经与熟客们达成一些约定。在备货时，金女士采取不备大货的策略，而是根据市场行情而定，好卖的品类备得多一些，不好卖的则一般采取熟客来货定做的方式，这样可以减少过量生产或者压货的风险。

杨女士在“瑞纺市场”（分市场名称）中经营辅料花边批发，笔者在对杨女士进行访谈中，一位客户向杨女士订货，需要黑色花边，而杨女士店铺当中只有同款的白色花边，客户要求的交货日期是隔天。杨女士就必须立刻联系染厂，为客户染黑色的花边。

在这笔生意中，杨女士很肯定地请她的客户放心，并且向其保证可以快速出货，她向客户强调，染厂和他们已经是合作多年的老朋友了。杨女士向染厂下订单之后，染厂一般会优先给杨女士家染货，通常当天就可以交货。

---

[1] ROBERTSON P L. LANGLOIS R N. Innovation, networks and vertical integration［J］, Research policy，1995，24：543－562.

染色之后，杨女士还会联系老朋友的包装厂进行后整和包装，最迟隔天发给客户。批发商按照下游客户的要求提供准确的生产信息，同时向下游客户确保出货的速度，而其中的风险则由杨女士及与她合作的上游厂商共同承担。

在布匹交易中，批发商必须与相应环节的生产商进行协商，尽最大可能保证订单的出货时间，尤其是当某件衣服成为当年的“爆款”[1]，在特定的时间内会有大量的客户下单；对于客户而言，先做出来的可能赚钱，后做出来的则很可能因为被其他商家抢占了先机，而损失大笔的订单；服装厂也与下游客户签订合同，对于交货日期有规定，倘若到期交不了货，便要翻倍赔偿。

因此，倘若是关系不熟悉的工厂，批发商则不得不给他们加价，也就是所谓的“小费”，以换取最快的出货时间。尽管如此，值得注意的一点是，批发商与生产商之间的风险共担，并不是发生在专业市场内不同层级的独立的家庭企业之间；基于第三章的讨论，专业市场内部的风险共担，仍然大多发生在以私人关系为基础的商业团体内部。

无论是从家庭企业的内部管理，抑或是产业链内部的分工上说，对于女性企业家在家庭企业中的角色的关注仍然相对较少。那么，性别分工对于专业市场内的产业分工是否有影响，女性在家庭企业环节中的角色是什么，在家庭企业的分工中承担哪些责任，以及女性企业家相对于男性而言，是否缺乏创业精神，笔者将在下文中将对性别分工与家庭企业策略的关联进行讨论。

第三节　性别与家庭企业分工

一、女性角色与家庭企业

无论是在传统中国的经济活动，抑或海外华人的家庭企业活动中，都较少看到针对女性角色及地位的专门研究。吴燕和与王维兰指出，研究中国社

[1] “爆款”指的是在某一特定的销售时间内，某一款式的面料或服装的销量因为达到一定的总数，而成为当季或当时的流行。“爆款”的面料或服装有流行的季节性和时间性，特定的款式并不会永久性地成为爆款。“爆款”也有变动性的特征，特定款式也可能过去不是爆款，在某一时间内却成为“爆款”。

会经济制度的社会学者，极少研究妇女占有什么地位，而中国人类学界，似乎也没有人从事田野工作，分析妇女在中国社会、经济方面的实际活动；早期人类学、社会学关于传统中国社会研究的民族志，大多只有在分析家庭制度时，才提及妇女的地位及分工。❶ 这种情形不仅在传统中国社会的研究中能够体现出来，在对华人家庭企业的分析中，也能够明显观察到，即妇女在家庭企业中的分工及角色，通常只在讨论男性角色时被顺带加以讨论。

华琛在对香港新界人在伦敦经营家庭企业的描述中指出，男性在家庭企业的发展中占有较为重要的地位，在迁移的过程中，通常是族中的男性亲属陆续去海外谋生，而女性则在家中看护子女。❷ 此时，家庭企业的策略仍然与传统家庭活动中的性别分工分离不开。

吴燕和与王维兰进一步指出，造成社会科学视角下妇女研究资料的匮乏，主要是由于“先入为主的传统中国社会范式里，妇女没有明显地位，中国人所了解的传统社会秩序中，妇女地位低下。各种社会、政治、经济制度凡是超出家族以外的，皆无妇女参与可言。而男主外，女主内的观念是众所周知的”❸。不仅是在中国社会，在其他国家或地区中，由于受到男权观念的影响，对妇女从事家庭企业的研究相对缺乏的情形也并不少见，而女性的主导权集中在家庭事务当中，男性主导权集中于对外事务及工作领域，也是性别分析理论的重要主张之一。❹ 因此，吴燕和等认为，在资料匮乏的前提下，有必要对妇女在家庭企业中的角色及分工进行专门研究。

吴燕和与王维兰在对巴布亚新几内亚拉布尔城的华人家庭企业中的妇女地位的研究中指出，华人妇女不仅实际地参与商业活动，在商业组织上具有法律地位，跟男人同出劳力，共享其成之外，妇女在资本运用上也很活跃。❺

在家庭企业向专业市场扩张的过程中，女性的地位也在很大程度上凸显。

---

❶ 吴燕和，王维兰．海外华人妇女的商业行为［M］//李亦园，郭振羽．东南亚华人社会研究：下册．台北：正中书局，1985：141.

❷ WATSON J. Emigration and the Chinese lineage：the mans in Hong Kong and London［M］. Berkeley：University of California Press，1975.

❸ 同❶142.

❹ DAJANI H A，BIKA Z，COLLINS L，SWAIL J. Gender and family business：new theoretical directions［J］. International journal of gender and entrepreneurship，2014，6（3）：218－230.

❺ 同❶152.

在笔者调查的31家家庭企业中，女性独立创业的家庭企业有7家；有女性参与其中并担任较为重要岗位的有15家。总体而言，女性在家庭企业中的地位有较为明显的体现。笔者认为，妇女角色在家庭企业策略中的体现，与男女分工有较为密切的关联。

陈祥水在对唐人街小商业的研究中，包含较为明显的对性别分工在家庭企业策略中的作用的观察。陈祥水讲述了龙先生的创业故事。他提道，龙先生高中毕业后做出租车司机，之后在轮船上做厨师，并借机偷渡到美国，打听到纽约的中国人比较多，工作机会也多，便去了纽约。龙先生在纽约的一家华人餐厅中先是做勤杂工，之后成为服务员。在服务员的岗位上积累了一定经验后，准备自己创业。龙先生将妻子和父母亲接了过来后，开始独立经营餐厅。龙先生太太在刚来到纽约的时候，负责在家中用缝纫机加工服装，每月能赚得两千美元的收入。之后龙先生与妻子离婚，与第二任妻子结婚，龙先生继续开餐厅，他的第二任妻子则负责在餐厅中洗碗和包饺子。❶

笔者调查的家庭企业中的性别分工，与陈祥水讨论的台湾人的家庭小商业的性别分工略有不同。在笔者调查的家庭企业向专业市场扩张的过程中，男女分工在很大程度上与专业分工相结合；其中女性被认为更适合承担细致的工作，而男性则被认为适合进行对外沟通的工作。笔者以董先生与潘女士夫妇二人的分工为例加以说明。

董先生和潘女士夫妻二人从事大型批发生意，他们有自己的仓库，其中董先生负责对外应酬客户，以及选货、送货等工作，而他的太太潘女士则负责在仓库中点货、接单，以及制作色卡❷。制作色卡一般需要三道工序：首先将同款布料的不同颜色排好；再用专门的机器裁成小块；最后将小块按最初排好颜色的顺序贴在硬卡纸上。颜色的排列可以由浅到深，也可以由深到浅。裁小块则有专门的机器，是一台能够放在桌面上的小型压制机。由于厂家每个季度会出新货，而出新货之后，色卡便需要更换，又由于做大型批发所涉及产品的种类数目较多，因此制作色卡的工作总量是较为庞大的。不仅如此，制作色卡也是重复性的工作，因而需要极大的耐心。在潘女士和董先

---

❶ CHEN H S. Chinatown no more: Taiwan immigrants in contemporary New York [M]. New York: Cornell University Press, 1992: 104-127.

❷ “色卡”，行业专业术语，指布匹样板。为方便顾客选购，批发商通常将同一款式的不同颜色，贴在一张硬纸板上。

生的分工中，制作色卡的任务主要由潘女士负责；而对于这样的分工，潘女士夫妇二人都是认可的。其中，董先生认为制作样板是妇女应该承担的工作，潘女士也认为，制作色卡是细致的手工活，女性做起来比较方便。

在笔者调查的家庭企业中，女性参与家庭企业的一个较为明显的特征，是将家庭生活与企业经营紧密地融合在一起。这一点与陈祥水观察到的情形较为类似，即在纽约的台湾人所经营的家庭餐馆中，也存在妇女边带孩子、边在厨房工作的情形。[1] 笔者以对潘女士每日的生活及工作的观察为例进行说明。

潘女士每日的工作内容除了包括要在仓库中花费大量的时间完成色卡的制作以外，还需要接电话、发货、清点货品及负责处理客户退换货的事宜。除此之外，潘女士和董先生还有一个不到一岁的小女儿，潘女士也将女儿每日带到仓库当中，由她负责照看。潘女士需要在工作之外的时间给小女儿喂奶，或者哄孩子。带孩子的任务基本上交由潘女士负责，董先生则较少参与其中，只是外出回来时，顺便看一看小女儿，或向妻子问几句孩子的情况。潘女士不仅要照顾承担起家庭企业经营中的职责，还必须同时扮演家庭生活中传统女性的角色。由此可见，妇女实际上承担较为繁重的工作。

在家庭企业向专业市场扩张的过程中，女性不仅在家庭企业中有相对明确的职责及分工，也一并承担家庭企业中重要岗位的任职；同时这种转变也影响男性对于“成功”女性的界定标准。例如，许多家庭企业的经营者，尤其是男性经营者，开始将家庭企业的成功与否，与妻子在家庭企业中的角色及其所承担的责任关联起来。

孙先生认为，无论是对于新入行的家庭企业，抑或是有了一定经营年头的家庭企业而言，倘若只有丈夫一人独立负责主要岗位的全部工作，家庭企业则较难发展得起来；而如果他的妻子也参与其中，尤其是妻子还擅长做销售，则会大大降低创业的风险及经营的难度。也就是说，在成功的家庭企业中不能只有男性的付出，还必须有一位在销售上有能力、有经验的妻子的帮助。以上不仅被认为是家庭企业最为成功的组合方式，也越发成为家庭企业创业成功及持久发展的重要条件。

家庭企业性别分工的变化，也是家庭企业对于外部环境变迁的适应策略

[1] CHEN H S. Chinatown no more: Taiwan immigrants in contemporary New York [M]. New York: Cornell University Press, 1992: 104 - 127.

的体现。在商机不断增加，商业环境逐渐复杂的前提下，传统的以男性为主导的决策方式已经逐渐不再有利于家庭企业的发展；女性逐渐在传统男性占有优势地位的岗位职责中具有重要的作用，如前文所述的家庭企业对于女性担任销售岗位的重视。与此同时，女性是否能够承担重要岗位的工作，也在一定程度上成为丈夫对于一个“好妻子”要求的标准之一，影响男性家庭企业从业者的择偶观。

1992 年出生的马先生是潮汕人，尚未结婚，他的择偶标准是想要娶“会做生意的潮汕女子”。马先生向笔者讲述，他听老人家们说，“太远（指距离自己的家乡）的不行，单亲的也不行”，因为婚姻是关于家庭以后的路，对此马先生希望按照老人家说的做。又因为自己家是做生意的，他希望自己家的生意可以延续下去，因此对于未来的妻子，马先生不仅有同乡地域的要求，更有会做生意的要求，他认为如果能娶到一个“能干的、会做生意的妻子，一定是再好不过的了”。

除此之外，也有研究指出，女性长期担任家庭企业中的重要角色，容易造成家庭内部的冲突，对家庭生活的稳定性有一定的影响。❶ 在笔者调查的家庭企业中，也有类似的情形发生。

在王家兄弟的家庭企业中，弟弟王 WQ 负责销售，他的太太陈 MJ 则负责企业账目管理。无论是在生活还是经营的开销上，王先生用钱必须经过妻子，支出的金额也由妻子决定，相应地王先生本人则在用钱上没有自由。因此，在如何用钱，尤其是针对特定的项目应该支出的具体金额，夫妇两人常有不同的看法。例如，在客户应酬的开销中，陈女士担心丈夫用得太多而造成浪费，所以会严格控制这部分的支出；王先生则认为，妻子给的应酬客户的钱太少，根本不够用，两人也常为此事发生争吵。

如前所述，在笔者调查的家庭企业中，已经有女性作为家庭企业中的重要岗位的负责人长期参与家庭企业的经营管理，也有女性作为独立的企业家进行创业。然而，研究表明，尽管女性在家庭企业中的地位和作用已不仅是数量上的增长，但对于企业家的刻板印象仍然是以男性为主体。❷ 这导致女

---

❶ GUO X G , WERNER J M. Gender, family and business: an empirical study of incorporated self – employed individuals in the US [J]. International journal of gender and entrepreneurship, 2016, 8 (4): 373 – 401.

❷ ROSA P, CARTER S, HAMILTON D. Gender as a determinant of small business performance: insights from a British study [J]. Small business economics, 1996, 8: 463 – 478.

性在家庭企业中始终作为外来者，而限制女性作为企业家或家庭企业的行动者的角色，及其对于经济以及社会的潜在贡献。❶ 本书将在下一章节中，进一步对女性企业家的创业动机进行分析；在此基础上，也将讨论女性企业家的角色变迁，以及对妇女传统的家庭角色和地位的变化所产生的影响。

二、家庭责任与妇女创业

吴燕和指出，在华人妇女实际参与的各种商业活动之外，尤其值得一提的是她们“在想办法赚钱的主动、创新的精神，可称之为‘企业家精神’”。吴燕和讲道，在他进行田野工作时，观察到许多华人妇女鼓励丈夫发展某项生意，或向某方面投资，也有自己出面开创新生意的。❷

黄绍伦也认为，由于女性企业家群体较为稀少，因此对于女性企业家在经营企业时的特点，女性在何种情形下能够决定自己的经营选择，以及他们所得到的家庭或社会支持等均了解不多。然而，这并不是因为他们缺乏创业动机或管理能力，而是因为女性不能当一家之主，不能将家族企业传承下去。❸

笔者的调查则进一步证实，女性并不缺乏创业动机，女性在创业中并非是外来者或介入者，反而是推动者。笔者以下文的女性创业，或女性鼓励丈夫创业的三个案例进行说明。

案例一：李女士是独立创业的女性企业家，她于2003年考入国内顶尖大学学习管理学，2004年进入外贸公司实习，2007年大学毕业，2008年开始创业。李女士是这样对自己当初的创业选择进行讲述的：“我觉得一个女的一定要有独立的经济，因为你拥有独立的经济，才能拥有你自己施展开的扮演人生角色的空间，和你自己的能力，还有你的自尊。我读大二的时候，寒暑假就去别的公司实习。我好多同学都喜欢舒舒服服在家里上个班，五六千块钱一个月，朝九晚五的，是吧？干吗这么累。我跟他们的选择不一样，各

---

❶ TAYLOR S，MARLOW S. Engendering entrepreneurship：why can't a woman be more like a man？［J］. Paper presented at the 26th EURAM conference，liver pool，UK，2009.

❷ 吴燕和，王维兰．海外华人妇女的商业行为［M］//李亦园，郭振羽．东南亚华人社会研究：下册．台北：正中书局，1985：152－153.

❸ 孙文彬，黄绍伦，郑宏泰．小城镇的经济发展与家族企业［M］//嘉兴市人民政府，中国小城镇发展研究院．城乡一体化与小城镇发展．上海：上海社会科学院出版社，2005：352.

有各的选择，我是男孩子性格，你看我写字就能看出来，我是一个不服输的人，我的性格像男人一样。我不太愿意去过一成不变的生活……是比较喜欢去搏的那种人。人一定要自立的，自己本身没有独立的经济的话，就会被社会淘汰。”尽管在创业期间，李女士有来自亲属及熟人网络的支持，然而，如果没有较强的创业动机，李女士在金融危机、经济萧条的大环境中，不容易坚持下来。

案例二：卢女士和丈夫李先生是1996年从湖南到广州发展的，最开始是在广州的城中村开饭店，做了不到一年的时间，卢女士便打算转行，理由是她认为开饭店对于她或者丈夫而言，都不是一条很好的出路，因为他们二人都是读了大专之后才出来打工的，和小学或初中毕业就出来打工的人们不同，他们是“念过书的”，而开饭店对于他们两个人来说有些浪费能力。卢女士便打算改行，与此同时，也劝自己的丈夫改行，而丈夫也接纳了卢女士的建议。之后，卢女士在中大布匹市场中找到一份跟单的工作，开始学着做布匹生意，李先生则转行做建筑开发。在笔者访谈期间，李先生已经做到建筑公司老板的位置，自己带着工程队，承包了不少广州市的大型建筑工程项目。而卢女士则在打工一年以后，准备开一家自己的布行，独立经营。在此之前，在另一个商机的促使下，卢女士转而回到了湖南老家，准备独立开设饮用水厂。在开水厂的时候，卢女士遇到了诸多的困难，诸如营业执照办不下来，以及销路不通等。尽管如此，由于卢女士的性格较为开朗，且她属于笔者在前文所讲述的十分擅长做销售的女性，卢女士与自己在机缘巧合下认识的陌生人首先成为朋友，再靠着这位朋友的关系，最终解决了开水厂的场地、证书和执照的问题，水厂也逐渐做了起来。待水厂的生意稳定后，卢女士便将水厂的生意交给弟弟照看，她本人则继续回到中大布匹市场。笔者访谈期间，卢女士正在担任一家布行的总经理，与此同时，也在预备创立自己的企业。

案例三：林女士与丈夫都是湖北人，她与丈夫结婚之后，丈夫首先在同乡的介绍下来广州发展，在一家服装厂做“打版”（制作服装样板）的工作，大半年之后，丈夫也把林女士接了过来。林女士主要是在中大布匹市场旁边的鹭江村内摆摊卖服装。林女士白天从服装批发市场中批发一些衣服，晚上则拿到村里零售。因此，虽然丈夫仍然在工厂里打工，而林女士已经有自己的生意。林女士则希望他们夫妇二人在积累一定的本金后，能够自己开服装厂；而林女士有较强的创业动机，她认为在广州只要肯干就一定会有机会，因此更加希望通过自己的努力，与丈夫一起完成这个目标。

在对巴布亚新几内亚女性参与家庭企业的研究中，吴燕和虽然表明华人妇女经济地位的提高，然而他也指出，这并不意味能够相应地影响妇女的家庭角色，进而导致家庭结构的变迁；这是因为家庭成员以整个家庭的繁荣为目标，而非个人一己的收入为满足。吴燕和强调，在巴布亚新几内亚的华人家庭中，华人发展生意，无论是夫妻合作，或妻子个人经营店铺，总是说为了家庭和子女的未来。[1] 在笔者调查的家庭企业中，女性的家庭责任感也体现地较为明显；妇女创业或守业的动机来源是家庭利益，而非个人利益。笔者以苏女士的创业为例进行说明。

苏女士是在有了自己的孩子之后，才萌生创业的想法，据苏女士讲述，她和丈夫决定创业，最主要的一个原因，是在二人"有了小孩子之后，家里的钱不够用"，之后苏女士就萌生了一种想法，那就是"一定要让孩子过上好日子"。笔者曾经询问苏女士有什么个人兴趣爱好时，苏女士则说她"没有兴趣爱好，唯一的爱好就是养儿子"；而苏女士和赵先生也形容他们创业的主要动机就是"拼搏工作，为儿子挣钱"，因为"儿子是最主要的"。

除此之外，即便是已经离婚的夫妇，出于作为母亲的责任感，女性也会相应地做出一些牺牲，来为后代的发展考虑。笔者以贺姐的故事为例进行说明。

贺姐跟老金最初结婚的时候，他们二人在北京的郊区做蔬菜批发生意，之后老金因为偷盗被抓，贺姐与老金也就离婚了，离婚时二人已经生有一个女儿和一个儿子。他们将两个孩子送回了老家，由老金的爹妈抚养。之后贺姐又去了北京打工。老金被释放之后，另外找了一位女朋友，然而，女朋友不仅在老金的生意中无法帮忙，还十分喜欢花钱，不久之后，老金也与这个女朋友分开了。

当老金在中大布匹市场开始从事专业找面料的生意，并且生意逐渐稳定后，贺姐听说老金的面料生意能赚更多钱，便过来和老金一起做生意。贺姐在准备来广州之前，做的是在北京开面包车的工作，主要负责拉货和送货。

贺姐同笔者讲述，她来广州主要是为了她与老金的儿子。贺姐说，她要存足够的钱，给她的儿子在乡下盖房子，等钱挣够了，就不再参与老金的生

[1] 吴燕和，王维兰．海外华人妇女的商业行为［M］//李亦园，郭振羽．东南亚华人社会研究：下册．台北：正中书局，1985：160.

意了。在贺姐为老金帮忙期间，贺姐将挣到的钱中的绝大部分为儿子存了下来，除了基本的生活费，她自己也不多花钱。一年以后，笔者再与贺姐联系时，贺姐已经去了杭州，与自己的同乡合伙做生意，此时贺姐说她已经为儿子攒够钱了，而且老金的生意也稳定了，自己就不再跟着老金了。

柯群英在对女企业家的研究中也指出："对这些女企业家来说，家庭仍然是她们生活中最重要的部分。为了家庭，她们才激发出对事业的强烈热情；为了家庭地位更高和孩子们生活条件更好，她们才奔赴他乡去寻找财富。在这个意义上，财富本身是没有任何价值的，只有当财富转换成自己的小家庭和大家庭的幸福及创造财富和积累财富的个人乐趣，财富才会显出其价值。"❶

吴燕和指出，促成巴布亚新几内亚华人妇女积极参与商业，进而导致女性在家庭企业中的角色地位之变迁，是受到西化的因素，尤其是宗教及婚姻自由观念的因素影响。尽管如此，吴燕和并不认为华人社会的男女平等观念是西化的产物；而是可以看作传统下层中国文化的延续。❷ 吴燕和引述奥尔加·兰（Olga Lang）的观点指出，中国越是上层社会，丈夫越不让妻子参与商业意见，但是经济下层社会，像一般收入低的传统农村社会，就会有许多违反文化范式的行为，妇女可能在家中贡献很多而权力也大。❸ 而海外华人移民多来自中国农村或都市下层社会，妇女参与生产活动之活跃便不足为奇。❹

在笔者调查的家庭企业中，女性在家庭企业中的活跃是否与传统文化价值观的变迁有关，本书尚未有充足的资料证实；然而对谋利的重视则能够在家庭策略中被观察出来，如在笔者调查的个案中，离异的夫妻也有可能作为合伙人而仍旧在一起共同经营家庭企业，笔者以叶先生及前妻的生意合伙为例加以说明。

叶先生虽然与前妻已经离婚，但是生意上却没有全然分开。叶先生和妻子开了一家工厂，离婚之后，叶先生仍然负责管理这家工厂，妻子仍然在工

---

❶ 柯群英．女强人抑或强女人：现代中国服装行业中的外来女企业家［J］．广西民族大学学报（哲学社会科学版），2013（5）：9－16.

❷ 吴燕和，王维兰．海外华人妇女的商业行为［M］//李亦园，郭振羽．东南亚华人社会研究：下册．台北：正中书局，1985：160.

❸ LANG O. Chinese family and society［M］. New Haven：Yale University Press，1946：162－195.

❹ 同❷.

厂里做工。与此同时，妻子的姐夫仍旧是工厂中的大师傅，负责技术方面的工作，妻子的姐姐也还在工厂当中帮忙，主要负责给丈夫打下手，中午给工人们做饭，二人都受聘于叶先生和前妻两人。而直到叶先生准备卖掉工厂的时候，妻子与姐姐、姐夫才逐渐另谋出路。而在叶先生与前妻离婚之后的合伙期间，夫妻二人已经从夫妇关系，转为生意上的合伙人关系。

事实上，即便是女性已经在家庭企业中参与重要岗位，也没有脱离其作为母亲、妻子、女儿的角色，承担照顾丈夫、子女以及父母的责任。虽然张女士是较为成功的创业者，然而在她的丈夫罗先生退伍来到广州和她团聚之后，张女士便逐渐将生意上的事情交由丈夫和父亲负责，张女士则专心在家带孩子，并照顾父亲和丈夫的生活，在家庭中所承担的工作与传统中国妇女的角色分工并无不同。

由此可见，妇女在家庭企业中的活跃表现，并不一定意味传统女性角色在家庭地位中的变化。正如吴燕和指出，传统中国的家庭制度，强调家人的互助和互赖，强调分工而合作，是华人在海外发展（家庭式）商业的基本条件；而家庭企业内部分工的变化，则是华人及中国人的家庭，面对不同以往的外部环境的应变策略。[1] 从这个意义上说，在家庭企业扩张为专业市场的过程中，家庭企业的内部分工能否适应这种变化，也构成专业市场发展能否成功的重要影响因素。

本章小结

本章讨论了家庭企业的环节与专业市场的发展，及其与工业化、城镇化过程之间的关联。如前所述，家庭企业在扩张为专业市场的过程中，既包含向全球商业网络的拓展，又包含对纵向产业链中不同部门之间的分工适应。这主要是基于家庭企业的环节，对于产业链的部门分工的协调及适应。

专业市场作为集群经济组织的发展，产业链内的部门分工，主要是通过家庭企业各个环节之间的配合来实现的；家庭工业的发展，则在很大程度上

---

[1] 吴燕和，王维兰．海外华人妇女的商业行为［M］//李亦园，郭振羽．东南亚华人社会研究：下册．台北：正中书局，1985：160.

依赖外部的商业网络。家庭企业与家庭工业，以及全球商业网络的进一步融合，也使国内市场与国际市场产生更为紧密的联系，既促进专业市场作为全球商业网络的扩张，也间接推动专业化生产基地的发展；而地区性的生产网络的扩张，又影响中国的工业发展与城镇化进程。由此，家庭企业不仅推动与专业市场发展有关的产业链扩张，还带动生产基地与全球市场的联系。与此同时，互联网也在推动家庭企业及家庭工业的联系上，发挥一定的作用，加深国内市场与国际市场的关联。

针对安索夫提出的，在经济发展进程中，家庭企业或中小企业将为大企业制度所替代这一观点，笔者提供的案例则说明，在家庭企业向专业市场的扩张中，家庭企业不仅不会为大企业制度所替代，相应地还能够通过企业间的合作及竞争，推动规模化的集群商业组织的扩张，促进工业化及城镇化的发展，与此同时对全球产业链的发展产生相应的影响。产业链中的专业生产，与外部的销售网络体系的关联，也与建立在亲属等私人网络之上的实践有关。依托家庭企业与亲属及社会网络的扩张，也是中大布匹市场与其他国家或地区的集群经济组织的发展相比所不同的地方。

家庭企业的分工也受性别实践的影响。家庭企业的分工在一定程度上受男性或女性，作为传统家庭劳动力的性别分工的影响，在家庭企业中则表现为女性相对男性而言，更倾向于承担细致的、重复的工作，男性则倾向于承担对外沟通的工作。然而，随着市场竞争的激烈与全球商机的发展，女性也开始承担起原本由男性主要负责的工作，在家庭企业中担任越发重要的角色；而女性能否在家庭企业中承担起相应的责任，也逐渐构成家庭企业能否长久发展的标准之一。对于妇女在家庭企业中所承担的责任及其角色地位的变化，笔者更倾向于将其视为是家庭企业在面对全球商机，及应对外部竞争时的策略，而不是家庭结构变迁的反映。在笔者调查的家庭企业中，妇女在家庭生活中仍然承担作为女儿、母亲及妻子的十分重要的责任。

本书对专业市场扩张中，家庭企业的创立与发展，商机与商业策略，以及家庭企业的环节对专业市场发展的推动作用等，分别进行了分析；除此之外，专业市场的扩张，亦离不开资金的支持。那么，家庭企业在扩张为专业市场的过程中，是如何对资金进行组织、协调及控制的，家庭企业能否支撑起专业市场所需要的融资，家庭企业是如何进行理财与投资管理的，家庭企业理财及投资观念是怎样的，将在下一章节进行讨论。

第六章

理财与信用

20 世纪 70 年代以来，学术界有了较多关于华人或中国人的理财及信用的讨论。在华人家庭企业中，建立在亲属及熟人网络之上的理财及信用体系，对于华人家庭企业的发展有较为关键的作用。

在传统中国社会的理财及信用的研究中，费孝通教授曾经以江村为个案，描述江村的“互助会”，作为地方性的信贷系统是如何发挥作用的。❶ 在对这种组织可以发挥的功能上，费孝通教授谈道：“通常组织这种互助会的目的是为办婚事筹集资金，为偿还办丧事所欠的债务，这些也是筹集资金的可以被接受的理由。但如为了从事生产，譬如说要办一个企业或买一块土地，人们往往认为这不是借钱的理由。”❷ 互助会主要是在个人的生活事务中发挥作用，并非用于生产中的资金筹集。类似的还有葛学溥对广东潮汕地区的“会”一类的组织的描述。❸

相比之下，无论是从组织目的，抑或是功能上看，华人家庭企业中广泛存在的信贷组织，都与上述传统中国社会的“会”一类的组织有所不同。相较于传统中国，华人的信用体系在家庭企业的实践中，具有更加明确的商业目的，筹集资金主要用于生产或投资。吴燕和教授所描绘的巴布亚新几内亚华人中，颇为流行的“合会”组织，就已经发展成为能够筹集到上千万元的

---

❶ 费孝通. 江村经济：中国农民的生活［M］. 北京：商务印书馆，2001：224－230.

❷ 同❶225.

❸ 葛学溥. 华南的乡村生活：广东凤凰村的家族主义社会学研究［M］. 周大鸣，译. 北京：知识产权出版社，2012.

资本的组织[1]，对家庭企业创业时的资金筹集有重要作用，且颇具金融活力。

华人家庭企业的诸多研究，还表明非正规的契约方式，在推动华人经济发展当中也发挥一定的作用。其中，口头交易、内部仲裁，作为信用及合同订立的主要途径，在华人家庭企业中发挥重要作用。德格罗帕讲述1945年以前，鹿港地区的商人普遍使用口头协定来实现商业交易，而如今则多改用支票；尽管如此，口头协定作为传统的商业协定或商业纠纷的解决方式，在华人家庭企业的特定场合，仍然发挥作用。[2]

除此之外，关于华人家庭企业策略的研究，还包括对华人的理财方式与投资观念的考察。其中，华人的理财方式及观念，又能够在一定程度上，体现华人的财富观，而华人倾向于投资或储蓄，也与华人家庭企业所处的社会经济环境有较为密切的关联。如约翰·奥莫亨德罗指出，在金钱储蓄与投资决策上，虽然东南亚更多地方的华人倾向于投资而非储蓄，然而菲律宾伊洛城的华人更倾向于储蓄；与此同时，相比于其他地方的华人倾向于利用合会等组织，进行大规模的融资而言，伊洛城的华人在金钱投资上是较为保守的，这受华人商业所处的国家经济环境的影响；而华人在消费中，也以尽量缩小预算的方式为主，由此可见，华人的消费观以节俭为主。[3]

那么，相比于20世纪70年代以来学者们对于华人或中国人的信用及理财的关注，建立在私人关系上的信用体系，又在家庭企业向专业市场发展的过程中，发挥怎样的作用；华人家庭企业中普遍存在的信用体系，在专业市场家庭企业的融资、契约订立，抑或是投资理财中，是否仍然具有效用；私人信用能够发挥作用的场合如何界定，与正规信贷相比其信度如何；本章将通过对专业市场上家庭企业的理财及信用策略的讨论，尝试回答上述问题。

---

[1] WU D Y H. The Chinese in Papua New Guinea, 1880 – 1980 [M]. Hong Kong: Chinese University of Hong Kong Press, 1982: 87 – 106.

[2] GLOPPER D R. Doing business in Lukang [M] //WILLMOTT W E. Economic organization in Chinese society. Stanford: Stanford University Press, 1972: 304 – 305.

[3] OMOHUNDRO J T. Chinese merchant families in Iloilo: commerce and kin in a central Philippine city [M]. Columbus: The Ohio University Press, 1981: 80 – 83.

第一节　私人关系与融资借贷

一、亲属网络与创业筹资

笔者调查的家庭企业中，在初始资金的筹集上，个人储蓄与亲属借贷是最为主要的两种途径。

陈祥水对纽约皇后区32位家庭企业的老板筹集资金的过程进行了研究。在家庭企业初始资金的筹集上，陈祥水指出个人储蓄与海外借款是华人家庭企业获得初始创业资金的两种主要途径，能否筹集到创业的初始资金，对于华人能否实现从工人向自谋职业者身份的转变，是十分重要的。[1] 虽然陈祥水的讨论集中在唐人街上的小型家庭企业，然而个人储蓄作为家庭企业初始资金的筹集方式，在笔者调查的专业市场发展的过程中，仍然能够发挥作用。笔者分别以马先生与陈先生筹集资金的过程为例进行说明。

马先生从1960年代开始从事蔬菜零售的生意，马先生夫妇及其后辈的创业资金，均来源于马先生夫妇做蔬菜批发生意时的积蓄。马先生有子女四人，分别是大儿子、大女儿、二女儿及三女儿。早年，马先生家以耕田为生，种植蔬菜。蔬菜成熟之后，马先生于每日凌晨两点钟起床摘菜，采摘之后，他们拿出来一部分作为任务交给生产队，其余的菜便拉到菜市场零售。马先生负责将菜拉到市场上，马先生的妻子则在市场负责卖菜，主要零售对象是菜市场周边军营的军人及其家属，附近学校的教职工，以及邻近国有企业的职工。

大儿子出生后，妻子由于要照顾大儿子，没有太多的时间在市场上卖菜，因此马先生就转而开始酒楼的蔬菜批发生意，等蔬菜摘好之后，直接送到酒楼。马先生说，从利润上讲，将同样的一车蔬菜批发给酒楼比不上卖给居民，但是可以节省出不少时间，方便妻子带孩子、操持家务等。而马先生的妻子也尽量在空闲的时候，少拿一些蔬菜到市场上零售，边照看孩子边卖菜。

逐渐地，马先生夫妇从卖菜中积攒下来不少资金，这些资金成为日后儿

[1] CHEN H S. Chinatown no more: Taiwan immigrants in contemporary New York [M]. New York: Cornell University Press, 1992: 104 - 127.

女们创业的本钱。大儿子成婚之后，马先生便为他投资“大排档”（即餐馆）的生意。马先生称，由于那个时候做相似生意的人少，“大排档”的生意很快便成功了。父母和姐妹，只要有时间也会去餐馆帮忙，于是通过餐馆的生意，又积累了不少的资金。尽管在马先生的几个子女中，大儿子是最早开始做生意的，然而最有生意头脑的是大女儿。大女儿将在“大排档”中赚到的钱，投资到服装批发中，之后全家也一起做起了服装批发生意。

陈先生最初也是靠个人储蓄进行创业投资的，由于初始资金不多，陈先生选择前期投资较少的辅料批发行业。陈先生原本是国有企业的职工，下岗之后便开始利用过去积攒下来的工资，在中大布匹市场中开了辅料批发的店铺。当笔者问及陈先生，为何没有向他的亲戚们借款时，陈先生的回答是“不想去麻烦别人”，称这是广州人的做事习惯，亲戚们都是自己做自己的，很少互相合伙。然而，陈先生始终没有与亲戚们合伙，还有两个原因：其一是陈先生的储蓄已经基本上能够支持他开展辅料生意，不需要再向亲戚们借钱；其二是陈先生有工资，因此没有将生意扩大规模的野心，也不需要额外的资金投入。

除了个人储蓄，亲属在初创期的资金积累也有较大的作用。安娜·特谢拉以葡萄牙华人的家庭企业创业为例，讨论亲属对于华人家庭企业在创业期间筹集资金的重要性。她指出，新入行的商人，在缺少资金的情形下，通常需要依赖亲属网络获得支持，特别是从已经有生意基础的亲属中获得资金支持。另外，家庭企业在没有资金支持的时候，也可以通过提供劳动力或技术，与已经建立起商业活动的亲属取得合作。[1] 这种与亲属的联合，与笔者在第二章中所提到的由于扩大规模而进行的长期合伙不同，此处主要是指以筹集资金为目的的短期借贷。笔者以何先生家的合股融资为例进行说明。

何先生入行时的初始资金，主要来自他与自己的两个亲姐妹的合股资金。2004 年，何先生准备涉足面料批发生意，但初始资金不足，此时他的大妹妹和丈夫已经在业内做了四年，无论是从资金还是经验上说，都有了一定的基础。何先生的小妹妹和丈夫原本也在中大布匹市场做同行生意，他们二人原本与丈夫家的亲戚长期合伙，但是生意一直不见起色，所以小妹妹一家也想分出来单干。得知哥哥有与姐姐合伙做生意的想法之后，小妹妹也打算加入。

---

[1] TEIXEIRA A. Entrepreneurs of the Chinese community in Portugal [M] // BENTON G, PIEKE F N. The Chinese in Europe. London: Macmillan Press, 1998: 252 - 253.

与何先生的目的不同，小妹妹加入主要是为了向姐姐学习经验；而对于大妹妹而言，与何先生和小妹妹两家合伙，新开一个店铺，也可以多赚一些钱。于是，三家开始合股经营。

在合股中，三家采用股份制的方式合资，其中大妹妹出资40%，在三人中为“大股东”，负责提供经营的产品信息，如供货商的来源与面料种类；何先生和小妹妹各出资30%。三人一共筹集25万元的资金，新开了一家店。新店由何先生和小妹妹两家负责日常管理，大妹妹并不参与实际经营。新店的利润则按最初投资的比例，由三家分成。

何先生、大妹妹、小妹妹三家的合股共持续了三年，是从2004年到2006年。在第一年，也就是2004年的经营中，他们总共赔了20多万元。实际上，在布料批发行业中，对于新店来说，第一年赔钱是正常的，从第二年或第三年才开始赚钱；何先生他们的店铺也无例外，他们的店铺在2005—2006年，均是赚钱的。

对于何先生来说，在创业时选择与大妹妹合股是十分必要的。何先生合股的首要目的是在资金上获得帮助。如前所述，极少有店铺能够在开始经营的第一年盈利，而多半是亏本。假设布匹行业的初始资金大约需要30万元，加上亏本的钱，生意的起步资金大约需要50万元。而这个数额，对于缺少资金积累，或是从其他的小生意中积累一部分资金的家庭来说，都是不容易负担的。在这样的前提下，基于亲属关系的合股筹资方式可以较为轻松地解决这个问题，同时与亲属进行合股也可以化解融资借贷中的风险。

在合股的第三年，也就是2007年的春节以后，三家人就彻底分开了。在分开经营的原因上，何先生说是因为经营理念不同，除此以外，基于笔者调查，何家三兄妹选择在2007年分开，还有两个原因：其一，因为新店店铺的租期正好于2007年到期，何先生和小妹妹也顺势去找了新的店铺，开始独自经营；其二，有了前期大妹妹在资金和经验上的帮助，无论是小妹妹，还是何先生，其经营都上了轨道，长期的合股也无必要。何先生说，生意一旦分开便不会再合起来，三个人之间股份划分清楚之后，也就减少了未来出现冲突的可能。而在何先生看来，在类似的事情中“大家都懂得这个道理”，从面子上说也不会有人去继续争抢不属于自己的部分，因此何先生说他们兄弟姐妹的关系是“照顾归照顾、生意归生意”。

在三家独立经营之后，三兄妹依然有较为频繁的资金往来。何先生称，在遇到资金周转困难的时候，兄妹之间相互抽资金来用一下的情形也是很常见的；而何先生对此的说法是“很希望对方也能赚到钱”，以及“兄弟姐妹好，自己才好”。

如前所述，陈祥水的研究以小型家庭企业为主，他指出个人储蓄或亲属借贷是家庭企业筹集初始资金的主要方式；尽管如此，陈祥水同时指出，通过个人储蓄与亲属借贷的方式，能够筹集的资金有限，因此在华人家庭企业中，较多的情形是利用“会”来进行更大规模的筹集。[1] 在笔者的调查中，虽未明确地观察到，在家庭企业中有使用合会、标会或轮会等组织进行资金筹集的情形，然而却有类似于“会”的基于私人团体的融资策略。下文将对这种建立在私人网络之上的非正式融资策略进行介绍。

二、私人网络与非正式融资

在笔者调查的专业市场中，基于私人网络的较为成熟的金融信贷体系，主要是以贷款公司的形式运作的。

在笔者调查的家庭企业中，贷款公司是私人团体内部实现资金筹集的相对重要的融资形式。从表面上看，贷款公司虽然是以正式性的融资组织进行募资，实质上却是以私人网络为基础进行运作的。这种方式在功能上与吴燕和调查的合会组织相对类似，不仅能够为小型家庭企业提供初始资金，还能够为企业的持续发展募集到较大规模的资金，支持家庭企业的发展。笔者以兴宁商会下属的贷款公司为例加以说明。

董先生是广东兴宁县人，在中大布匹市场经营面料批发生意，据董先生描述，目前在中大布匹市场上的同乡有300多家。[2] 董先生说，最初来到广州的时候，老乡们之间有较为频繁的往来，因此也就组织了兴宁老乡会。兴

---

[1] CHEN H S. Chinatown no more: Taiwan immigrants in contemporary New York [M]. New York: Cornell University Press, 1992: 104－127.

[2] 对于董先生所说的同村当中有“三百多家”这个数字的准确性，本文没有进行更为详细的考证，但是与董先生的兴宁商会类似的是，笔者在对王先生隶属的福建泉州商会进行调查的时候，据王先生说，泉州商会也是由水头村的三百多家组织起来的，也同样使用了“三百多家”这个数字。笔者推测，从某种意义上说，三百多家在某种意义上说并不是一个确数，而是约数，作为成员本人对于其所属的地域团体组织规模的一个大概的估计。

宁老乡会的会员包括所有在广州打工的兴宁地区的同乡，以及与同乡有关系的亲戚或朋友。

吴燕和描述的华人加入合会组织的条件，与费孝通描述的传统乡村社会中互助会的入会条件不同。[1] 费孝通描述的互助会，其成员构成以受助人的亲属为首选，其次是受助人的亲戚和朋友，最后是亲戚或朋友的朋友、亲戚，因而是基于以受助人为中心的由近及远的关系展开；而吴燕和描述的合会组织，则以经济实力和社会名望为主要的入会条件。在入会的条件上，笔者讨论的兴宁商会，与吴先生讨论的合会组织的情形较为类似。

虽然兴宁商会是以地域商会为名头组织起来的，然而在兴宁商会中，老乡的亲戚或朋友，倘若不是兴宁人，也可以被接纳为兴宁商会会员。对于会员的入会条件而言，经济实力相比于地域关系更为重要。而兴宁人的组织之所以以地域商会的形式注册，主要是由于符合政策的规定。2015 年，兴宁老乡会正式注册为兴宁商会，之后便以兴宁商会的名义，注册了具有法人身份的贷款公司。

董先生介绍，兴宁最初的老乡会，以及如今的兴宁商会，成立的最主要目的是在更大的范围内，为会员之间提供资金上的支持。而过去在老乡会中流行的融资方式，在用商会的名义注册公司之后，就成为正规的贷款公司，融资活动也以贷款公司的形式开展。因此，在融资的组织上，倘若是会员们以老乡会的形式运作，就是非正式的形式；而如果是由贷款公司以商会的名义运作，那么就是正式的形式。董先生说，除了注册为正规公司之后需要进行纳税，贷款公司与过去非正规的融资组织并无二致，其在很大程度上，仍然依赖传统的融资策略。

贷款公司的成立，需要由一些实力较强的会员，每家拿出一两百万元作为担保资金放到贷款公司。从借款流程上说，如果有会员想要从公司获得贷款，则需要找三位担保人。公司要求，担保人必须是商会会员，在担保人履行担保手续之后，借款人才可以履行借款手续，缺一个担保人，贷款手续都不能开展。即便是会员的亲戚借款，也需要担保人做担保。与此同时，担保人也不一定因为与借款人有亲戚关系，就轻易将款项借出，最重要的是熟悉借款人的“底细”，即他的经济实力。倘若不了解对方的底细就将钱款借出，

---

[1] WU D Y H. The Chinese in Papua New Guinea, 1880 - 1980 [M]. Hong Kong: Chinese University of Hong Kong Press, 1982: 87 - 106.

一旦还款出现问题，那么款项就需要由三个担保人来赔偿。这就不仅从私人关系，还从策略上确保了借款人的还款能力，降低贷款风险。在这样的前提下，贷款公司借出去的钱较少存在还不上来的情况。

贷款公司不仅会贷款给刚起步的批发商作为初始资金，也为已经入行的家庭企业提供短期资金周转的便利。董先生称，贷款公司的利息一般比银行高，银行如果是一分利的话，贷款公司要两分利；尽管如此，利息的范围也会控制在借款人能够承受的范围之内。由于利息相对较高，借款人向公司借款周期并不长，一般是几个月的短期借期，且通常是急用的时候才会选择贷款。例如，做一批货大约需要300万元，时间周期是一个季度，那么对于借款人来说，则需要在三个月内把这些货销出去，并还清贷款，到最后才能盈利；倘若时过半年，货没有销出去，那么借款人就不仅需要处理尾货，还要想办法把贷款补齐，这时就有可能出现亏损。

贷款公司发展到后期，在越发成熟的时候，商会会员们只要是有闲钱的，都可以拿到贷款公司去入股。作为会员，不仅能够从贷款公司内部获得短期的资金支持，还可以通过贷款公司进行放贷活动，获取额外的利润。此时，贷款公司就不仅仅是满足成员们的资金周转的需要，也通过公司实现放贷的目的，在这个基础上，贷款公司既是融资机构，又是放贷机构，具有两重作用。董先生也称他们的贷款公司的借贷方式，类似于放高利贷；尽管如此，虽然利息高于银行，然而与贷款公司的放贷方式仍然不同，最为明显的地方是贷款公司的借贷关系只在熟人内部进行，极少对外。因此，贷款公司从很大意义上说，是熟人内部自行解决融资困难的策略。

在尝试对以资金周转为目的的“会”一类的组织进行总结时，格尔兹指出，此类组织是由组织中的成员的固定缴款所组成的整笔基金，并按照固定的时间间隔，作为一个整体，再分配给组织内各成员的一种资金流通系统。❶雪莉·阿登纳（Shirley Ardener）则指出，这类组织是由一系列的核心成员组织起来的，成员之间通过定期的捐款来给予组织资金的运作，同时这些资金作为组织对于成员的回馈，最终回流到成员手中。❷因此，与格尔兹有所不

❶ GEERTZ C. The rotating credit association: a “middle rung” in economic development and cultural change [J]. Economic development & cultural change, 1962, 10 (3): 241 -263.

❷ ARDENER S. The comparative study of rotating credit associations [J]. The journal of the royal anthropological institute of Great Britain and Ireland, 1964, 94 (2): 201 -229.

同，雪莉·阿登纳除了强调资金的流通，还强调组织与成员之间的互惠关系；这种成员与组织之间的共同的联系，在笔者调查的家庭企业融资中也是存在的，尤其是在组织成立的早期。

董先生讲到，老乡会最初建立的时候，还会为会员们提供生活上的支持。由于老乡会的初始资金是由会员捐款而来，这些钱也会在会员们有需要的时候派上用场，如家里有考上大学的，能够从商会中领取一些奖励，家中有老人或家里的其他人生病的，多少都可以从商会里获得一些帮助。除此之外，还有一些约定俗成的规定，如一个人借款后赚了钱，不在“会”里“表示一下”是不行的，倘若借款人上半年从“会”里拿到贷款，下半年赚钱了，“会”里则要求其捐一点钱出来。虽然借款人究竟赚了多少，其他人并不知情，但表面上是赚钱了，那么此时这个款就一定需要捐出来，“意思一下”。至于捐多少，董先生称，对于会员们则是自愿行为。

董先生认为，无论是会员在生活当中遇到困难时向商会寻求帮助，或是在资金周转困难时向商会寻求借款，总之是受到商会的帮助，因此为商会捐款是应该的。从这个意义上说，捐款事实上是作为会员的回报或感恩的行为存在。正如雷蒙德·弗思（Raymond Firth）所说，在私人信用中，“寻求信贷和偿还的整个问题涉及一种义理，而不仅仅包括经济和法律制裁”[1]。只不过，董先生指出，类似的情形越来越少，如今的商会或贷款公司更多承担的是如前所述的借贷或放贷的职能。

笔者调查的家庭企业，对于非正式金融组织的依赖性，相对于正规性金融组织的依赖性较强。尽管在店铺承租中，能够观察到批发商向银行贷款以获取担保的情形，只不过这种方式的使用范围较为狭窄；在笔者调查的家庭企业中，金融机构或银行只会担保给市场内合作方指定的大客户，也就是大型批发商，小型批发商则较难获得贷款资格。笔者以广州国际轻纺城为承租人提供的有年限的按揭贷款方式为例进行说明。

广州国际轻纺城内设有独立的金融公司，指定的银行与市场也有合作关系，专门为承租10年的大客户提供贷款服务。金融机构的按揭贷款，可以允许承租人先付总价的40%～60%，余款分两到三年付清，利息与银行利息相

[1] FIRTH R. Capital, saving and credit in peasant societies: a viewpoint from economic anthropology [M] // FIRTH R, YAMEY B S. Capital, saving and credit in peasant societies. London: George Allen & Unwin, 1963: 15－34.

当。然而，即便是针对大客户，金融机构不会长期（约为5年、8年）给商户做担保，担保期最多只有三年的时间。如果到期无法还款，则需要将店铺拍卖，或者走司法程序。因此，由于对担保期、担保金额等有严格的规定，这种形式的筹资途径所含盖的范围也相对较小。

与银行贷款相比，从贷款公司借款，则免去了审核、抵押等烦琐的流程，是较为灵活的资金周转方式。在银行如果没有房产或充足资金的担保，则通常无法顺利履行借贷程序，而从商会借钱对于具体的贷款金额、贷款时间等，都可以灵活处理。通过熟人关系作为信用的担保，也化解了借贷中的违约风险。

关于正规融资与非正规融资的不同，吴燕和在对华人家庭企业的研究中指出，华人对于银行等正规金融组织的依赖程度较小，一方面，是因为他们没有积累足够的资本，来维持银行或贷款协会等金融机构的运转，因此只能依靠欧洲人开设的银行；另一方面，银行通常透支不了所需要的数额。因此，直到20世纪70年代，新几内亚的华人除了存款和开支票，也几乎不使用银行。与此同时，这一点在年轻人身上也体现得较为明显。甚至有传言表明，华人认为向银行贷款是经营遇到困难或失败的标志。[1] 与此同时，吴燕和也将合会等建立在私人关系上的融资方式，视为是华人对于经济发展的主动调适的策略，而不是对环境变迁的被动适应。[2]

本书也在一定程度上进一步证实了吴燕和的观点，即在专业市场作为集群商业组织发展的过程中，私人信贷在正规信用体系之外，依旧能够保有活力。非正式信用与正规信用并不矛盾，二者只是适用的范围与场合不同，因此需要分别加以讨论。

在华人家庭企业中，关于个人储蓄或亲属借贷作为初始资金的筹资方式的讨论已有不少，私人团体组织也是被讨论较多的融资策略之一，然而较少有将拟亲属关系作为家庭企业的融资进行单独讨论的。在笔者调查的专业市场的发展中，拟亲属关系相对而言，也构成家庭企业募集资金的较为主要的途径。

---

[1] WU D Y H. To kill three birds with one stone: the rotating credit associations of the Papua New Guinea Chinese [J]. American ethnologist, 1974, 1 (3): 570-572.

[2] 同[1]582.

三、个人资源与团体互助

拟亲属关系是家庭企业实现资金周转时，所利用的另一主要途径；在笔者调查的家庭企业中，以拟亲属关系为基础的私人团体，在家庭企业的融资中也发挥较为重要的作用。建立在拟亲属关系基础上的融资策略，大多为没有亲属资源可依赖的家庭企业所采用。无论是在家庭企业的创立初期，抑或是后期的规模扩大，拟亲属关系对其而言，都不失为一种较为有效的获取资金支持的方式。

罗先生说，由于可以依靠的亲戚比较少，他们比较不能从“亲戚圈”拓展业务，因此很看重朋友关系，这类朋友关系主要是在外面“认的亲戚”，如“姐妹”“哥”“姐”。罗先生称，通常玩得好的朋友，虽然没有血缘关系，但是会用这些称呼来称呼彼此，各自的儿子也会互相称呼他们“姨妈”“姨夫”等，称谓与有血缘关系的相同。对于罗先生一家人来说，这样的亲属共有三位，包括两个“弟弟”，一个“妹妹”，连同罗先生家在内，总共四家人，结成“认的亲戚”关系。罗先生说，“认的亲戚”之间最主要的往来是“资金紧张的时候，相互抽资金用一下”。

在笔者调查的家庭企业中，拟亲属关系的认亲范围没有明确的规定，只要是和结亲人有某些共同的联系，如同乡、同事、战友等，都可以尝试结成拟亲属关系。事实上，拟亲属关系的缔结与否，与生意上的需要有很大的关联。老金和华哥是河南老乡，只不过，两家人并不住在一个村子，相反还隔得很远；尽管如此，老金和华哥也可以因为生意上的需要，结为“认的亲戚”关系。

华哥来广州至今已有24年，在马岗顶的城中村中开饭店。老金一家，包括老金和妻子，以及侄女、外甥，全部住在马岗顶本地人的出租屋中。华哥就在老金家所的租房子不远处开饭店，饭店与老金家步行时间约有五分钟距离。老金一家人收工之后基本天天都来华哥的饭店吃饭，一来二去便熟悉了。

华哥1992年来到广州，人脉较广，华哥家的很多亲戚在广州，相比于老金在广州的亲戚数目要多出许多。笔者见到华哥的时候，他戴金手链、金戒指、金项链，是很典型的“老板”形象。华哥的妻子被大家称为“一把手”，“一把手”在过去有吸毒历史，也由于吸毒而被截取了一条手臂，如今已经戒毒成功，做起饭店的老板娘。华哥得知老金算是在他周围人中发展不错的，想着与他结亲之后，能在生意上多多照应，便想认老金的儿子做干儿子。老金也认为，与华哥认亲有一些好处，因为华哥在广州认识的人多，两家之间可以互相照应。

在决定结亲之后，两家还需要通过正式的认亲仪式，即“认亲宴”以确立关系。“认亲宴”在华哥家的饭店举行。饭店门面不大不小，两家屋子，一家后厨，一家前厅，招呼客人的桌子摆在店外，一共五张桌子。在“认亲宴”举行的当晚，店里除了来参加认亲宴的亲人朋友，还有专门来吃饭的顾客，但是华哥和妻子两个人，几乎顾及不到其他顾客，只是忙着张罗“认亲宴”的菜肴，顾客便陆续地离开了。宴席原定七点半开餐，到了八点半左右还未开餐，华哥和妻子仍然在忙碌，熟人们则大多见面打招呼寒暄。

“认亲宴”共来了五桌的亲戚或朋友。老金的妻子贺姐说，五张桌上的客人们，其座位次序不会随意打乱，该是什么样的身份地位，就必须坐在哪个桌。从南向北，贺姐称，最南边是“有头有脸的人”，第二桌是“混混”，第三桌是公共汽车司机和保安，第四桌是华哥家的亲戚，第五桌是老金家的亲戚。老金家的亲戚则包括贺姐，老金的儿子（华哥的干儿子）、侄女、侄媳妇，以及老金朋友的妻子，贺姐的一位同乡姐妹，还有老金在生意上的客户。到场的大部分是河南人，也有华哥的广东人朋友。除此之外，还有来自四川的一对兄妹，他们是老金在生意上的熟客。而老金和华哥在敬酒的时候，也是先从最南边的“有头有脸”那桌开始。

从整个的认亲过程可以看出，认亲虽说是华哥要认老金的儿子做干儿子，然而干儿子并不是主角。直至敬到第五桌的时候，华哥敬完老金的其他家人和客户，才与小儿子说话。敬酒的时候，老金的儿子实际上有些不知所措，只是随意喝了一杯饮料了事，华哥也没有与小儿子多说一些话，又转而去招呼其他客人。

对于老金或者华哥而言，结亲之后，老金在资金紧缺的时候，就可以从华哥这里周转；反之，华哥在有资金困难的时候，也可以向老金求助。老金与华哥由于是熟人圈子中较为成功的生意人，因此他们两家结亲的仪式也聚集了较多的熟人。来参加“认亲宴”的，也有想通过与老金和华哥的接触，扩大自己的圈子，获取更多发展机会的人。

从这个意义上说，“认亲宴”的实际作用之一，是能够将华哥与老金，两家的资源整合在一起。金钱资本和人力资本都有可能通过个人的影响力而被整合，而筹资的范围也与个人的影响力，尤其是财力有关；在这个过程中，个人的声望与经济实力两者是相互促进，相互依赖的。

只不过，类似于老金与华哥的非同行关系的拟亲属关系，是相对不稳定的。笔者在一年后重新回访老金，便从老金处得知，华哥已经搬离广州，他们两家目前的联系也很少，又由于两家的老家距离较远，逢年过节回老家，更加不可能像亲戚一样继续往来，因此两家的关系也逐渐疏远了。

事实上，对于以拟亲属关系为起点，而进行资金筹集的家庭企业而言，在拟亲属关系之外，如果有多种途径可以选择，那么家庭企业也不会只受一种途径的约束。笔者以赵先生如何筹集创业资金的案例进行说明。

赵先生在下海之前，是一名国有企业职工，赵先生在单位里先后认了 10 个兄弟姐妹，是赵先生称作的干兄弟或干姐妹的一帮人。赵先生说，最开始他们的干兄弟姐妹们只有 9 个人，最后又加进来一个最年长的干姐姐，于是其他 9 个干亲就认她做姐，又因为之前认的 9 个兄弟姐妹当中，已经有了一位大姐，于是赵先生他们就称呼最后加入的干姐姐为“特姐”。

1987 年，赵先生夫妇准备经营“招手停”的小客车生意。虽说赵先生之前也做了一些小生意，手头大约有 3000 元钱的积蓄，但是买一辆小客车需要 45000 元，赵先生便不得不向其他人借钱，此时赵先生首先想到的就是“特姐”。据赵先生说，“特姐”的丈夫是飞机制造厂的主任，家里条件很好，是他们几个干兄弟姐妹中，家里最有钱的一位。赵先生跟“特姐”开口借两千块钱，“特姐”开始答应了，之后又用各种理由推脱了。赵先生于是拿着他和妻子的结婚戒指去“特姐”家里找她，把结婚戒指押给她后，把钱借了出来。但是“特姐”的丈夫知道后，又让妻子将戒指还给了赵先生夫妇，认为两家人平时是很好的关系，根本没必要押戒指。因此，通过“特姐”的关系，赵先生夫妇借出了 2000 元钱，与此同时，赵先生还答应“特姐”，还钱时多给他们二分利，之后这个承诺也兑现了。虽然从“特姐”这里借的 2000 元是数额最大的，但是加上赵先生夫妇储蓄的 3000 元，距离买车还差 4 万元。赵先生于是又从周围的亲戚、朋友、同事，算起来总共有将近 30 个人的手里借了 4 万元钱，凑齐了全部所需的资金。

家庭企业的融资方式及途径，在某些层面反映家庭企业所有者的地域特征及其差别。拟亲属关系的融资，多被来自不具有家族传统的地区的家庭企业所采用，在上文的案例中，赵先生与苏女士来自辽宁沈阳，罗先生来自四川，华哥和老金等来自河南。这些地区与福建、广东、浙江等地相比，其家族传统并不浓厚，再加上亲戚们从事商业活动的情形也较少，因此更加注重亲属之外的私人关系的拓展。而拟亲属关系的缔结，不仅能够为批发商们提供资金支持，也能加强结亲团体之间的社会联系。罗先生说，在他们认了亲戚的四家人中，有谁家过生日，也会相聚庆祝，像一家人一样。

除此之外，威廉姆·斯金纳（William Skinner）在对泰国华人的研究中提道，泰国的华人家庭企业所有者善于利用与泰国政府的关系来扩大自己的商业活动，他们甚至能够从泰国皇室中获得直接的资金支持。❶ 这一点在笔者调查的家庭企业向专业市场扩张的过程中，是较为少见的。

总体而言，建立在亲属及社会网络之上的非正规的融资策略，不仅能够为家庭企业的创业融资提供支持，也能够在家庭企业向专业市场的扩张中发挥较为重要的作用，支持专业市场发展中的资金周转。

除非正规融资以外，笔者将继续对家庭企业的契约订立及纠纷仲裁进行考察。在华人家庭企业中，非正式的契约关系也发挥重要的作用。那么，非正式的契约关系在家庭企业向专业市场的扩张中，是否仍然发挥作用，与此同时，正规性契约方式的信度又是怎样体现出来的，将在下文中进行讨论。

第二节　熟人合作与契约信用

一、口头契约与商业合作

在华人家庭企业中，口头约定是契约订立的主要方式之一。克利夫顿·巴顿在对越南西贡华人商业社区的研究中指出，相对于越南人与法国人之间倾向于使用书面合同进行交易，在有华人参与的商业交易中，则基本倾向于使用口头交易，认为越南华人在生意上的成功，主要是他们在缺少良好运作

---

❶ SKINNER W G. Chinese society in Thailand: an analytical history [M]. Ithaca: Cornell University Press, 1957: 100.

的正规法律体系的前提下，发展出基于个人信任的商业机制，且这些都是依赖共同的信任，即信用。❶

德格罗帕在对台湾鹿港商人的研究中指出，支票交易曾经在大商人当中流行，而小型家庭企业大多使用口头约定的形式来订立契约，且订立契约的对象必须是十分熟识和能够被信任的人。❷

在笔者调查的家庭企业中，口头契约仍然是被批发商们所采用的订立契约的主要方式之一。口头契约大多适用于亲属或长期合作的商业伙伴之间。由于彼此之间有较高的熟悉度及信任度，因此即便不使用书面契约，也不会影响商业往来。林女士介绍，如果是合作多次的熟悉的客户，其中又有不少是与自己有亲戚关系的，便不再需要正规合同的约束，主要是通过电话或微信（WeChat）的方式联系并交易。这种情形在其他的家庭企业的商业交易中也是存在的。

家庭企业普遍使用非正式的方式订立契约，并非源于他们不懂如何使用正式合同，主要是口头约定已经能够满足需求。商业合同的签订与否，大多是出于下游批发商或客户的要求。林女士介绍，虽然他们对于熟悉的客户而言，没有明确的规定使用正规合同，但是当客户有这方面的要求时，他们也会遵守。客户向批发商索取正规合同，并不一定是出于对彼此的不信任，更多的是基于下游客户的要求，如客户与他的下游客户又签订了正规合同，那么他就必须与供货商同时签订正规合同，以降低自行承担的风险。

口头契约也可能用在金额较大的商业交易中。在张先生与王先生进行店铺承租交易的时候，二人也没有去签订正规的转让合同，而是以私下商定的方式进行。张先生在广州国际轻纺城二楼的东南角有一家商铺，早期张先生以每年 10 万元，10 年共 100 万元的租金承租下来，做到第三年的时候，张先生感觉这项生意并不赚钱，便准备将铺子转租出去。这时，张先生的朋友王先生想要租下这家店铺，之后和张先生商定，依旧以每年 10 万元，剩余的 7 年共 70 万元的租金承包下来。张先生和王先生在商定此事的时候，并未签订任何形式的合同契约，而只是请了各自双方的家人和朋友，两家人聚在一

❶ BARTON C A.. Trust and credit：some observations regarding business strategies of overseas Chinese traders in south Vietnam ［M］ // LIM LY C , GOSLING L A P. The Chinese in southeast Asia：ethnicity and economic activity. Singapore：Maruzen Asia，1983：53.

❷ GLOPPER D R. Doing business in Lukang ［M］ //WILLMOTT W E . Economic organization in Chinese society. Stanford：Stanford University Press，1972：304.

起吃饭，相当于做了一个见证，之后铺子便归王先生所有。

然而，建立在熟人关系上的口头契约，也有其不可触及的方面，如可能被一些具有投机目的的交易所利用。在上述张先生与王先生进行店铺转租的案例中，王先生、张先生两家虽然在双方亲戚都在场的情况下，共同见证店铺转让的事实，然而之后，在王先生准备将店铺以更高的价格出租给第三人时，张先生便认为当时转让给王先生的价格过于便宜，因此提出要和王先生针对新的铺面租金来分成；对此王先生自然是不愿意的，最后由于双方长期僵持不下，只能通过法律的途径予以解决。

德格罗帕认为，信用与契约形式是密切相关的，虽然口头契约在传统商业社会的作用较大，然而这也决定了使用口头契约的家庭企业，通常只能够在小范围内从事商业活动，与支票相比，则缺少了活动范围上的灵活性。因此，他指出，在1945年之后，小型家庭企业大多改为使用预期支票交易，而由于支票交易在交易双方看来都是一种较为保险的交易方式，因此是否适用支票也被当作一个合格商人的判断标准之一。❶ 在笔者调查的专业市场的发展中，尽管口头契约仍旧能够发挥作用，然而在一些特定的场合，家庭企业也会使用书面契约。

在何先生与大妹妹、小妹妹，三家合伙经营的案例中，为了避免商业纠纷，何先生称他们在合伙之初，便在出资之后通过三方签订书面协议，协议由出资最多的人，在何先生家是由大妹妹保管。何先生家的合伙是属于股份划分清晰的情形，然而何先生也向笔者提及，在他的朋友中，也有很多因为没有签订书面协议，而造成彼此吵架的情形。笔者以另外的案例来说明合约方之间由于缺乏书面契约，而出现争议的情形。

韩先生出生于1975年，是赵先生的妻子苏女士的姐姐的孩子，也就是赵先生及苏女士夫妇二人的外甥。1989年，赵先生夫妇在经营服装生意的时候，韩先生，包括父母亲二人，与赵先生夫妇，两家人合伙。利润最开始以四六比例分成，之后以五五比例分成，虽然当时没有签订协议，但是两家人一直延续这样的分成习惯。1997年，韩先生的父亲去世，之后他和母亲继续跟赵先生夫妇做生意，此时两家人仍旧合伙，利润也依旧按五五分成。1999年，韩先生的母亲也去世了。在韩先生的父母都过世之后，赵先生便想要把

---

❶ GLOPPER D R. Doing business in Lukang [M] //WILLMOTT W E. Economic organization in Chinese society. Stanford: Stanford University Press, 1972: 305.

经营权收回来，即不再以五五比例的分成与韩先生合伙。在赵先生看来，赵先生希望不管到什么时候，韩先生都是给他打工的，他们夫妇二人是“带着他做”，是在帮他，到了年底则分钱给他，挣得多则多给，挣得少则少给，不谈五五分成还是四六分成，而无论分给韩先生多少钱，都是赵先生他们“给”他的，而不是他们合伙挣的。

赵先生还称，韩先生压根没有资格和他们合伙，一来是因为赵先生的生意不需要韩先生的钱注资；二来韩先生由于父亲生病住院，花了不少钱，因而只能拿出5万元钱投资做生意，赵先生称，5万元钱对他而言是不值一提的。然而，韩先生却认为，虽然他的父母亲去世了，现在理应由他做老板，仍然像自己的父母亲在世的时候那样，或四六分成，或五五分成，与赵先生继续合伙。

2010年，由于赵先生夫妇年纪大了，准备退休，因此决定从合伙中撤资。在撤资上，赵先生夫妇与韩先生产生了更大的矛盾。韩先生并未将赵先生夫妇应得的那份钱还给他们，赵先生夫妇于是不得不整日地跟韩先生催账，而韩先生如今却躲着不见他们。韩先生不想还钱，其中一个很重要的原因是，他又做厨具卫浴的生意，手头需要资金进行周转，因此暂时不打算将钱还给赵先生夫妇。经此一事，韩先生成为赵先生所说的“人品不好”“忘恩负义”的人，赵先生也说韩先生在用得着他们的时候很会说，不用他们的时候就躲起来了。赵先生夫妇无奈，只能催韩先生给他们写欠条。在笔者回访期间，这件事情仍然没有解决。赵先生夫妇不仅尚未拿到韩先生的借条，也没有采取任何其他途径尝试解决问题，几乎成为一笔糊涂账。

苏女士认为，韩先生以及自己的姐姐、姐夫二人，虽然没有出钱，但是出了力，当初苏女士和丈夫在广州发货，姐姐和姐夫一家在北京经营批发店铺，如果没有他们的帮忙，生意也做不下去。

初中毕业之后，韩先生去当了兵，当兵退伍之后，国家给他分配去铁道局的工作，韩先生拒绝了，而是一定要跟着二姨和二姨夫做生意。在开始学做生意的头几年，韩先生平日里甚至不怎么回自己家，而是住在二姨家，用赵先生的话说，就是“长在”他们家了，并且差一点就“管二姨叫妈”。苏女士也说，她这个外甥“嘴可甜了，二姨长、二姨短地叫着”，而韩先生的母亲也和妹妹开玩笑说，“这个儿子给你了”。那个时候赵先生和苏女士家的条件都很好，新买了两室一厅的房子，苏女士的儿子不在家，新房子装修了没人住，而她的姐姐一个人带两个孩子，生活压力较大，因此也就接纳外甥来自己家长住。在韩先生的母亲去世之后，作为韩先生的二姨，苏女士也认为自己有义务对姐姐的儿子多加照顾，因此苏女士始终无法狠下心来，因为钱的事情找韩先生讨债，这也成为事情无法解决的原因之一。

综上所述，家庭企业根据信任的远近程度，订立契约的方式不同，对于相对信任的，包括亲属或长期合作伙伴，大多以口头契约的形式交往，与此同时，书面契约在一些场合也发挥着相应的作用。那么，正式合同与口头契约相比，其发挥作用的场合及信度如何，笔者将在下文进一步比较及讨论。

二、正式合同与契约信度

尽管口头契约在华人家庭企业中较为普遍，然而约翰·奥莫亨德罗指出，在菲律宾伊洛城的华人中，社区裁定的功能相对较弱，华人在商业交易或解决商业纠纷中，更倾向于依赖地方法庭。这与菲律宾所推行的企业国有化政策有关系。菲律宾的企业国有化政策，要求华人企业中，菲律宾人的占股比例不得低于40%；由于有其他族群介入商业活动，菲律宾华人越发倾向于在地方法庭上进行纠纷的协商。[1] 这种对于正规性的商业条例依赖的转变，在笔者调查的家庭企业中也能够被观察到，只不过转变的原因及其表现形式均与伊洛城华人有所不同；笔者将在下文中予以分析。

在笔者调查的专业市场的发展中，正规化是家庭企业应对商机的策略之一。在与大客户往来的过程中，无论是海外客户，还是国内客户，家庭企业如今都倾向于走正规化合作的路径。正规化包含两个方面的内容，其一是公司形式的正规化；其二是对正规合同的使用。

由于与国内外的大客户的往来一般是通过公司法人，而不是个体工商户的形式，这需要批发商们注册公司，有正规公司的执照，与此同时，最好有属于自己公司的品牌产品。如果品牌产品在业界已经做出一些名气，则更加有利于合作业务的开展。郭先生介绍，只有有了正规的执照，客户才相信公司的实力，才愿意有进一步的商业往来，而如果缺少合法的身份，就意味公司缺少实力，那么对方在产品质量上也信不过自己。因此，正规化在很大程

---

[1] OMOHUNDRO J T. Chinese merchant families in Iloilo: commerce and kin in a central Philippine city [M]. Columbus: The Ohio University Press, 1981: 75.

度上能够体现公司的实力与信誉。注册公司之后，批发商也要相应地使用正式性的合同进行商业交易。值得注意的是，这其中也包括与亲属或熟人之间在某些场合下的商业往来。其中，非正规授信就是熟人契约正规化的表现形式之一。

来自河北的赵先生，其姑父是大型批发商，有自己的公司与品牌。赵先生夫妇最初入行的时候缺少本钱，便通过短期授信的形式，向姑父的公司申请借贷，款项共计 90 万元，货款以实体货物的方式进行支付，且需要签订短期授信合同。短期授信不仅可以用在经营初期，缺少资金投入的时候，也可以用在企业经营中，资金周转不灵的情况下。赵先生与姑父签订的授信合同书模板如下所示：

短期授信合同书

甲方：×××有限公司

乙方：客户名称：________________________

　　　客户编号：________________________

现乙方因______________的需要，向甲方申请短期授信人民币________（元），以上授信将全部用于购买甲方产品。甲方向乙方贷出的款项马上转为乙方向甲方购买相同价值的产品应支付的货款，乙方向甲方出具的借款（收货）凭据，作为甲方已实际向乙方发放贷款的凭据。

乙方承诺按照如下计划归还授信：

　　______年______月______日归还______________

　　______年______月______日归还______________

1. 短期授信有效期 2 个月，超过 2 个月须走贸易融资/年度授信流程；

2. 授信按甲方规定利率计算利息，授信有效期内按年利率为 8%，超期或延期 3 个月以内（含 3 个月）按年利率为 12% 计息，超期或延期 3 个月以上按年利率 14% 计息。利息按月计算。

备注：延期指授信到期向甲方申请授信延期，并重新办理授信合同手续；

超期指授信到期未向甲方申请延期，未办理延期手续。

甲方：

法人代表（签名）：

日期：

乙方：

法人代表（签名）：

日期：

笔者讨论的家庭企业内部常用的短期授信，与银行内部正规的授信不同。

正式的授信主要是由银行以现金资金的形式为非金融机构（也就是客户）提供支持，是存在于银行与非金融机构间的一种借贷关系。银行在对客户授信前，需要拟定可授信客户的基本特征，而实际的授信对象，必须满足或高于基本特征的要求；银行还需要明确在授信过程中可能产生的风险，并对授信客户的风险承担能力进行核实；授信之后，还需要对客户进行信用等级的评定，以方便在发生如股权或主要领导人变动时所产生的风险。❶ 因此，由于银行所实施的授信是有条件的，且条件严格，如客户无法提供所需要的其中任何一项证明文件，则无法顺利拿到授信。

相较于上述正规授信而言，家庭企业的授信行为，仍然属于非正式授信的范畴。在赵先生与姑父签订授信合同的案例中，授信是以物抵资的形式进行，而非资金的形式，相较于银行而言更为灵活。尽管在银行授信中，也存在类似于“存货融资”的授信方式，然而在具体的审核中，由于必须充分考虑实际的销售量，以及存货本身的，如布匹变质的风险，可操作性仍旧较低。

值得注意是，在笔者调查的家庭企业中，正式合同能够维系的契约信度，仍然与建立在私人关系之上的信用担保联系在一起。赵先生能够较为轻易地获得授信合同，其原因之一是他的姑父能够替他直接担保，相比于陌生人而言，有更大的可信度。德格罗帕在对鹿港家庭企业的研究中曾指出，尽管在1945年后，正规支票相对于口头契约来说更为流行，然而倘若是完全的陌生人之间的交易，即便是使用正规支票也不容易被接受。❷

因此，在笔者的调查中，家庭企业较少能够从正式的契约途径中获得完全的信用担保；换言之，批发商更多采用的做法是在私人信用作为担保的基础上，再加上对正规的商业规则的使用，以此作为减少与正规的商业法规产生冲突的应对策略。笔者将以专业市场中，店铺的承租及转让过程中的契约签订过程为例，对此进行更为充分的说明。

在店铺的转让中，承租人与租赁方之间通常存在两层契约关系，第一层的契约关系是靠正规合同来维系的；第二层的契约关系则是靠私人关系来维系的，而正规合同是否有签订的必要，或正规合同能否发挥作用，则有赖于

---

❶ 中国银监会. 商业银行授信工作尽职指引［EB/OL］.（2004－07－25）［2021－05－15］. http：//news. sina. com. cn/o/2004－07－25/19373196168s. shtml.

❷ GLOPPER D R. Doing business in Lukang［M］//WILLMOTT W E. Economic organization in Chinese society. Stanford：Stanford University Press，1972：308.

私人关系的协商过程。笔者将分别对此加以说明。

在第一层的契约关系中，正规的书面合同是必要的。合同用于铺面产权的转让，由原承租人交给开发公司，再转交承租人。然而，由于地段较好的店铺较为抢手，不容易租到，批发商们便会通过其他途径来获得房源，其中涉及转让费的竞争。由于在正式合同签订方面，转让费必须控制在一定的范围内，因此额外的转让费则必须在非正式的场合，通过私下交易进行。

在私下的交易中，转让费又叫“喝茶费”，由承租人通过私人关系，向租赁方取得店铺资源，并在转租过程中支付一定的费用。交易双方在私下达成协议，并履行完与“喝茶费”有关的手续之后，正式的转让手续才可以履行；而相比之下，“喝茶费”则占用了店铺转让费中的大部分的比例。

徐先生的朋友在接手一间位于广州国际轻纺城的地段较好的店铺时，就支付了较高的“喝茶费”。原房东在与市场签的正规合同中，每年租金为35万元，10年的租金为350万元，租期8年。房东做了6年半的生意，在其租期还剩下一年半，即18个月的时候打算转租。按原本的协议，每月租金大约3万元，18个月的租期，便需要54万元。然而，加上“喝茶费”，徐先生的朋友花了将近400万元才租下店铺。尽管如此，在店铺的转让中，不仅涉及较为巨大的转让数额，还必须有熟人关系做介绍。徐先生的朋友亦是通过朋友的关系，找到店铺的资源，并以朋友的名义作为中间人及担保人，店铺转让才得以顺利完成。

艾丽斯·杜威（Alice Dewey）和克利夫顿·巴顿均指出，非正规的信用契约的订立法则，是在正规合同或商业制度不能满足商业交易需要的前提下而使用的。[1] 此外，克利夫顿·巴顿对越南西贡地区华人家庭企业的研究还指出，由于越南的华商在商业交易中，较易受到外部的商业环境的影响，因此即便在有正规性的合同及制度可以依赖的情形下，华商也倾向于在商业往来中依赖私人网络，以获得足够的安全感。[2]

---

[1] DEWEY A G. Trade and social control in Java [J]. The journal of the royal anthropological institute of great Britain and Ireland, 1962, 92 (2): 177 – 190; BARTON C A. Trust and credit: some observations regarding business strategies of overseas Chinese traders in south Vietnam [M] // LIM LY C , GOSLING L A P. The Chinese in southeast Asia: ethnicity and economic activity. Singapore: Maruzen Asia, 1983: 52 – 53.

[2] BARTON C A. Trust and credit: some observations regarding business strategies of overseas Chinese traders in south Vietnam [M] // LIM LY C , GOSLING L A P. The Chinese in southeast Asia: ethnicity and economic activity. Singapore: Maruzen Asia, 1983: 51 – 53.

因此，尽管一些批发商注册了公司，然而他们大多仍然不排除继续使用个体工商户的执照。一方面，针对有需要的大客户，批发商使用公司执照交易，而对于没有此类要求的客户，则依然以个体工商户的身份进行交易。王先生称，当初他为了拿下虎门的一个大客户，特地去注册了公司，与此同时，王先生也保留个体工商户的身份，以方便与不同的客户往来。另一方面，则是由于个体工商户所交的税额比公司少，因此即便是个体工商户已经达到公司的营业额标准，也仍然选择保留个体工商户的身份，以便节省开支。

而在翻译作为中介人的交易中，店铺则会给翻译和外国客户同时开具两张发货单，其中一张为“真单”，另一张为“假单”。交易完成后，由翻译拿“真单”（单据数额为客户实际支付数额减去中介费），外国客户拿“假单”（单据数额为客户实际支付数额），付款时，或者由外国客户先付给翻译所在公司，公司再给批发商，批发商私底下再将中介费退给翻译；或者由外国客户先把全款付给批发商，翻译再向批发商拿提成。无论采取何种方式，只要翻译与批发商提前协商清楚，那么外国客户则很难发觉。此时，“真单”与“假单”，都作为商业交易中的有效凭据出现，只不过是场合及用途不同。

因此，即便是使用正规合同，订立书面契约，在做生意的过程中也不得不用到私人关系，需要以私人信用为基础。从某些层面而言，正规契约实际上是一种形式上的途径或手段，与灵活性的商业策略；而私人关系才是契约信用的实际保证。于是，在批发商中有一种说法是，“信任的人，不需要签合同，对于不信任的，有了合同也没有用”，这实际上是强调了私人信用的作用。

在解决争议纠纷时，华人家庭企业仍然倾向于依赖内部信用关系。那么，在笔者调查的家庭企业中，家庭企业在面对争议纠纷时，其解决机制是怎样的，内部协商机制是否仍旧能够发挥作用，正式性的法律制裁在解决争议中的作用是怎样的，将在下文中进行讨论。

三、私人契约与争议纠纷

吴燕和对巴布亚新几内亚拉布尔城华商的研究表明，华商仍旧习惯于采用内部协商的机制解决争议纠纷。吴燕和讲述了拉布尔城的合会组织中，有一位会首 X 先生，由于 X 先生从事的出租车生意越发不景气，无法获取与借款时经营相当的利润，于是加入了更多的“活会”，来还“死会”的钱，而最终在加入了第九个会之后，X先生宣布破产。X先生的破产还相继地导致拉布尔城至少一半的华商受到经济损失；只不过，这些受到损失的华商，并没有将X先生告到法庭，也没有公开这件事，而是私下里进行安排，监督X先生的生意，让他继续经营他的老本行，以便至少能够还上一部分钱。❶

艾丽斯·杜威认为，在解决商业纠纷时，所利用的内部协商的机制，是华人家庭企业当中特有的，以华人家族及社会网络为基础的仲裁体系。艾丽斯·杜威在研究印尼爪哇地区的华人家庭企业时指出，华人的内部仲裁（informal sanctions）机制，使得华人家庭企业能够在华人内部形成商业规范，按期履行合同并偿还债务。由于这种社会仲裁相对于法律而言是非正式的，且并不取决于是否依赖警察，或受管制的法律体系，因此应该从华人社会网络的角度进行理解。❷

在笔者调查的家庭企业中，内部仲裁机制在解决商业纠纷时，其作用仍然较为显著。笔者以发生在W先生、D先生及W先生表弟三家间的商业纠纷及仲裁调解为例，来说明以家族关系为基础的内部仲裁机制，在解决商业纠纷时的作用。

W先生是较早来到市场上做面料批发生意的绍兴人，与他一起来的还有他的表弟，虽然是表弟，但两人的家族相隔较远，属于远房亲戚。W先生与表弟合伙做生意时，在账目上出现“糊涂账”：其一是表弟欠W先生90万元的货款，表弟称已经将这笔欠款打到W先生的账户了，且是一次性打款，但是W先生并没有收到这笔款项；其二是表弟将与W先生二人合伙投资的一个店铺，在店铺到期，且没有通知W先生的情况下，将店铺转租了出去。W先生在与表弟反复沟通后，由于表弟仍旧不愿意与W先生对账，W先生不得已找到D先生。在绍兴老家，W先生与D先生家的家族势力较强，表弟的家族势力较弱，而D先生的家族又与W先生的家族交好，且D先生在广州有一些人脉，于是W先生请D先生作为中间人，出面和表弟家沟通。

表弟对W先生与D先生两个家族之间的关系早已知晓，因此为了应付D

❶ WU D Y H. The Chinese in Papua New Guinea, 1880 - 1980 [M]. Hong Kong: Chinese University of Hong Kong Press, 1982: 87 - 106.

❷ DEWEY A G. Trade and social control in Java [J]. The journal of the royal anthropological institute of great Britain and Ireland, 1962, 92 (2): 177 - 190.

先生，也提早做了一些准备。D 先生手中握有不少地段优良的店铺，表弟家之前也一直是向 D 先生出租店铺，然而在欠下 W 先生 90 万元的货款之后，为了与 W 先生及 D 先生俩个家族撇清关系，不受他们势力的影响，表弟家转而从其他中介人手中租了店铺，而这件事也故意没有让 D 先生知晓。尽管如此，D 先生之后还是找到了他们的新店铺。

在最初的商谈中，表弟一直没有露面，店铺也由表弟的亲戚负责。因此，开始的几次，都是 D 先生找亲戚商谈。D 先生给表弟亲戚的大致说法是，“家族中的事虽说是‘公说公有理、婆说婆有理’，但是当今社会跟以前不一样了，信用是排在第一位的，任何账目一定要理清楚，不弄清楚的话，在这里很难做下去，这样无论是对你家（表弟家），还是对 W 先生家来说，都不好”。D 先生还劝表弟家，“如今的生意就像江湖，所以不要将一些东西看得太重，尤其是钱财，亲情还是第一位的，无论你们（表弟家）和 W 先生两家最后闹到什么程度，就算你们和 W 先生打死不相见，但是你们的父母亲之间还是要见面的，两个家族之间还是要来往的”。

当 D 先生得知，表弟家知晓 W 先生的家族势力较大，且 D 先生的家族和 W 先生的家族要好时，D 先生对此表示，社会并不是说谁势力大或谁势力小的问题，“只要到时候三对六面，包括账目，拿得出去，别人看得懂，就没有问题”。D 先生也向表弟家说明，对于 W 先生跟自己讲的，他自己也有判断力，而不会去做额外的干扰表弟家生意的事。尽管如此，D 先生也对 W 先生表示，表弟绕过自己，而转租他人店铺的做法给他的感觉不好，因此如果商谈不成功的话，自己也有办法给表弟家施加一些压力。

由于在前几次商谈中，D 先生没有见到表弟本人，而是通过表弟的亲戚，向其转达自己的意思；在后面的商谈中，D 先生则请 W 先生将表弟约出来，加上 W 先生，再加上 D 先生本人，由 D 先生做东，三家人一起吃个饭，见个面，在饭桌上将此事说清楚。最后，在 D 先生组的饭局上，表弟亲自参加，D 先生则提出自己的解决建议：对于第一件事，D 先生建议两家人坐在一起对账，将该对的账目理清楚；对于第二件事，即店铺出租，D 先生则建议表弟无论之后做什么事，都需要提前与 W 先生沟通清楚，只有 W 先生自己不再租用，且同意出租之后才能出租。对于 D 先生的提议，表弟与 W 先生表示认可，两家之间的纠纷也得到最终解决。

在上述案例中，纠纷能够解决，一方面，是表弟迫于 D 先生和 W 先生两家家族的势力；另一方面，对于表弟家而言，即便是绕过 D 先生，从其他转租人的手中拿到店铺，然而在生意中仍旧绕不开D先生的私人关系，在这样的情形下，表弟家想要继续做生意，则不得不与D先生和W先生家和解。D先生则作为关键调解人，在纠纷解决的过程中发挥了较为重要的作用。

在内部仲裁无法发挥作用的时候，批发商们也会采用正规的法律途径解决问题。笔者以叶女士解决店铺租赁纠纷的案例进行说明。

叶女士在广州国际轻纺城的三楼经营梭织面料批发，待自己的生意稳定之后，叶女士便想帮一帮弟弟。2009年，叶女士准备租下广州国际轻纺城二楼的一家店铺，用来给弟弟开店。在履行租赁手续时，叶女士与房东王先生签订了租赁合同，一年租期是70万元，手续完成之后，店铺便由叶女士开始使用。这时，又出现了一位张先生，张先生手中有与市场方签订的正式承包合同，对叶女士声称这家店铺是他的，而不是王先生的。之后叶女士了解到，张先生曾经因为店铺不赚钱，将其转让给王先生，王先生又将其转让给自己。

然而，王先生未与张先生签订正式的转让合同，店铺转让的过程是由两个人私下协定的。待王先生将店铺出租给叶女士后，这个消息被张先生知晓，便想要回自己的店铺，不允许叶女士再经营。叶女士没有其他的办法，只能跟王先生打官司，让他把原定的租金返还给自己，为此叶女士还找到如今从事律师工作的老同学。

综上所述，在解决家庭企业纠纷的案例中，内部仲裁与利用正规法律途径同时发挥重要作用，只是二者发挥作用的场合不同。以亲属网络与家族关系为基础的内部仲裁，在解决家庭企业的纠纷中仍然不失为一种有效的途径。

理财对于华人家庭企业的重要性，已为不少研究所证实，在华人家庭企业中，家庭企业的所有者是否会理财，在某种程度上，能够直接决定家庭企业的成败。笔者将在下文中进一步讨论家庭企业的财产管理方式及理财观念，对于家庭企业发展的影响。

第三节　家庭企业的财产管理

一、家庭消费与财产管理

在华人家庭企业的研究中，对于华人善于理财的评价已有不少。例如，约翰·奥莫亨德罗在对伊洛城华商的研究中，指出华人理财的重要表现之一，是在家庭消费的控制上。华人倾向于从经营生活物品的零售商或批发商的亲戚、朋友处购买家庭生活所需要的物资，以便获得更高的折扣，节省开支。[1]

在笔者调查的家庭企业中，批发商虽然不一定会在生活物资的补给上较多地依赖于熟人关系，然而如果熟人可以为其提供对于某些所需物资上的便利，他们仍然倾向于从熟人处拿货；这一点与约翰·奥莫亨德罗调查的菲律宾华人社区的消费习惯是较为相近的。

王先生无论是招待客人，还是自己饮用的红酒，都是从他的朋友那里购得的。王先生的朋友是做红酒批发生意的，对红酒的行情较为了解。王先生称，他朋友的红酒如果放在市场上零售，价格可能会高出许多倍，而他向朋友拿货，一般是以出厂价交易，因而王先生从中可以获得较大的折扣。

家庭企业会尽量缩减或控制生活费用的支出，以便增加其经营支出，以上是在专业市场的发展中，能够观察到的家庭企业的主要理财策略之一。例如，在笔者调查的案例中，存在较多的将生活物资转换为生产物资的情形。

王家兄弟的老家在福建省长乐市潭头镇，家中有一栋供老母亲和两兄弟及其妻儿居住的四层楼房，在王家兄弟的生意逐步扩张中，住房逐渐被改造为工厂。王家兄弟称，四层楼房中，除一层留给母亲和两兄弟及家人居住外，其他三层都用作厂房和仓库。在此案例中，家庭企业的生活资产，在很大程度上，作为商业资产，投入到生产经营当中，这类情形在很多家庭企业的发展中都能够被观察到。

在笔者调查的家庭企业中，大部分家庭的支出包括两个部分，分别是家庭的生活费用支出，家庭企业的经营支出，以及客户应酬费。其中，客户应酬费是在家庭企业中开支较大，又与店铺经营无直接关系的支出部分。客户应酬费主要指的是公司为了维护一些老客户的关系，在与老客户的交往中，通常以宴请或出游的方式招待老客户，由此而支出的费用。

在王家兄弟的公司中，公司负责管账的王家弟弟的太太陈女士对笔者说，客户应酬费是很大的一笔花销，外地的客户来广州后，通常会为这些外地客户安排吃饭、娱乐、出游等活动。而就在笔者访谈的前一段时间，他们刚刚招待了从外地过来的三家客户和他们家人，总共十几个人，为他们组织去临

---

[1] OMOHUNDRO J T. Chinese merchant families in Iloilo: commerce and kin in a central Philippine city [M]. Columbus: The Ohio University Press, 1981: 80 – 83.

近海边的包车游，总共花费将近20万元。如果是他们自己家的出游消费，通常达不到这个数字。陈女士说，这部分钱是不得不花的，因为不招待好客户，会影响对公司的生意。

陈先生在每年的过年期间，招待来自新加坡的老客户。每逢过年，客户一家人都会从新加坡来到广州，而陈先生通常会请他们吃饭，或者带他们出游。陈先生说，这是必要的，也是没办法的事。在笔者调查的案例中，为了维护与客户的关系，批发商们大多会采取类似的办法。

对于批发商而言，上述以吃饭、旅游为主的享受性的消费活动，更多是出于生意上的需求，而不是家庭内部的消费需求，因此在这项支出上，批发商们并不吝啬。相比之下，生活上的享受消费，对于批发商们来说，是不被提倡的，如何先生就认为，“有了钱与其去用来享受，还不如多买几个铺位”。

约翰·奥莫亨德罗指出，在菲律宾伊洛城的家庭企业中，家庭消费中的大宗购物由男性负责，而女性而负责生活购物，以及给孩子的零花钱等，而男性对于女性的花钱限制不大。[1] 财产管理中的性别分工，在笔者调查的家庭企业中，体现得并不十分明显；相对地，随着女性在家庭企业中承担越发重要的职务，大笔支出也可能由女性掌握。笔者上文提道的王家弟弟的妻子陈女士，就负责企业内部的财务管理，相比于王家兄弟二人，陈女士从生活消费到客户应酬费，均掌握较多的管理权。

笔者在第二章节中提道，在大部分的家庭企业中，相较于经营经验，子女的学校教育并没有为批发商们所特别重视；尽管如此，笔者也观察到，在为数不多的家庭企业中，他们也并不吝啬于子女教育的花费。

郑女士一家目前经营着品牌面料的生产及销售，她有两个孩子，大儿子18岁，小女儿7岁，在笔者访谈郑女士期间，她讲到自己的大儿子正准备到香港参加SAT（scholastic assessment test，学术能力评估测试），她陪同儿子一起过去。虽然郑女士没有明确的以继承企业为目的而进行教育投入，然而她也在一定程度上，从实用的角度出发进行考虑。例如，郑女士称，她准备为子女在将来选择与经济或管理有关的科目，商科则是首选，而她周围的朋友们也大多是类似的做法。

---

[1] OMOHUNDRO J T. Chinese merchant families in Iloilo: commerce and kin in a central Philippine city [M]. Columbus: The Ohio University Press, 1981: 80-83.

是否善于理财与家庭企业的成功与否，有较为密切的关联。在笔者调查的家庭企业中，批发商们通常会用“精明”来形容成功的生意人，而“精明”的重要表现之一就是善于理财。

王先生在谈到比他生意做得大的同行的朋友时，形容朋友的“脑袋很精，对于经济账很会算，理财很好”，而自己“跟他比起来天差地别”，所以朋友的生意也做得比他大很多。王先生认为：“生意再大，如果不懂得理财的话，早晚会败掉。为什么呢？如果今天赚了100元，不仔细计算的话，可能又浪费了20元，所以只剩下80元。在生意好的时候，每单可以赚100元，而生意不好的时候，每单生意可能只能赚50元，如果这时再浪费20元，就只剩下30元了。100元的利润，最终只剩下30元的毛利，已经相当于亏损了。所以不懂得利用资源，不懂得理财的话，很容易把已经赚到的钱全部浪费掉。”

老金虽然善于发现商机，然而由于对理财考虑不足，在一定程度上阻碍了家庭企业的良好发展。笔者第一次访谈老金的时候，老金就有自己开店铺的打算，甚至店铺的位置都选好了，并且手头还有不少的客户资源，可以说万事俱备。尽管如此，老金开店前后仍然拖了将近两年的时间。推迟开店的主要原因是资金不足。老金对笔者说，他自己平时爱和朋友们玩，尤其是刚到广州的时候，经常玩到清晨，之后几乎不睡觉，就开始做生意了。在应酬中，老金也时常为朋友们埋单，如此便花去不少的积蓄，使得开店的初始资金一直存不下来，开店的进度也一直推迟。

对于金钱的精于计算，是家庭企业，尤其是相对成功的家庭企业较为重要的理财观念之一，这种理财逻辑，也在一定程度上，影响着他们的日常生活。

谢先生说，他在和儿子的相处中，两人观念最为不同的一点是，儿子经常向他抱怨，说他已经“钻在了钱眼里”，认为谢先生无论谈到什么事情，都能想到钱。谢先生本人也赞同儿子的想法，然而谢先生表示，对于他们从事这个行业的人，甚至于他们这代人而言，拼命赚钱就是现实，是无法避免的。

除此之外，陈志明教授还提道，华人家庭企业以商业伦理为导向，并非是无情的剥削。他以华人家庭企业所遵从的伦理规训为例进行了说明。[1] 在

---

[1] 陈志明．迁徙、家乡与认同：文化比较视野下的海外华人研究［M］．段颖，巫达，译．北京：中国商务出版社，2012：206－207．

笔者调查的家庭企业中，已有的案例则初步表明，家庭企业的从业者，在有了一定的经济基础之后，通常会向原乡捐款，以支持家乡的公共事业。例如，来自潮汕普宁地区的何先生，就在村里准备修路的时，捐出相应的款项；而同样是来自普宁的林先生，也在村里预备修宗祠时，捐助了大笔款项。

家庭企业的理财策略不仅体现在财产支出过程中的节约特征，也体现在对投资的合理规划上，笔者将在下文中继续对家庭企业的投资观念及理财方式进行讨论。

二、理财方式与投资观念

约翰·奥莫亨德罗在对菲律宾伊洛城的华人家庭企业的研究中指出，相较于其他地区的华人家庭企业而言，伊洛城的华人在投资上是较为保守的，在本地第一家华人银行开业后，便收到大量来自华商的存款，他认为这主要是由于华人对菲律宾当地的商业环境没有信心，因此选择储蓄多于投资；而拥有较高收益的金融投资，则由于需要承担的风险较大，华商更加不会去触及。[1]

然而，与伊洛城华人的投资理财观念不同，更多的华人家庭企业则倾向于将利润用于再投资。陈祥水指出，华人除了将自己的薪水寄回家乡，也会将积蓄投入合会等信贷组织，融到资金之后开展小生意，或者将钱作为本金放贷，以获取利息收入。[2] 将积蓄进行再投资，是华人家庭企业较为常见的策略。在笔者调查的家庭企业中，家庭企业更多地是将利润用于再投资，而不是储蓄。

对于不少家庭企业来说，他们的手头通常没有固定的大额存款，所得利润或积蓄大多用于作为企业再投入的资金。而为了集中财力投资，家庭企业一般采用共同管理财产的方式，主要表现在：其一，合伙人之间实行财产共同支配的原则；其二，家庭成员的个人财产也被家庭企业所统一支配。

王先生将自己与弟弟一家合伙的关系，形容为“不分你我”，在利润分配上，与弟弟家是五五分成，王先生称，尽管钱由王先生保管，然而兄弟之间谁

---

[1] OMOHUNDRO J T. Chinese merchant families in Iloilo：commerce and kin in a central Philippine city［M］. Columbus：The Ohio University Press，1981：76－78.

[2] CHEN H S. Chinatown no more：Taiwan immigrants in contemporary New York［M］. New York：：Cornell University Press，1992：104－127.

也不会多占便宜，无论是哪家缺钱，都可以直接从账目中提钱。王先生也称，能够这样合伙的最为重要的前提是，兄弟俩人都懂得节俭，钱财不乱用。

家庭企业将个人财产集中起来用于再投资的做法，也为企业家二代，包括未成家的子女们所接受。在家庭企业中，未成家的子女大多在财产支配上缺乏自主权；尽管如此，对于财产由父母亲支配，并投入家庭企业经营的做法，他们也是认可的。

许先生是家中的独生子，目前在叔叔家的店铺中打工。在此之前，许先生当兵服役，当兵期间，国家和学校的所有的补贴加起来一共十几万元，他自己只留几千元买了一部手机，剩下的全部交给家里了。而在当兵之前，他的日常花费及零花钱，也都由父母亲掌控。许先生认为，自己留着钱没什么用，放在父母那里还可以拿来投资。打工之后，由于许先生仍然吃住在父母家中，因此所得的工资也全部交由父母亲使用。

“90后”的马先生目前也在家里的布行帮忙，主要负责门面销售。马先生每月可以从父母处领取两千元的工资，如果有其他的需要也可以多拿。马先生称，钱花到哪里都需要和父母讲清楚，无论是请客户吃饭或者干别的，都要让父母亲知晓，平时拿钱买东西也要把清单及时交给父母，余下的钱也要全部交回。马先生说：“除非老妈说，剩下的钱给你零花了，我才拿着，否则都要交回去。”

在何先生家的经营中，他也提道目前的账目都是由他管理，股份只在包括他和妻子，以及两个儿子在内的小家庭（两代人）之中进行分配。何先生称，子女在没有成家之前，所有的开支均由父母安排，子女花钱也要向父母领取。即使是儿子结婚之后，只要生意上没有分开，那么父母亲也照样管钱，儿子在独立经营之后，父母只是将经营权交给子女。何先生称，父母亲管钱便于对钱进行“集中管理”和“做事情”；赚的钱可以用来买房，也可以用来买铺位。

约翰·奥莫亨德罗还对伊洛城华商的房产投资进行了专门的研究。他指出，1950年前，伊洛城的华商几乎没有自己所有的土地，在菲律宾的土地市场对华人开放后，华商便开始大量地投资商业、住宅及农用地。[1] 房产市场在笔者调查的家庭企业中，也是投资的主要方向之一，然而投资的具体策略

---

[1] OMOHUNDRO J T. Chinese merchant families in Iloilo: commerce and kin in a central Philippine city [M]. Columbus: The Ohio University Press, 1981: 76 -78.

仍然有所不同。在笔者调查的家庭企业中，对于房产市场的投资主要集中在房屋的转租市场。

市场所在的城中村片区，房产类型大多为集体所有，村集体的产业则包括房屋和田地两部分。如今由于村民外迁，不少的房屋和田地闲置起来，村民便将其出租给批发商做店铺，或是出租给打工的人临时居住。由于村民们缺少相应的资源，难以对出租事宜进行统一管理，于是便将其交由专门的二房东或中介人打理，由中介人再进行对外出租；而这些二房东或中介人中有不少是由批发商充当的。

江西的徐女士在经营布匹批发生意的同时，又投资了房屋租赁的生意。徐女士租下位于康乐村巷子内一栋房屋的四楼，新装修后出租给打工者们，整层有七间房子，除了楼道最里面的一间外，其他房间都已出租，出租率达到85%以上。像这样的房子的租金，每人每月是1500元。如今，倘若是在市场所在片区内租房，极少会遇到大房东直接出租的情形，基本上是由二房东来操办，房租转租的市场也逐渐成熟。

批发商们也投资店铺转租的生意。徐先生是中大布匹市场中第一批开始从事店铺转租生意的批发商。徐先生刚来到中大布匹市场的时候，从事的是面料批发生意，当时做生意的地点位于“浙江街”，现如今叫作“瑞纺市场”。徐先生通过他的老乡，接触到当时准备重新开发“浙江街”的大型地产开发商后，便以低价向地产开发商租下十几个店铺，再以市场价出租给其他的散户批发商，由此成为店铺转租的中间人。

从事店铺转租的生意又被叫作“炒档口”。不同市场的“炒档口”的模式大体上是一致的，分为“炒长线”和“炒短线”两种。其中，以八年或十年为最短租期的店铺租赁模式叫作“炒长线”；以三年或五年为最短租期的店铺租赁模式叫作“炒短线”。租期越长，租金也就越低。按照如今的市场行情，店铺租金每年涨幅约为30%。目前，徐先生的店铺出租生意，已经有了一批固定的老客户。

值得一提的是，多数的外地批发商不会轻易投资本地的房产市场；对于有买房打算的外地批发商，在老家置业仍为多数人的选择。

来自福建的王先生为笔者算了一笔经济账，以此说明他为何不投资广州的房产市场。王先生讲道，自己租住的小区，一个月租金是5500元，而购置一套房屋却需要300多万元，300多万元存在银行里，每年的利息可能都不止5500元，因而将其用于投资生意，或放在信贷公司中，显然能赚更多的钱。中大布匹市场周边的住房价格也随着批发商们的租住需求的增加而逐渐上涨。王先生说，他如今住的房子，第一年租住的时候，每个月的租金是4500元，第二年租金涨到5000元，第三年则涨到5500元。尽管如此，王先生也没有考虑购置房产。

王先生主要是从经济利益上来衡量，进而没有将投资本地的房产市场作为首选。然而，对于批发商，尤其是外地的批发商而言，缺少长期在广州定居的打算，则是他们不愿进行本地房产市场投资的更为直接的因素。

谢先生是绍兴人，来广州已经20多年，谢先生主要将投资的重点放在面料批发的经营，及对股票市场和信贷市场的投资上，然而谢先生对于本地房产市场的投资兴趣始终不高。谢先生在临近中大布匹市场的一个商品房小区租住一套100多平方米的公寓，而给自己家和父母亲家的房子都买在了绍兴老家。谢先生对笔者说，无论是过去还是现在，他始终没有在广州安家的打算，他认为，对于他们这些外地人而言，“广州只是做生意的地方，老家才是家”，到最后始终还是要“落叶归根”，因此房子自然也要买在老家。

在本地购置房屋的批发商们，则大多有在广州长期定居的打算。罗先生是四川人，在市场附近的某小区购置了房屋，罗先生已经把父母和子女都接到广州。除此以外，笔者还访谈到了来自阳江、潮汕、梅州的批发商，他们也有长期居住在广州的打算，因此房产投资对于他们而言，也是必要的部分。

相对而言，批发商们更愿意将钱投资在能够看到直接利益的地方，而较少进行大额度且在短期内看不到回报的投资。除此之外，投资中的安全感也相对重要。外地的批发商不热衷于异地的房产投资，除了经济因素的考虑外，还包括对外部的社会、政策环境的考虑；就目前来看，大城市对于外地商人的入户或子女就学的限制仍然较多，这也成为他们不以长期居住为目的而进行房产投资的原因之一。

本章小结

本章讨论了以亲属及社会网络为基础的私人信用，在家庭企业扩张为专业市场中的作用。非正式的信用体系不仅没有对家庭企业的发展形成阻碍，反而成为家庭企业向专业市场扩张的推动因素之一。

建立在私人信用之上的信贷体系，无论是在家庭企业筹集初始资金，还是扩大规模当中，都发挥较为重要的作用。其中，个人储蓄与亲属借贷在家庭企业筹集初始资金的过程中，发挥较为关键的作用。家庭企业通过亲属之间的短期合伙获得初始资金的支持，进而完成创业过程。建立在熟人关系之上的私人团体，为家庭企业提供短期资金周转的服务，支持企业的持续发展。对于缺少亲属资源的家庭企业，拟亲属关系成为家庭企业融资的主要途径；除此之外，家庭企业并不依赖一种途径进行融资，在家庭企业的信贷策略当中，多元化的融资策略也能够较为明显地体现出来。

在专业市场的发展中，家庭企业通过口头协定进行契约订立的习惯仍然被广泛采用。私人信用是口头契约发挥作用的基础，对于已经建立起信用的客户，便不再需要依赖正式契约的约束。在客户有特殊要求的时候，家庭企业之间才会签订正式的书面契约。尽管如此，正式契约能否发挥作用，与契约双方的信用有关。在缺少信用保证的前提下，正式性的书面契约也会缺乏效力。因此，即便是在使用正式契约的场合，建立在私人关系之上的信用，仍旧在某些层面发挥作用。

家庭企业在处理争议纠纷时，内部仲裁仍然发挥较为重要的作用。其中，家族网络与家族关系能够在家庭企业解决争议纠纷的过程中发挥作用，而内部仲裁也被证明是家庭企业解决争议纠纷较为有效的途径。在无法通过内部仲裁进行调解时，家庭企业也会选择将争议纠纷案件提交正式的法律途径。其中，店铺的出租与转租较为容易产生争议纠纷，且需要依靠正规法律途径解决的场合，这种情形又较多出现在承租人与业主间缺乏私人信用维系的前提下。

家庭企业的理财方式也在很大程度上影响家庭企业的策略及专业市场的发展。家庭企业的成功与否，在很大程度上也与家庭企业的所有者是否善于理财直接相关。在生活当中寻求节俭消费，是家庭企业较为重要的理财观念，在日常的消费中，家庭企业也倾向于通过熟人关系获得更多的折扣。与此同时，家庭企业的成功还与善于利用投资相关，为了能够最大地集中资金进行投资，家庭企业采用财产共同支配的原则，其中子女对个人财产缺乏支配权，家庭成员的个人财产，以及家庭生活资产，均在最大限度上被转化为商业资产投入家庭企业的经营。

随着专业市场的发展，家庭企业间出现越发激烈的竞争，专业市场内部逐渐形成饱和化发展的趋势。那么，面对此种发展趋势，家庭企业如何应对来自外部的压力，家庭企业的技术创新策略如何实践；在全球产业链的竞争下，又如何理解家庭企业的品牌研发与高端模仿并存的策略；既有的创新策略是否有利于缓解专业市场的饱和化发展，以实现持续发展。以上问题将在下一章节中进行讨论。

第七章

模仿与创新

吉原久仁夫在讨论东南亚华人家族企业持续发展的问题时指出，华人家族企业“富不过三代”的原因在于对商机应对中的短期策略，即在商业活动中的投机行为。他认为，华人家庭企业较为普遍的特征之一是家庭企业既能够在短期内觅得快速发展，进而赚取较多的财富，也容易在短期内丧失机会，进而导致经营失败。吉原久仁夫指出这种发展对于技术创新的影响，认为当企业在一个行业中稳定之后，便极少再在技术创新上花费精力，因而缺乏对核心技术的掌握，这对于企业的持续发展有较大的风险。❶

弗兰西斯·福山（Francis Fukuyama）则指出，华人家庭企业会经历创立、崛起、衰败的“三部曲”，他对华人家庭企业的竞争模式进行描述，认为中国台湾、中国香港及新加坡的市场更加接近于完美竞争模式，即成千上万的公司全部投入竞争，以期获得生存。这与美国、西欧企业发展中的寡头控制模式不同，也与日本经济中的反竞争精神相悖。而这种竞争所带来的后果则是欠缺有实力的品牌公司的发展。华人家庭企业通常会寻找西方的企业作为事业合作伙伴，进而为他们打点行销方面的事宜，而不是学习日本企业创立自己的行销组织。因此，弗兰西斯·福山认为，华人家庭企业间会出现惨烈的竞争，且这种竞争在某些层面构成华人或中国人的家庭企业发展的阻力。❷

---

❶ YOSHIHARA K. The problem of continuity in Chinese businesses in southeast Asia [J]. Southeast Asian studies, 1987, 25 (3): 112 - 129.

❷ 弗兰西斯·福山. 信任：社会道德与繁荣的创造 [M]. 李宛容，译. 呼和浩特：远方出版社，1998：96 - 97.

对此，福山指出华人或中国人的家庭企业可能的三个发展方向：其一是透过网络型组织，形成规模经济体，如华人公司以香港为基地，透过家族网络向内地邻省，如广东、福建发展；其二是邀请外商投资，这条途径相对保守；其三是透过国家的赞助或直接拥有大规模企业。[1] 笔者讨论的家庭企业向专业市场的扩张，与弗兰西斯·福山指出的第一个发展方向类似，只不过以专业市场为中心的商业网络的发展，已经将内地、香港以至全球市场关联起来；与此同时，家庭企业也尝试实现产品的差异化及品牌化发展。

那么，在家庭企业向专业市场的扩张中，家庭企业间如何会出现激烈的竞争，市场的饱和化发展是如何产生的；家庭企业如何应对来自市场饱和的压力，其竞争策略有哪些；技术创新及品牌发展的实质是什么，对高端品牌的模仿与创新是否矛盾；而以家庭企业为主导的专业市场，作为全球商业网络的扩张，是否也可以被看作除弗兰西斯·福山所说的三个方向之外，家庭企业的另一项规模经济发展的实践，抑或是福山所说第一个方向上的进一步推进；本章将对以上问题进行讨论。

第一节　家庭企业与模仿竞争

一、家庭企业的饱和发展

在华人或中国人的家庭企业发展中，家庭企业在扩张到特定的时间点时会出现饱和化的发展，进而延缓扩张的趋势，这已经为一些华人家庭企业的发展所证明。

弗兰克·皮尔克（Frank Pieke）与班国瑞（Gregor Benton，原名格鲁戈·本顿）在对荷兰华人家庭餐饮业的研究中指出，通过从亲属和社会网络中获得的支持，1965—1980 年，荷兰中国餐馆的数量持续增加稳定，在 1970—1982 年，家庭餐馆的数量从 618 家上升至 1916 家，上升幅度达到三倍

[1] 弗兰西斯·福山. 信任：社会道德与繁荣的创造［M］. 李宛容，译. 呼和浩特：远方出版社，1998：98－99.

多，1970—1980 年，餐馆速度以每年 17% 的增长率递增。[1] 而根据范·德·赛德（Van De Sijde）的统计数据，每 7500 名居民当中，就有一人与餐饮行业有关，其中三分之一的餐馆由印度尼西亚华人经营。[2] 弗兰克·皮尔克与班国瑞所说的“爆炸式”的发展，在笔者调查的专业市场发展中，也能够被观察到。

自从老金开始发展专业找面料的生意后，他的侄女、外甥便从老家来到广州，跟着老金一起做事。一段时间后，侄女、外甥便先后从老金的生意中独立出来，自己做起找面料的生意。与此同时，老金的妻子贺姐的朋友——也是老金的同乡——在与老金与贺姐熟悉后，也学到一些基本的经验，之后也与丈夫独自做起找面料的生意。另外，不少的老乡也通过老金得以迅速地接触到这个行当。

老金和贺姐的摊位是在广州国际轻纺城市场临街马路边的一个井口旁边，而井口的两旁则挤满拉货、载人的自行车与电动车，他们的车筐上均粘贴“专业找面料”的广告纸，其上预留的是老金的电话。这些公共汽车司机大多是老金的河南老乡，公共汽车司机如若帮老金拉来一个客人，老金便付给他们五十元的报酬，于是便有越来越多的老乡参与进来。通过亲属与社会网络的支持，专业找面料的生意在短期内出现较为快速的增长。

弗兰克·皮尔克与班国瑞则在对荷兰华人餐馆的研究中进一步指出，市场的饱和化发展主要是由于华人餐馆无法适应外部环境的变化，技术与经验只在华人社区内部加以传播，新的思想和观念则由于华人社区与荷兰本土社会的隔绝而被排斥在外。因此，餐厅虽然在数量上呈现增长，在质量上却始终如一，没有突破。于是，在 1970 年以前，华人商业在荷兰唐人街聚集的初期，还能够自由地享受由亲属及社会网络所带来的资金、劳动力等方面的便利；在 1980 后，华人家庭餐厅则更多面临的是发展的危机。[3] 在家庭企业向专业市场的发展中，也在一定程度上出现类似的发展趋势的转变。

在专业市场发展之初，家庭企业的数量不多，相较而言，模仿经营对于家庭企业而言，既不需要过多的技术研发投入，在现有的条件下也能够满足

[1] PIEKE F N BENTON G. The Chinese in the Netherlands [M] // BENTON G, PIEKE G F N. The Chinese in Europe. London: Macmillan, 1998: 125 - 167.

[2] SIJDE R R V D. Chinese - indonesian restaurants, kroniek van het ambacht/kein - en middenbedrijf [M]. BENTON G, PIEKE F N. The Chinese in Europe. London: Macmillan, 1998: 125 - 167.

[3] 同[1].

其盈利目标，因此也就成为家庭企业在短期内较为简便且直接的获利策略。其中，模仿经营主要表现在对店铺或品牌名称的模仿，以及同类产品的模仿上。

杨先生在中大布匹市场上经营名为“宏泰纺织”的批发行。杨先生介绍，市场上被命名为“宏泰”的家庭企业可能有几十家之多，并且这几十家企业均属于不同的商业团体，彼此之间几乎不存在实质性的商业往来。与杨先生的批发行直接有关系的是弟弟的批发行，然而弟弟的批发行并没有被命名为“宏泰纺织”，或与“宏泰”相近的名称；相对地，为了避免客户利用批发商之间的私人关系来进行压价，有合作的家庭企业间甚至避免使用相同或是相近的名称。

除此之外，家庭企业的模仿经营更多地体现在产品的生产上。苏女士讲道，做衣服的第一步是“找版”（能够作为批量生产样版的成衣服装）。在找版中，她主要是去广州较大的成衣服装批发市场，“冒充”服装批发商进货，即看到哪家店铺的货“走得好”（销路好），就去买一件回来，作为自家生产加工的样版，进行批量生产。苏女士家的服装厂设在广州及湖北两地，他们先将成衣在两地的工厂中加工好，再运到北方的市场上销售。

马女士家最初也是通过模仿已有的成衣版型而进行生产加工。马女士家从20世纪90年代末开始经营服装，由于在找版中，马女士认为香港的衣服更为新潮，更容易有销路，因此她不从广州本地的批发市场找版，而是去香港。其中，香港的大商场，以及街边的小摊小店，都成为马女士找版的目的地。只要自己看着新潮的衣服，马女士都会买一件回来，之后便如同苏女士的做法，按照原样进行批量生产。

在模仿生产中，无论成衣版型的价格高低，为了节约起见，批发商们大多只购买一件，之后再依照成衣版型的面料，去布匹批发市场购买花色款式与之相同或相似的布料。在找布料的过程中，首先花色的一致是最为关键的，其次才是面料的质量。如果能找到质量或手感与原版媲美，且价格低廉的布料，则再好不过；相比于质量稍好且价格昂贵的面料，仍然首先满足于花色。选好面料后，便可以开始制作成衣，而成衣的版型、样子必须与原版一模一样，这个环节则必须依靠熟手的打版师傅（服装厂内为批量生产制作样版的熟手工人）。例如，黄女士、苏女士家均有自己的工厂，大部分的成衣是在拿到样衣后，在自己家的工厂里请熟手师傅做出来的。

此时，无论是服装加工还是布料生产，家庭企业尚未有专门的设计师参与进来。苏女士、马女士及同样进行模仿生产的黄女士，她们都是根据自己的“眼光”，根据自己对服装款式的判断选择花色布料，其中的大部分都卖得较好，也有少数成为“死版”❶。“死版”与早期的时尚流行趋势较为容易把握，且产品的更新速度较慢有关。批发商甚至不需要具备对时尚元素的敏锐性，只是从观察其他店铺中的某款产品的销路好坏，就能判断哪些款式是流行的。总体来看，在模仿经营时期，设计师的行当并不被重视。

在专业市场的发展中，模仿经营是较难避免的，在产品的生产中，并没有对专利的限制，这也相应地导致信息在家庭企业间的传播是开放性的；然而倘若客户不冲突，这种公开的模仿的行为，在同行之间是被默许的。

苏女士在最初找版时，服装市场的店主们并不知道苏女士是同行，而是把她当作客户来看。然而由于苏女士时常需要到中大布匹市场上去批发布料，与此同时，服装市场的店主们也会去中大布匹市场上拿货，一来二去，店主们便知道苏女士是来找版的。之后服装市场的店主们还给苏女士起了个绰号叫“熟姐”，每次一看到苏女士去服装市场，他们便会开玩笑地说“熟姐又来了”。只不过，由于苏女士与其他店主的客户没有直接的冲突，因此店主们对此也是“睁一只眼闭一只眼”。

在对店铺或品牌名称的模仿中，情形也是类似的。“宏泰纺织”的杨先生谈到，如果别人选用和自家店铺相同的店名，杨先生是管不了的。杨先生称，“宏泰”这个名字也是杨先生当初借用其他店铺的名称，而不是自己家独创的；至于市场上究竟是哪一家店铺最先使用“宏泰”这个名字，已经很难知晓。当然，市场上也有不少品牌名称是独创的，如罗先生家的“富佳纺织”，就是罗先生的爷爷专门为他们的店铺及品牌产品取的名称，然而如今市场上叫“富佳纺织”的也不止罗先生一家。

如前所述，模仿竞争容易造成同类产品的增加，而同类产品的增加也导致家庭企业间竞争的加剧，最终导致市场的饱和。赵先生讲述，早期他们的畅销服装可以销售至少三个月，三个月后才会有相同的或相近的款式出现。也就是说，对于家庭企业而言，有三个月的盈利时间。赵先生称，三个月的

---

❶ 批发商们将从工厂拿回来的版布中，有销路的版叫作“活版”，无人问津、没有销路的版叫作“死版”。叶女士是较有经验的批发商，她介绍，即便是再有经验的批发商，在选样板时，也不可能只选到“活版”。

时间对于不少家庭企业而言，甚至已经足够赚到全家一年的生活费。然而如今，卢女士则介绍，新产品出来后，仿制的时间已经大大缩短，家庭企业的盈利周期也因而缩小。

在应对市场饱和发展的策略上，弗兰克·皮尔克与班国瑞指出，1980 年后，由于爆炸式的增长停止了，市场达到饱和点，拥有家庭餐馆数量最多的印度尼西亚华人，由最初聚集的荷兰北部地区，迁移到南部，后又转移到北部和东部，他们将地理上的迁移作为家庭企业应对市场饱和的策略。[1] 而笔者调查的专业市场，由于与前述的家庭餐馆所属行业门类不同，所需的技术程度也不同，因而家庭企业在应对市场饱和时的策略也不同，那么家庭企业在面临激烈竞争时应该如何应对，下文将对此进行讨论。

二、利润压缩与应对策略

海蒂·霍根与乔根·卡林总结了华人及中国人的家庭企业，在应对市场饱和时的四种主要策略：第一是地理空间的扩张，即家庭企业收集其他国家或地区的移民信息，以获得新的商机，通过地理上的迁移，以降低饱和发展的风险，其中 1980—1990 年，华人的纺织品贸易从俄罗斯向东欧的扩张，便是依照上述策略进行的。第二是价格战，即在同类产品中进行价格博弈，以压价竞争来获取利润空间，诸如 1970—1980 年，丹麦及荷兰的华人餐馆的发展情形。第三是行业门类的扩张，即华人除了经营百货商店以外，还积极拓展其他的行业门类，其中，20 世纪 90 年代，捷克与西班牙的华人餐厅向百货商店的扩张，即为典型的案例之一。第四是创新，作者以荷兰、丹麦及挪威的华人餐饮业的发展为例，指出创新的管理方式也是家庭企业实现竞争压力突破的主要策略之一。[2]

在笔者调查的家庭企业中，一方面，家庭企业单纯利用地理上的迁移而获得新商机的情形仍然较少；另一方面，产业链的内部纵向一体化关联，也不太可能使得家庭企业大量转向其他行业。在笔者的调查中，家庭企业主要

---

[1] PIEKE F N, BENTON G. The Chinese in the Netherlands [M] // BENTON G, PIEKE G F N. The Chinese in Europe. London: Macmillan, 1998: 125 - 167.

[2] HAUGEN H O, CARLING J. On the edge of the Chinese diaspora: the surge of Baihuo business in an African city [J]. Ethnic and racial studies, 2005, 28 (4): 644.

是通过上述第二种及第四种策略，即价格战与技术创新，来应对市场竞争，保证利润空间的。

相比之下，压价竞争又是家庭企业在应对市场饱和的压力时，最为简便的途径。倘若是两家店铺做一样的货，且有一家压价的话，其直接的后果则是利润空间的降低，同款产品淘汰速度加快。卢女士谈道："做太常规的东西容易让人家跟（模仿），人家跟定，就跟死你了：我这边卖50，他那边卖40；我卖40，他卖30。那客户肯定就要跑了，货卖不动了，到最后就都烂掉了。"

赵先生在沈阳五爱市场做服装批发生意的时候，曾经做过一款卖得很好的童装连衣裙，成本价每件60元，卖给客户的批发价是每件120元，利润60元。之后，赵先生家隔壁的店铺见他家的货卖得好，也去做了一模一样的货，批发价则定在每件80元。由于比赵先生家的价格低不少，因此不少客户被其抢走了，赵先生家不得不继续压价。于是，利润空间被不断地缩减，直到最后，这个产品已经几乎没有了盈利空间，赵先生只能再去寻找新的款式。

以上是通过压价竞争来保证利润空间的最常用的手段。通过压价获取利润的方式带有较大的投机成分，这在吉原久仁夫看来，对家庭企业的长久发展，有较为不利的影响。[1] 随着竞争的加剧，不同店铺间甚至会因为互相模仿而产生纠纷，笔者就目睹了两家店铺因为模仿而起的冲突事件。

即便如此，通过压价竞争，批发商们仍然能够获取短暂的盈利时机。在一个产品经历了压价竞争，继而被淘汰之后，家庭企业才会去寻找新的替代产品，因此能够在短期内维系住一定的利益。有所区别的是盈利时间的不同，如原本能够持续盈利三个月的产品，随着模仿速度的提升，而缩短到只能留有一个月的盈利时间。因此，相比于压价竞争，技术创新对于家庭企业的长久发展而言更为重要。

海蒂·霍根与乔根·卡林指出，技术创新是最能给竞争对手致命一击的方式，但也是最具挑战性的，因为在这个过程中，对于技术创新的投入及风

---

[1] YOSHIHARA K. The problem of continuity in Chinese businesses in southeast Asia [J]. Southeast Asian studies, 1987, 25 (3): 112 - 129.

险，均是持续性的。[1] 尽管如此，家庭企业对于技术创新的重视，在笔者调查的过程中，仍然能够较为明显地体现出来。在专业市场的发展中，家庭企业不仅没有实现技术的内部封锁，还在积极尝试探索新的技术突破方式。

在专业市场的发展中，相比于压价竞争的策略，家庭企业，尤其是家庭企业中的大型批发商，更加倾向于选择通过对产品及技术的创新，来获得持续的生存空间。在市场逐渐饱和之后，批发商们大多选择产品差异化的竞争策略，试图从技术研发上做更多的努力，进而形成不完全竞争（imperfect competition）的状态。

黄绍伦在对香港的上海工业家研究时指出，上海工业家所要做的就是保持优势，避开模仿者，创造在不完全竞争的环境；他们对暂时的利益不感兴趣，因而将技术提升，作为企业家技能的重要部分。[2] 在家庭企业向专业市场发展的过程中，随着市场饱和与竞争加剧，家庭企业也逐渐从模仿经营转变为以技术研发与品牌经营为主。

卢女士认为，只有产品具有了独特性，且技术达到一定的水平，其他的批发商不容易模仿，而即便是模仿，也需要花费大量的时间和精力，甚至还做不到一模一样的，就达到目的了。卢女士称，即便是竞争对手花费，如一个月的时间，能够做出相同或相似的产品，而这一个月的时间对于技术研发的厂商而言，也足够赚钱了，第二个月便会更换产品；对手模仿的难度越大，盈利的时间则越长，由此，批发商们越发重视特色产品的独立研发。

在家庭企业的内部管理中，无论是在存货、资金、人力资本，或是产品的开发费用上，都是可以灵活控制的，因此在市场饱和的前提下，家庭企业仍然可以通过降低存货量，减少人工数量，降低运营成本的策略，维持利润空间。正如弗兰克·皮尔克与班国瑞对荷兰的华人家庭企业的研究表明，1980 年后，由于市场饱和，家庭企业决定进一步节约成本，1982 年，每家家庭企业雇佣员工的数量是 4.6 人，这个数目在 1987 年降为 2.7 人；这也直接导致 1987 年的失业率达到 20% ~25%。尽管市场的饱和化发展在一定程度上影响员工的工作效率，进而影响到利润空间的变动。早期，由于利润空间

---

[1] HAUGEN H O，CARLING J. On the edge of the Chinese diaspora：the surge of Baihuo business in an African city [J]. Ethnic and racial studies，2005，28 (4)：639 -622.

[2] 黄绍伦. 移民企业家：香港的上海工业家 [M]. 张秀莉，译. 李培德，校. 上海：上海古籍出版社，2003：99.

较大，工人有干劲，企业管理者能够通过延长营业时间，提高员工效率，进而保证一定的利润，然而在市场饱和后，利润空间不容易再增加，而工人的服从度也降低了。[1]

然而，相比之下，技术创新所需要的资金是较多的，尤其是经营品牌的批发商，需要在产品研发上投入巨大的资金。王先生称，开发一个新版的成本约为5万元，他的公司每个季度需要开发大约80个版布，因此每个季度用在开发新版的费用就高达数百万元。

那么，如前所述，既然家庭企业能够通过内部的管理结构调整争取到一定的发展空间，为何还会将技术创新作为主要的竞争策略。这就需要从其他的因素进行考虑。在家庭企业向专业市场的发展中，除了内部的可控成本之外，还必须支付以店铺租金为主要构成部分的数额较大的不可控成本；而日益上涨的店铺租金也相应地成为推动家庭企业技术研发的外在动力之一。下文将进一步对家庭企业技术研发的动力进行讨论。

第二节　品牌开发与技术创新

一、品牌创新的外部动力

海蒂·霍根与乔根·卡林描述了以家庭企业为主的华人百货商店，在佛得角第二大城市的聚集与饱和化发展及其后果，指出家庭企业的饱和化对于地方经济的发展有较为深远的影响，其中之一是对地价的影响。本地业主向中国商人出租店铺或住所，推动租金价格的上涨，而高昂的店铺租金又使得百货商店无法维持原有的利润空间。[2] 家庭企业的饱和发展与地方经济之间的关联，在笔者调查的专业市场的发展中也有所体现。

在家庭企业的固定成本中，店铺租金是最不易为家庭企业所控制的部分。

---

[1] PIEKE F N, BENTON G. The Chinese in the Netherlands [M] // BENTON G, PIEKE G F N. The Chinese in Europe. London: Macmillan, 1998: 125－167.

[2] HAUGEN H O, CARLING J. On the edge of the Chinese diaspora: the surge of Baihuo business in an African city [J]. Ethnic and racial studies, 2005, 28 (4): 639－622.

在专业市场发展的初期，由于市场中的店铺出租尚未受到市场的饱和化发展的影响，店铺租金因而得以维系在较低的水平。店主们只需要付一小部分店租，即可维持较高的利润空间。据老板们回忆，过去巨大的成交额及简陋的铺面，算得上是中大布匹市场发展的一个黄金期。笔者的多位受访者形容早期市场繁盛时的情景：

徐先生称："今天做100条布放在门口等别人来买，很快就卖掉了。那个时候上门的客户多，不要说是搭棚子卖货，就是露天卖也有人要，所以基本上是一张桌子就可以做生意了。货到之后，将货摆在桌子上，客户们可以随意挑选。"

罗先生的岳父则讲道："最早的时候没有现在的交易大厦，大家都在路边摆摊，没有店铺，只有大棚，人群很集中，天天像在赶集。每天有全国各地的人来这里做买卖，一手交钱一手交货。最夸张的是当时不少人用布包着钱去银行里存，还有用水桶提着钱交易的。"

林先生也形容："生意最火的时候很野蛮，家家只要有一个位置，也不需要联系工厂备货，因为生产商自己会找到你，卖了多少钱你先收着，要分多少你说了算。市场需求太大，大家都在拼命地做，飞速发展，拼命挣钱，谁还管弄什么科研？只要看到好的版，大家就去做了，拼的是谁做的货多。"

在市场发展初期，门面的好坏不是吸引客户上门的一个主要因素，货量与销路对于批发商而言是较为重要的，只要能拿到货，找好销路，生意就能做起来，相应地，店铺租金对于批发商而言也没有形成较大的成本压力。这种情形随着市场竞争越发激烈，从而有了转变。近几年，店铺租金的涨幅已经将家庭企业的利润缩减到一定程度，使其不能够再维持较大的盈利空间。

从店铺租金作为固定成本与企业利润的比例上看，初期店铺的租金可能只占营业额的两成到三成，但是如今，这个比例已经上升到五成左右，甚至在一些家庭企业中，这个比例已经上升到七八成。因此，倘若批发商的出货量无法同步增长，利润空间就会越发缩小，企业经营就会出现危机。2014年，广州国际轻纺城内就曾发生过一次批发商们针对店铺租金上涨的集体申诉事件。

面对日益上涨的租金的压力，批发商也在策略上进行变通。如在租金较高的地方，他们尝试"半档出租"的方式，将原本的一间店铺分隔为两间，由两家家庭企业分别出租，再各自支付租金的一半，由此所支付租金的总额度就减半了。因此，市场上如今总共出现了"一档出租""几档连租""半档出租”三种不同类型的店铺租赁形式。

除此之外，由于在布匹批发行业内，互联网的普及力度有限，批发商们仍主要依赖实体店铺进行销货，家庭企业仍然没有脱离对实体店铺的依赖；而这对于地产开发商来说是一个巨大的商机。本地村民将土地出租给开发商，开发商再对市场进行开发，建设楼盘并出租店铺。而对于相对生意较旺的市场，租金连年上涨，为了获得更大的盈利空间，地产开发商们的办法是缩小店铺面积，以此获得更多的可出租的店铺数量。由此，开发商越发频繁地对市场进行重新装修。陈先生介绍，每一次市场重新装修后，租金也会相应地上涨。而从外在形态上观察，一个十分明显的变化是店铺的面积越来越小。

在租金上涨后，由于租金所占比重较大，批发商们不得不重新调整商业策略，以在店铺租金与利润之间进行平衡。在市场重新装修之后，一些批发商选择续租店铺，而另外一些则会将店铺更换到租金更便宜的位置。陈先生原本所在的 B 区大楼于 2010 年重新装修，装修后，原来一个店铺大小的面积，如今被拆分成两个，同时单个店铺的租金也上涨了。装修后，市场物业管理公司会逐个给老租户们致电，邀请他们回来续租，甚至为了争取客户，开发商还专门宴请原来的老客户，并承诺给他们一些优惠条件。于是，考虑续租的租户，便会继续和市场商量讲价，争取多得到一些优惠。陈先生则考虑到自身经营的实力，没有续租，而是将店铺转到租金只有 B 区大楼装修后租金一半的广州中大九洲布料市场（分市场名称）。除了店铺租金以外，店铺的装修费也越发构成家庭企业经营的必要成本。

高昂的租金与高额的销售量之间是否成正比例，与批发商所处的层级有较为密切的关联。店铺位置好能够带来可观销量的情形，大多存在于小型批发商的经营当中；他们无法直接与生产商取得联系，因而需要依靠上门客户散货，此时店铺的选址就较为重要。批发商中还普遍流传着“要想富，十字路口开当铺”的说法。其中，“十字路口”指的市场中“T”字线的位置，也就是一进商场大门，或一上电梯就能看到的地方，有些地方也将这样的位置叫作“大甲”。对于做上门客户生意的批发商而言，“大甲”是人流量最多，位置最好的地段，在每一个分市场内也是租金最高的地段。因此，一些批发商宁愿负担较高的租金，也要拿下大甲的位置。这种情形在广州十三行服装批发市场体现得更为明显。

徐先生介绍，广州十三行服装批发市场的店铺竞争策略，又与中大布匹市场略有不同。在广州十三行服装批发市场店铺以“两按一租”或“三按一租”的模式出租。以“两按一租”为例，指的是批发商需要压两个月的租金，获得一个月的租期；因此拿下一个月的店铺，总共需要支付三个月的租金。按每月 8 万元的租金计算，三个月则是 24 万元，店面由于已经装修好了，因此省去装修费，再加上进货的费用，成本需要 40 万至 50 万元。而正如徐先生所说，对于刚入行的批发商，这三个月就是他们的一个期限，如果位置选对了，产品选好了，就可能成功；反之则有较大失败的可能。

尽管批发商们可以通过“半档出租”或减少店铺数量，或削减员工数量的方式，以降低经营成本；然而倘若家庭企业的管理模式或竞争策略没有发生根本的转变，随着市场的发展，家庭企业之间则很容易再次出现饱和化的状态，继而店铺租金又会越发成为家庭企业的压力，利润空间也被相应地压缩，无法实现真正的持续发展。在这样的前提下，在应对市场发展饱和化的瓶颈上，技术创新的重要性则进一步凸显出来。

在家庭企业通过管理方式或经营策略的调整，无法在竞争中继续凸显优势之时，获得持久发展的较为有效的途径是进行产品创新与技术研发。批发商通过技术研发来获得产品差异化的发展，以此提高出货价格与盈利周期，争取更多的利润空间。相应地，对于将产品差异化作为竞争优势的家庭企业而言，便不再主要通过店铺门面吸引顾客，店铺租金也相应地不再构成企业成本压力的主要来源。

王先生在做品牌研发之后，反而将店铺选择在较为偏僻且租金便宜的地段，以节省开支。王先生的店铺是从一位温州籍的二房东手中租下的，对方最初向市场承租的价格是每年 40 万元，合同期共 8 年，到王先生出租的时候，合同期还剩下三年多，但由于该店铺所在片区生意惨淡，店铺租金已经降至每年 10 万元左右，王先生则以每年 10 多万的价格租下来，租金比从开发商手中直接出租更为便宜。

家庭企业的饱和发展还影响到家庭企业的经营方式，卢女士称：“以前卖布的话，客户如果要剪米数较少的版布，我们是不给剪的，要拿就是拿一匹，没有说剪一米的，那时真的是有个‘批发’的概念。但是现在没有了，（现在）哪怕客人要剪一米，都要给他们剪。”

如前所述，技术研发与产品差异化对于专业市场的持续发展有较为重要的影响。那么，产品的差异化程度，在哪些层面上能够对专业市场的持续发展产生影响，家庭企业如何进行品牌研发，在专业市场的发展中，品牌价值又是如何体现出来的，笔者将在下文中进行讨论。

二、产品研发与保守创新

如前所述，通过技术创新以获取竞争优势的家庭企业，首要的步骤是设计出有市场差异化的产品；为此批发商需要在“选版”与“改版”两个环节上努力。

以实现产品的差异化竞争为目标的企业，在选版时要比以往更加费心思。如今，批发商们会从更加广阔的市场中寻找可能有销路的版，他们尝试从国外市场获取更多的灵感。为了观察国际时尚行业的流行趋势，他们至少每年出国一次，亲自去全球时尚的前端地带，收集面料信息，考察面料行情。如谢先生称他们经常出国，且以欧洲的意大利、巴黎为主；卢女士则经常去韩国考察，王先生则经常去日本。为了开发出一个新版，批发商们可能不止去一个国家考察市场。

品牌批发商版型的第二个来源是国内大型品牌的成衣服装店。批发商通过购买国内大型零售商场中的品牌服装，之后再对面料版式进行加工，做出需要的产品。品牌衣服多从大型商场中的品牌商店，或专门的品牌零售店中购买。尽管品牌衣服较为昂贵，以零售价格购入，女装的品牌成衣可能达到上千元的标准，男装则至少上千元，更为昂贵的大多需要 10 万元之多，然而批发商们并不会节省这些成本。与此同时，为了选版而购买的服装，也必须是最新款式，虽然旧款比新款要便宜许多。

在购买品牌成衣时，批发商会同时关注版型和底料，如做针织面料的批发商，会尽量选针织底料的成衣；做梭织面料的，则会相应地选择梭织底料的成衣。在颜色上，批发商们会结合工厂后期制作的难度来选择，如一件品牌服装有三个颜色，分别是灰、白、黑，购买的时候，批发商会选择灰色的，因为灰色对于生产中的调色环节而言较为困难，白色或黑色则相对容易掌握，因此对于难调的颜色，倘若有一个现成版型，工厂制作的难度也会降低。

选版后的第二步则是“改版”。较为昂贵的品牌成衣所使用的面料大多质量精良，价格昂贵，批发商们则通过改版，来获得款式相近，质量次于所购买的成衣服装的面料质量，同时又高于市场上流通的低档面料的产品质量。

因此，批发商在选中成衣版型后，还必须对成衣面料进行技术上的修改，才能做出所需的面料。多数批发商只能通过手感，大致判断面料的好坏，专业的修改过程则要请专业的师傅来做，其中涉及用几种线及线的密度等，需要使用纱机等更为复杂的机器。如果技术开发得不到位，研发出来的产品依旧很容易被快速仿制。

卢女士称，她店里的大部分产品，都不是其他模仿经营的批发商能够轻易仿制出来的，她向笔者介绍了研发新产品的难度及流程，称只有自己的产品达到与原版80%左右的相似度，才不容易被仿制，才能留出足够的赚钱时间。然而，卢女士也介绍，相似度没有必要做到90%，倘若做到与原版九成或以上接近，那么所花费的人工和技术成本更多，定价也更高；客户则可能因为价格优势，而选择80%左右相似度的产品。倘若做出来的东西不被客户认可，产品没有销路，也就废了。卢女士称，她家的一个产品，在工厂调了15天，基本的效果还是达不到，遇到这种情况，卢女士通常会选择放弃，转而开发另外的产品，而不会在同一产品的研发上耗费过多的精力。由此，在改版中，家庭企业必须考虑将研发成本控制在客户可接受的范围之内，需要平衡质量与价格，此时并不是质量越好，利润就越大，最为重要的是适应市场。

改版后的产品，再挂上自己的“品牌”，在市场中就成了“品牌产品”，以区别模仿的产品。品牌产品大部分针对中端市场，少部分参与高端市场的竞争。在品牌研发逐渐形成趋势后，市场上的产品则可被划分为“市场单”与“品牌单”两类，分别对应“原版布与“仿版布”两个布种。其中，“原版布指的是自主研发，能够在中端市场流通的布种；“仿版布”指的则是完全依照“原版布”进行仿制，主要在低端市场流通的布种。从上市的速度上看，在换季时，先上市的是“原版布”，而“仿版布”则由于需要仿制的周期，因此晚于“原版布”上市。

在品牌产品的研发过程中，对技术的保密显得十分重要。如今，中大布匹市场的店铺门前大多悬挂写有“禁止仿版”字样的告示牌；相较于此，更为有效的防止模仿的策略仍然是自行生产加工。在生产中，尽管工序是既定的，其中的标准并不一致，尤其是在精品产品的生产中，不仅需要花费更多的时间，还需要更为精确的技术。

由于产品从生产、加工，再投放到市场，整个过程都要求生产商配合批发商共同完成，一旦将研发技术泄露给其他的生产商，那么全部的努力则会功亏一篑。因此，生产商并不放心将新产品拿到其他人的加工厂中去做货，最保险的办法是有自己的加工厂，或投资熟人的加工厂，自行聘请专业设计师或技师，尤其是对市场上较少的特殊产品的研发；相应地，批发商投资生产厂，也构成较为重要的竞争策略。

尽管品牌研发已经逐渐成为专业市场的转型方向，然而品牌单并不一定会对市场单形成较大的冲击。由于二者的产品定位不同，如前所述，品牌单的产品大多流通于中端市场，而市场单的产品则大多流通于低端市场，市场单的产品依然有销路。

有案例表明，集群经济组织的发展所需的品牌优势，还能够通过网络型的经济体作为整体的发展而呈现，如“第三个意大利”的制鞋产业集群、美国的硅谷高科技产业集群，都已形成品牌优势。于本书的案例而言，则是将中大布匹市场打造为一个“品牌”。然而，在笔者调查中，这一类的尝试多是失败的，与上述的集群经济组织发挥品牌效应的情形，形成较大分别。

弗兰西斯·福山对上述差异性进行了一些解释，认为尽管“第三个意大利”被认为是与中国台湾及香港地区的密集型经济模式最为类似，然而“意大利企业网络和华人社会里的企业网络并不全然相同，意大利的版本并不以家庭（家族）为基础，而是根据专业和功能为着眼点，与其他没有亲属关系的公司合作。由此看来，意大利中部的小规模企业网络是企业家经过审慎选择后形成的组织，在社会具有高度自发社交性的前提下，企业家如果有意追求规模，大可放手去做”❶。在笔者调查的家庭企业向专业市场的扩张中，家庭企业、亲属及社会网络仍然具有相对重要的作用。

在笔者调查的专业市场中，虽然批发商们也试图进行品牌产品研发，然而其品牌产品的内涵及意义，与规模公司的品牌意义仍然有所不同。❷ 弗兰西斯·福山指出：“只有能够善加利用规模经济和达到行销规模的公司，才有可能建立品牌，换言之，拥有品牌的公司必须相当大，而且长时间亲近消费者，如此消费者才能逐渐了解他们产品的品质和独到之处。例如，柯达、

---

❶　弗兰西斯·福山．信任：社会道德与繁荣的创造［M］．李宛容，译．呼和浩特：远方出版社，1998：125.

❷　在对“自己人”与“外人”的界限进行区分时，黄光国主编的《中国人的权力游戏》；孙治本的文章《台湾家族企业的内部整合及其领导风格》；张强的文章《自家人、自己人和外人：中国家族企业的用人模式》、郑伯埙的文章《自家人、自己人和外人：中国家族企业的用人模式》等分别进行过讨论。

西尔斯这些品牌都可以回溯到19世纪，而日本品牌如三洋、松下、资生堂等的历史虽然没有那么悠久，但他们的母公司都是规模庞大、制度完善的机构。”❶ 尽管如此，在专业市场的发展中，家庭企业也能够通过技术创新而获得在市场竞争中的差异化发展。

那么，在这样的前提下，家庭企业的品牌研发或技术创新，是否以及在何种程度上能够被视为创新，家庭企业创新的深层逻辑是什么，笔者将在下文中进一步予以解释。

第三节　新瓶装旧酒：模仿还是创新？

一、品牌竞争与高端复制

在专业市场的发展中，尽管家庭企业已经开始尝试进行品牌产品的研发及生产，然而过于跟随高端市场的流行发展趋势的情形仍然是存在的，家庭企业的品牌研发仍然在一定程度上是对高端市场产品的模仿，尤其在品牌产品的设计环节上。

在品牌产品的竞争逐渐形成趋势后，一个较为明显的变化是设计师地位的凸显。20世纪80年代以来，尽管消费者的时尚观念发生了较大转变，如从习惯于穿着统一化的、色彩单调的服装，到传统的审美观点被打破，继而追求多元化；然而，很长一段时间以来，时尚或流行风格仍然是较为保守的，裙子的长度以过膝裙为主，款式也相对简单。于是，批发商们对流行时尚的信息较容易掌握，能够相对快速、准确地定位流行的趋势，设计出相应的产品，设计师也并没有像当下一样成为行业内供不应求的热门职业。

如今，品牌的研发与生产，则在很大程度上依赖设计师的工作。批发商除了亲自去全球时尚尖端城市寻找版布，还会大量地从设计师手中购买现成的版型，也会与设计师进行合作。其中，批发商与设计师合作的直接途径有两种，其一是从设计师手中直接购买他们设计好的版布；其二是请设计师对

---

❶ 弗兰西斯·福山. 信任：社会道德与繁荣的创造［M］. 李宛容，译. 呼和浩特：远方出版社，1998：97.

现有产品进行改版。设计师在了解流行趋势，对该年度的时尚信息有了一定把握后，可以自行设计版布，并将其卖给批发商。设计师也会按照批发商的要求或想法，对现有的版布进行技术层面的修改。

在对流行及时尚信息的整合中，设计师的做法与批发商类似，他们并不会在品牌开发中完全依赖自主设计，而更多地是在原有版型基础上进行修改。在收集流行信息的途径上，设计师也会到全球时尚的前端地区获取设计灵感。徐先生说，他们在韩国找版的时候，经常会遇到在当地看版的设计师。与批发商不同的是，大多有资历的设计师，再对面料观察一二后，便能把握住当季或当年的流行趋势，而不一定要把衣服买回来。只有对于拿不准的产品才花钱购买，有时候为了节省成本还会拍照。

因此，对于不少的设计师，包括与大型面料厂商合作的设计师而言，他们的设计理念并不完全是原创的，为了符合市场的需求，他们必须对所掌握的流行信息进行再加工，因而在设计中包含大量的修改，即对高端面料的不同程度的模仿。

换言之，设计师的设计，首先是满足市场定位的需求，而不是满足于自己的设计理念。徐先生介绍，在他看来设计师水平的高低并不在于其画得多么漂亮，也不在于其设计出来的产品有多么特别，而是在于是否能够捕捉时代的信息——现在大家都在流行什么，哪怕是从电视或者杂志中获取一些灵感，这是最为关键的。只有能够把握住流行趋势，才能够设计出有别于市场同等定位的产品，才能吸引到市场注意力，进而占有市场空间。因此，在寻找合适的设计师时，徐先生更加看重的是设计师的“眼力”。

无论是批发商，还是设计师，最终需要的是对时尚信息的及时把握；与此同时，由于市场有高度的不确定性，灵活地把握市场的规律，准确地将时尚信息进行定位，就成为家庭企业的主要商业策略。由此，在品牌开发中，批发商并不盲目地追求与高端设计竞争，而是更为关注当下流行的走向与定位，生产出符合市场需求的产品。

对于批发商来说，他们不太可能完全依赖设计师进行新版开发，批发商自己找版，以及与设计师合作，通常是同步进行的。王先生介绍，为了寻找新品版布，他每年都会去日本几次，看到当地的成衣中，哪些面料可以用得上，就把衣服买回来，之后再找设计师改版，挂上自己家的品牌，再以品牌产品的价格及定位投入市场。王先生介绍，改版后的面料，有可能再次流入到国际市场，即面料以服装原材料的形式流入国外的服装加工厂，或在国内进行成衣加工后，再流向国外的成衣市场。

独立研发的产品通常早于模仿的产品，且款式上不会与其他店铺的重复，加之产品的质量好，在技术上有一定的原创性，也能够在一定程度上预测流行的趋势，因此价格也比仿制品高出许多。在这样的前提下，竞争的本质就转变为是否能够以最快的速度找到独具特色的面料。

对此，徐先生认为，向高端品牌的“靠拢”，在产品开发中“绝对是一条捷径”。倘若批发商或设计师在设计中较多地参考现有的设计，便能够节省下来更大的设计成本，与此同时，还能够在短时间内设计出数量较多的款式，便于集中地投放到市场上，以获得丰厚的利润。经过修改的产品，相比于不做开发的批发商而言，在同行之间也更具有竞争优势。

家庭企业注重与当下市场的契合，在一定程度上也凸显出吉原久仁夫所说的家庭企业所具有的投机特征。他指出，华人家庭企业在对技术创新的态度上是较为保守，他们以掌握现有的技术为目的，较少考虑自主创新。家庭企业的经营者们，通常希望能够在最短的时间内，找出最优的解决办法。❶

因此，从某种意义上说，家庭企业的品牌研发，仍然是家庭企业应对市场压力的短期策略。受到市场饱和压力及利益驱动的双重影响，品牌研发的主要目的是实现短期内的产品差异化而采取的策略，因而有被动适应市场的面向。加之笔者在前文中提及，无论是品牌批发商，还是非品牌批发商，均尚未形成对市场的垄断，与大型企业的融资方式不同；在这样的前提下，可以初步预见的是，品牌产品在逐渐适应中端市场后，仍然需要较长的时间向高端市场过渡，家庭企业在技术创新上的速度也是相对缓慢的。

如今，从全球纺织产品的市场定位及分布来看，已经形成较为明显的地区差异。以英国为主要制造出口国的欧洲市场，占据全球约40%的高端市场的份额，以中国及印度为主要制造及出口国的亚洲，则占据约60%的中低市场的份额。❷ 与此同时，亚洲市场的设计，又在很大程度上参考欧洲等高端

---

❶ YOSHIHARA K. The problem of continuity in Chinese businesses in southeast Asia [J]. Southeast Asian studies, 1987, 25 (3): 112－129.

❷ EUMSE. Business opportunities and challenges in the textile and apparel market in China [J]. EUMSE center, 2017.

时尚品牌的设计，亚洲与欧洲的出口市场间，形成较为明显的产品定位的差异特征。从这个意义上说，家庭企业想要突破现有的瓶颈，进而向高端市场过渡，成为企业持续发展需要面对的问题。

如前所述，家庭企业在外部压力增加，利润空间缩小的前提下，开始尝试将品牌开发作为持续发展的策略，而悖论的是，来自内外的压力，也相应地构成技术变革的动力。然而，在全球化的背景下，技术创新的动力已经不限于企业内部的管理结构的影响，而是在很大程度上与全球经济发展紧密相关。那么，在全球化的背景下，家庭企业或专业市场如何突破瓶颈实现持续发展，其创新的动力是什么，笔者将在下文中进行讨论。

二、全球化、时尚与创新动力

弗兰西斯·福山指出，华人企业较为杰出的部分，多半是属于劳力密集的产业，或是变动迅速、高度分工的小市场，所以像纺织、成衣等产业，就是华人企业可以扬眉吐气的领域，家庭企业的弹性奇佳，并且决策迅速，相比之下，高度资本密集，或是基于复杂制造的过程，规模报酬率极高的产业，如半导体、航天、石化工业等，华人企业的表现相对劣势。弗兰西斯·福山以生产电脑微处理器为例，指出中国台湾厂商的优势在于能够组装无数台没有品牌的个人电脑，然而其竞争力仍然停留在消费末端产品上，因为缺乏核心技术，无法像日本的日立或 NEC（日本电气公司），与英特尔（Intel）、摩托罗拉（Motorola）一争长短。❶

弗兰西斯·福山进一步指出，大型企业创新是由资本带动的。与此同时，在大型企业占垄断地位的行业中，企业的生产在较大程度上决定流通，技术创新是大型企业实现市场垄断的直接途径与目的。❷ 然而，专业市场的发展路径与其不同；专业市场的发展，在很大程度上受到由买方驱动（buyer - driven commodity chains）的产业链的影响。

不少研究表明，在劳动密集型的行业中，大型零售商、知名零售商和贸易公司，在出口国（通常是第三世界国家）建立分散的生产网络方面发挥关

---

❶ 弗兰西斯·福山. 信任：社会道德与繁荣的创造 [M]. 李宛容，译. 呼和浩特：远方出版社，1998：98.

❷ 同❶.

键作用，如台湾地区家庭企业扩张的主要驱动力，就在于将其纳入由跨国品牌营销公司控制的买方驱动的产业链的基础上。[1] 在专业市场的发展中，尽管不存在上述类似台湾地区的家庭企业受跨国品牌营销公司控制的情形，然而买方驱动的产业链仍然发挥较为重要的作用。在专业市场的发展过程中，较为明显的特征是生产为流通所控制，而不是流通为生产所控制。

以市场为最终导向的产业链，使得家庭企业无论是在模仿经营，还是品牌研发中，均在很大程度上受到外部环境的影响，尤其是在全球经济的发展中，家庭企业的创新动力与全球经济发展及其时尚体系的建构过程有较为紧密的关联。而在全球化的背景下，消费者的时尚及消费观念，又在很大程度上为以全球产业链顶端的高端设计为主导的时尚观念所建构，这在很大程度上影响了家庭企业对于时尚信息的把握，进而影响家庭企业的设计理念及创新策略，构成影响企业创新动力的来源之一。

慕迪·海莱（Mukti Khaire）与埃里卡·霍尔（Erika Hall）将全球时尚话语体系区分为西方与非西方的二元对立结构，他们以印度的时尚产业发展及产业创新为例，指出全球经济发展在推动时尚观念的变迁及时尚产业发展中的作用，认为全球时尚观念能够通过印度的媒体话语被公众接受；在这样的前提下，非西方，尤其是第三世界国家地区的时尚及流行观念，在很大程度上受到西方时尚观念作为主流话语体系的影响，进而构成全球化背景下审美政治的具体表达。[2]

蒂姆·林格伦（Tim Lindgren）则在对上海的时尚设计师对于时尚城市观念建构的影响时指出，在上海的时尚设计师群体中，依然存在所谓“山寨”的情形。他认为：“山寨”现象意味着从其他的设计师处直接获取想法，（其中包括获取全部的想法或部分的想法），因此即便是部分地仿照了某种产品的设计，也被算作是山寨的现象。而按照蒂姆·林格伦的定义，山寨现象广泛存在于笔者讨论的品牌研发案例中。目前，不少进行品牌生产的批发商们，在很大程度上也并不否认在品牌研发中，存在对于高端产品的模仿行为。

智先生是经营服装批发及生产的大型批发商，依靠对高端品牌产品的模仿经营而逐渐将生意做大。智先生与朋友合伙开婴儿服装加工厂，他的厂址

---

[1] PERRY M. Small firms and network economies ［M］. New York：Routledge，2002：159.

[2] KHAIRE M，HALL E V. Medium and message：globalization and innovation in the production field of Indian fashion ［J］. Organization studies，2016，37（6）：845－865.

位于河南安阳，在安阳有两家制造厂，分别占地面积为36亩和80亩。除此之外，智先生在成都还有办事处。智先生的儿子高中还没毕业就出来跟他一起做事，而他的一个表弟在成都的办事处帮忙，妻子在安阳做全职家庭主妇，智先生本人则一年330天左右在外跑生意。由于智先生认为广州更加接近市场，因此正打算在广州开一个办事处，以便能够接到更多的订单。

笔者曾经随同智先生去广州白云区与客户洽谈。智先生此行的目的是开发一种新产品，即婴儿背带。在此之前必须对这件产品的销路有所了解，为此智先生首先在阿里巴巴选定一家供货商，他自己则声称是经销商，而实际上是想自己给工厂增加一种产品，自产自销，这样供货商便会把产品的优劣与经销商讲清楚，而他想要详细了解产品的目的也达到了。在了解清楚市场之后，便打算自行生产婴儿背带，并挂上自己的品牌。

白云区的生产商，共生产三个品牌的婴儿背带，分别是“JDB”“YDB”，还有“GDB”。这些都是模仿国外的原版产品做出来的，因此无论是智先生，还是白云区的生产商，他们都尚未对该产品进行完全的自主研发，而是借鉴美国或深圳的大型生产商已经做好的原版产品。

蒂姆·林格伦将“山寨”现象视为是设计师能够适应本土市场的一种能力的体现。[1] 这种对于本土市场的适应，在笔者调查的家庭企业的创新策略中，也能较为明显地体现出来。

尽管无法与高端品牌直接形成竞争，然而家庭企业所开发的品牌产品依旧有较为宽广的销路。智先生介绍，由于比原版便宜，这类模仿生产的产品几乎占据全部的二线、三线城市，如在他位于成都的办事处中，就能够接到大量来自成都地区地级市的订单。与此同时，中大布匹市场上的多位受访者，他们生产的品牌产品，由于价格较低，款式新颖，不仅畅销于国内市场，也在全世界范围内广受欢迎，远销非洲与南美洲市场。

对于高端产品的仿制，是否能够称为“山寨”行为，在批发商中有不同的标准。智先生强调，由于中国的法律对此并不加保护，因此只要自己的产品与原版有微小的不同，那么这当中便是存在创新及研发，从正规性上说，便不是“山寨”。因此，智先生将其生产的婴儿背带称为“原版”，而将自己做的产品称为与原版不同的“新产品”。徐先生也认为，虽然他们的产品会

---

[1] LINDGREN T. Chinese fashion designers in Shanghai: a new perspective about their role in the construction of a fashion city [M]. London: Royal College of Art, 2012.

借鉴外国已有的成品，然而单纯认为是“山寨”也并不完全符合实际，因为这个过程中也包含大量的产品开发。

笔者认为，家庭企业对于高端品牌的模仿研发，更倾向于作为面对压力时的适应策略。即便是模仿高端品牌的制造商，在与笔者交谈中，批发商们也在不断地强调他们的产品有创新和研发的部分，因为他们已经越发熟知产品的创新与研发对于企业持续发展的影响。

值得注意的一点是，流行的观念并不是一成不变的，设计理念本身是全球化与地方时尚产业互动及博弈的体现。慕迪·海莱与埃里卡·霍尔在对印度时尚观念转型的研究中指出，当外界对于时尚的常规认知发生变化时，创新也随之被接受。而时尚观念发生变化的依据，则在于全球化与本土化的结合。他们认为，全球性的时尚观念也与印度本土的时尚观念相结合，构成创新的动力；而这种在全球化与本土化互动前提下形成的创新动力，是在过去的产业创新中被忽视的，实际上较为重要的部分。❶ 就专业市场上品牌产品的持续发展而言，突破的瓶颈则在于更多地将本土的设计思路，与全球化的设计趋势相结合，以此在全球市场竞争中，获得与高端市场的竞争优势；而全球化的时尚观念与本土化的设计理念的融合，也成为家庭企业持久发展及创新的动力之一。

本章小结

本章讨论了专业市场的饱和发展及其应对策略。在家庭企业扩张为专业市场的过程中，出现饱和化发展的趋势。其中，在市场发展初期，模仿生产是主要的竞争策略；随着同行的数量，尤其是经营同类产品的家庭企业数量增多，市场竞争加剧，利润率降低，家庭企业的经营者们不得不寻找新的途径以维持利润空间。加之受到来自外部的竞争压力，如店铺租金上涨的影响，家庭企业开始转变为以实现不完全竞争，即产品差异化竞争为目标，品牌开发逐渐成为家庭企业策略转型的主要方向。

通过品牌研发，家庭企业获得相较于同行的竞争优势，不再受店铺租金

❶ KHAIRE M, HALL E V. Medium and message: globalization and innovation in the production field of Indian fashion [J]. Organization studies, 2016, 37 (6): 845 – 865.

的约束，在一定程度上缓解了市场饱和所带来的压力。然而，家庭企业对品牌的研发，尚未实现完全的自主开发，而是包含对高端品牌的模仿。笔者认为，这不仅与专业市场的发展，及与全球市场的关联相关——从全球范围来看，发达国家无论从高端市场的份额，抑或对流行与时尚信息的引导上，均存在一定的优势；与此同时，流通决定生产，使得家庭企业不得不在短时间内迅速做出符合市场需求的反应，而非对技术进行耐心的研发。以上两个条件，构成家庭企业在技术创新中同时进行模仿生产的竞争策略。

笔者认为，在品牌产品的研发中，家庭企业对于高端产品的模仿，在很大程度上是作为应对全球资本主义发展的积极适应。在市场饱和发展，利润空间缩小的前提下，技术创新所需的成本是巨大的。然而，家庭企业对高端产品的模仿，是一种在缺乏外部资金及政策支持的前提下，能够降低开发成本，且在短期内克服经营的阻力的较为有效的途径；除此之外，家庭企业对现有品牌的模仿，也会融入新的思路，而不是简单地对既有品牌的复制，因而与初期竞争中的模仿生产不同。

本书的个案呈现在家庭企业技术创新的主要策略，以及不同于大企业的技术创新的变迁路径。然而，在专业市场的发展中，对于高端品牌的模仿，在一定程度上，仍然是家庭企业应付压力的短期策略，而非长远考虑；随着市场的扩张，中低端产品的市场很可能再次形成饱和化发展，家庭企业继而不得不再次寻求可能的突破路径。因此，在这样的循环中，不可否认的是家庭企业的技术进步是客观存在的，尽管是相对缓慢的。

家庭企业的技术创新的稳定性，还有赖于外部的商业环境的支持。换言之，家庭企业对技术创新的实践，需要在外部的商业环境相对稳定的前提下进行。受到全球市场的冲击及来自产业链的竞争影响，家庭企业的发展实则有较为不确定的一面。因此，家庭企业在向专业市场的扩张中，为了实现持久发展，则不仅需要掌握更为核心的研发技术，又需要可靠的外部条件的支持。

第八章

结　论

本书分别从家庭企业的创立与发展，家庭企业对商机的把握及策略，家庭企业的环节与产业链分工的关联，非正式信用体系的建立，技术创新对专业市场持续发展的影响的五个方面，以及对家庭企业向专业市场扩张的过程进行了描述。笔者认为，家庭企业向专业市场的扩张，主要是基于如下因素的推动：其一是以亲属及家庭所有权为基础的企业管理制度；其二是建立私人网络之上的非正规商业策略；其三是家庭企业对产业链分工的适应；其四是以私人关系为基础的信用体系；其五是家庭企业的技术创新策略在应对市场饱和化发展中的作用。研究发现，家庭企业不仅能够在以小型商业为主的行业领域中表现出较大的优势，还能够扩张成为具有全球网络的规模经济，这是家庭企业的潜力所在。除此以外，家庭企业向专业市场的扩张，也与广阔的国内及全球市场的发展有较为紧密的关联。专业市场的发展还促使家庭工商业的进一步融合，推动中国的工业发展及城镇化进程。笔者将在结论部分，对推动家庭企业向专业市场扩张的因素，家庭企业的策略，以及由专业市场的发展所带动的对中国的工业化及城镇化进程的影响进行总结，并提炼出相关论点。

一、亲属、家庭所有制与家庭企业发展

以亲属及家庭所有权为基础的管理制度，在家庭企业扩张为专业市场的过程中，发挥较为重要的作用。华人家庭企业的已有研究表明，建立在亲属及家庭所有权之上的管理方式，无论在推动小型家庭企业的发展，抑或大型家族企业当中，都有较为明显的作用；华人家族企业的发展在很大程度上依

赖对亲属及家庭所有制的利用。本书的案例则进一步表明以亲属及家庭所有权为基础的管理制度，在家庭企业向专业市场扩张中的重要性。

亲属及家庭所有制与现代企业管理理念并不矛盾，相对地，在吸纳和保有劳动力资源，提高员工工作效率方面，有积极的作用。在家庭所有制所建构的企业管理策略下，老板与员工之间没有明确的界限，雇佣法则中的亲属优先，使得劳动力能够在企业发展中，既不去计较工时，同时保证较高的工作效率；而成为老板的目标，也使得员工能够在更为积极的状态下，完成老板所交代的工作任务。透过家庭及亲属网络，家庭企业的劳动力有充足的保证，这不仅仅在于对劳动力的数量的保证上，员工雇佣的内部推荐，也降低了雇佣中的不确定性，正如马丁·佩里指出，通过亲属关系产生的雇佣中，新员工会受到老员工的非正式监督（informal surveillance），这确保了员工在不需要多余的制度性管理措施的前提下，最大限度地尽到作为员工的责任。[1]

弗雷德里克·巴斯（Fredrik Barth）在一项对企业家的研究中指出，企业家精神与四个因素密切相关，分别是：家庭行业的管理能力、创造力、利润获取及风险承担。[2] 他指出，创造力是在检验企业家对于社会文化变迁的影响方面最为重要的评判指标；而弗雷德里克·巴斯所说的创造力，则主要指的是企业家“发展及利用新的社会关系的能力”[3]。因此，弗雷德里克·巴斯认为，家庭企业的发展能够在某些程度上反映社会文化的变迁，这在笔者调查的家庭企业策略中也有所体现。

尽管在传统中国社会的家族主义原则中，父系继嗣发挥较为重要的作用；然而，在笔者调查的家庭企业中，母系亲属无论是作为家庭企业的合伙人，抑或是在家庭企业重要岗位任职上，均有较为明显的地位。以亲属及家庭所有权为基础的家庭企业发展，同样在很大程度上依赖对母系亲属关系的利用。相应地，在家庭企业需要扩大规模时，姻亲关系的作用也被进一步凸显，如丈夫不仅可以与自己的兄弟姐妹合伙，妻子的兄弟姐妹也可以作为合伙人的选择。除此之外，在家庭企业的性别分工中，尽管传统家庭中的性别分工能够在一定程度上影响家庭企业的分工方式，然而在关键岗位，如财务、销售

---

[1] PERRY M. Small firms and network economies [J]. New York: Routledge, 2002: 58.

[2] BARTH F. The role of the entrepreneur in social change in northern Norway [M]. Bergen: Norwegian Universities Press, 1963.

[3] 同[1].

等的任职上，女性的地位越发凸显，在家庭企业决策中的作用也越发重要。

值得注意的是，家庭企业对于母系亲属的重视，虽然在一定程度上显示社会文化变迁的面向，然而并不能够就此说明父系继嗣原则的根本变化。笔者更倾向于接受吴燕和[1]的观点，即将家庭企业对母系亲属的重视，视为家庭企业适应多变的商业环境的结果，是其商业策略的一部分，而这一变化与父系继嗣的原则在家庭生活中所发挥的作用并不矛盾。与此同时，女性在家庭企业中发挥越发重要的作用，也并不意味男女地位的根本变迁，女性仍然较多地承担传统家庭性别分工中的角色。在这样的前提下，家庭企业对于父系亲属以外的亲属的拓展及利用，则更多地体现为家庭企业基于商业理性而做出的策略选择，从中也能够体现家庭企业对于外部环境的灵活适应。

在家庭企业策略中，家庭企业的所有者始终将家庭利益置于首位。其中，家庭成员的个人财产将最大限度地作为家庭企业发展的资金，第二代的经营者也将此作为家庭成员的义务而加以履行。除此之外，在家庭企业发展中，企业家二代在家庭企业中的决策，也在很大程度上受到家长权威的影响，企业家二代无论在职业选择、企业决策，抑或是个人财产的支配上，均在较大程度上依照父母或长辈的决定。

二、社会网络与专业市场扩张

社会网络在家庭企业获取商机及商业策略的实践中发挥重要作用。家庭企业通过亲属网络获取直接的商业信息，并通过更为广阔的熟人网络实现商业信息及商业资源的共享。

家庭企业的路线与亲属资源有紧密关联，亲属资源在很大程度上决定家庭企业的行业门类与地理迁移的路线，是家庭企业创业及发展的直接依赖。华人家庭企业的研究表明，家庭企业并不局限于在一个地点的长久发展，而是随着商机的发展而移动的[2]，这一点在笔者调查的家庭企业的商机扩张中也有较为明显的体现；家庭企业在面对商机时，通常具有敏锐而谨慎的策略。

家庭企业在向专业市场的扩张中，不仅依赖对亲属网络的利用，也充分

---

[1] WU D Y H. The Chinese in Papua New Guinea, 1880 – 1980 [M]. Hong Kong: Chinese University of Hong Kong Press, 1982: 1982.

[2] 同[1].

利用了亲属以外的关系，如朋友、战友、同学、同乡网络等；建立在社会网络之上的商业团体，在家庭企业获取商机及商业资源的过程中，也发挥重要的作用。约翰·奥莫亨德罗在对菲律宾华商的研究中发现，成功的企业家们通常拥有更广泛的亲属网络，与本地人建立起拟亲属关系，而正是这种亲属及拟亲属关系，构成企业发展的商业资源，为企业发展提供支持。[1]

熟人团体能够通过对商业信息或资源的垄断，实现信息及资源的内部共享与外部封锁，从而实现对商机的垄断。而信息在商业团体中的共享及封锁，不仅使信息在商业团体内部的传播更加快速有效，也形成对其他竞争团体的封锁，凸显了商业团体的优势。不少研究表明，华人家庭企业对于信息的内部封锁，构成华人家庭企业相较于其他族群而言，在商业竞争中的主要优势之一。[2] 然而，商业团体的竞争封锁策略，也使得尚未建立起基于熟人团体的稳定合作关系的家庭企业，在竞争中处于弱势地位。

商业团体的建立、维系与稳定发展，与商业团体之中个体成员的信誉相关。在商业团体内部，供货商与客户之间，基于私人信用进行的商业合作，是专业市场内部，进行资源整合的直接途径。成员良好的信誉及声望，能够为商业团体带来更多的合作机会，实现利润的扩大。而声望的建立，在很大程度上，并不是依赖原生的关系，如亲属或血缘，而更多的是在商业交往中所积累起来的信任，并以此作为商业交往中的凭证及担保；这也相应地解释了家庭企业为何更加倾向于与熟悉的供货商或客户进行商业往来。而熟人信誉对于降低交易过程中的风险而言，也是相对有效的途径。从某种程度上说，相较于家庭或亲属等原生性的社会关系，建立熟人信用之上的商业关系，对于家庭企业策略而言，具有更为重要的意义。

面对广阔的商机，专业市场中的家庭企业策略则展现出与华人家庭企业策略所不同的面向。一个较为明显的变化是家庭企业逐渐开始与外国人合伙。此前有研究表明，不同的族群间较难进行实质性的商业合作，华裔与非华裔间的合伙经营的案例，更多是与所在国家或地区对于华人或少数族裔的政策相关。如克利夫顿·巴顿在对越南西贡华人商业的研究中指出，华商在特定的情况下，会选择与本地越南人合作，并由越南人作为企业的挂名负责人

---

[1] OMOHUNDRO J T. Social networks and business success for the Philippine Chinese [M] // LIM Y C L, GOSLING L. The Chinese in southeast Asia. Singapore: Maruzen, 1983.

[2] PERRY M. Small firms and network economies [M]. New York: Routledge, 2002: 57-58.

(front men)，而实际上则由华人经营，这是因为政府在特定的行业中限制外国人的参与，也可能是华商期望能够从中获的保护，以便不受地方官员和税务人员的管辖。[1] 然而，以策略性的回避为目的的合伙，与笔者调查的专业市场中家庭企业与外国人合伙的情形不同。在专业市场中，家庭企业与外国人的合伙，更多是基于商业利益；与此同时，也有利于跨国商业网络的拓展。由此可见，外部的政治、社会及文化环境，能够对家庭企业的策略产生较为深远的影响；相应地，开放的社会及文化环境，多元族群文化的并存，也在一定程度上构成商业活动持久繁荣的基础。

三、商业活动、私人信贷与口头契约

家庭企业向专业市场的扩张，还有赖于建立在私人关系之上的信用体系。信用及理财的重要性已为不少华人家庭企业的研究实践所证实。笔者将进一步强调，在家庭企业向专业市场的扩张中，以私人关系为基础的信贷系统，包括但不限于私人信贷、口头契约、内部仲裁的策略，也发挥相应的作用。

个人储蓄与亲属借贷，在家庭企业的初始资金筹集中，发挥较为重要的作用。家庭企业除了利用亲属关系，还较大程度地利用了私人团体之上的融资。建立在私人团体上的融资，能够满足较大额度的资金周转。除此之外，拟亲属关系也是家庭企业开展融资活动的主要依赖途径之一，尤其是在不具备亲属或有利的私人团体进行融资时，家庭企业还可以借助拟亲属关系进行资金周转；不少的受访者也表示，拟亲属关系的缔结，最为主要的是解决资金周转问题。

家庭企业从初期创立到规模扩大，都离不开对私人融资的依赖；而建立在私人关系上的融资借贷，不仅能够满足华人家庭企业中，如餐饮店、旅店、修理店等小型家庭企业的资金筹集，在专业市场的发展中，对于解决大型商业网络发展中的资金问题，也有一定的作用。

口头契约在商业团体的内部联系上，仍然发挥较为明显的作用，尤其是在与熟悉的商业合作者进行商业往来时，彼此之间并不需要开具书面的合同

---

[1] BARTON C A. Trust and credit: some observations regarding business strategies of overseas Chinese traders in south Vietnam [M] // LIM LY C , GOSLING L A P. The Chinese in southeast Asia: ethnicity and economic activity. Singapore: Maruzen Asia, 1983: 48.

文件，口头契约相较于文字契约，有较广的应用范围。华人家庭企业当中的一些个案表明，口头契约在1950年前的出现及利用率较高，1950年后，家庭企业大多使用正规交易方式。[1] 事实上，是否使用正规合同文件进行交易，除了与家庭企业的策略有关，还与所在国家的法律环境及商业环境的整体变迁相关。就本书讨论的专业市场的发展而言，家庭企业仍然无法仅仅通过正式的契约合同，来保证商业往来的顺利进行；正规合约的订立，在很大程度上仍然需要以私人信用为基础。

倘若正规合约的签订缺乏私人信用的保障，则在很大程度上无法保障合约签订人的权益，这一点在批发商与业主签订店铺的租赁合同，店铺进行承租或转租生意的个案中能够体现出来。其中，最为明显的是，倘若没有熟悉的中间人做担保，批发商在与二房东进行商业交易时，很有可能陷入由大房东与二房东的冲突所导致的纠纷中，而使自己的交易地位处于劣势，最终在交易中受损。相反，成功的案例则表明，私人关系不仅在保护家庭企业的利益，并且在解决家庭企业的纠纷时，都具有相应的作用。

家庭企业在解决商业争议纠纷时，能够较为明显地观察的是内部仲裁与私人调解的作用。尽管正规性的商业法规也被用作解决商业纠纷的途径之一，然而相对有效且更低成本的途径，仍然是以内部仲裁与私人调解为主的调解方式。一方面，由于家庭企业在生意上较多依赖熟人间的往来，为了维持原有的商业关系，在能够进行私人调解的前提下，家庭企业的从业者们往往不会诉诸于正式的法律途径解决纠纷；另一方面，家庭企业内部也存在能够进行内部仲裁与私人调解的机制。

有研究表明，在华人社会或传统乡村社会中，社区仲裁是调解纠纷较为直接的途径，而社区仲裁的解决方式也被家庭企业所利用。[2] 在笔者调查的家庭企业中，家族关系与家族权力是影响商业纠纷解决的主要途径之一，除此以外，笔者尚未观察到其他较为明显的内部仲裁的方式。在内部仲裁中，关键仲裁人在调停商业纠纷时发挥相对重要的作用，而仲裁人则由相互关联的几个家族当中最有声望的人充当。声望则与仲裁人在商业上的地位相关，

---

[1] GLOPPER D R. Doing business in Lukang［M］//WILLMOTT W E. Economic organization in Chinese society. Stanford: Stanford University Press, 1972.

[2] DEWEY A G. Trade and social control in Java［J］. The journal of the royal anthropological institute of great Britain and Ireland, 1962, 92 (2): 177－190.

与辈分的关联性不大，因此一些年轻的、在商业活动中颇有实力的企业家，也可以成为商业团体内部的关键仲裁人。就家族内部仲裁而言，其在解决特定的商业纠纷上，相较于正规性的法律途径而言更为快速、有效。

四、家庭企业分工与专业市场网络

在专业市场的发展中，产业链的分工也是依托家庭企业的合作而实现的。以家庭企业为基础，生产及流通的各个部门间，形成紧密的纵向关联，这是家庭企业发展为专业市场所必不可少的条件。在家庭企业的配合下，产业链的不同部门之间展现出高度的协调，家庭企业也透过亲属及社会网络，沟通了从生产者、供货商，再到客户的整条产业链。基于家庭合作的产业结构，也在一定程度上解释了为何在缺少制度化企业的规程时，产业链中仍能够形成紧密的分工协调及配合，同时发挥规模化公司中，由职业经理人所专门协调控制的分销过程。

在产业链内部，由于不同的商业团体中存在高度的竞争，这也在一定程度上导致市场的饱和化发展，进而加速产业链的部门分工的不断细化，以便获取更多的生存空间；其直接的后果之一是行业门类的增加。因此，不仅是产业链的分工为家庭企业所影响，家庭企业也推动着专业分工过程的细化。家庭企业一方面，能够适应大型专业市场发展所需的分工需求；另一方面，也对产业链的行业门类的细化产生影响，两个过程的交替，使得家庭企业能够不断扩张，最终发展为能够适应大宗生产及流通的经济体，构成家庭企业发展为集群式商业组织的动力之一。

有关于华人家庭企业的研究表明，家庭企业能够在服务业中展现优势，这一点在华琛、吴燕和、陈祥水对于华人家庭企业的研究中均有所体现，其中涉及行业最多的是餐饮业，除此之外，还有其他的零售及服务业。[1] 然而，华人家庭企业的发展较少与制造业的发展联系在一起。约翰·奥莫亨德罗在对菲律宾伊洛城的华人家庭企业的研究中，还特别指出由于电力成本极高，

---

[1] WATSON J. Emigration and the Chinese lineage: the mans in Hong Kong and London [M]. Berkeley: University of California Press, 1975; WU D Y H. The Chinese in Papua New Guinea, 1880 - 1980 [M]. Hong Kong: Chinese University of Hong Kong Press, 1982: 89; CHEN H S. Chinatown no more: Taiwan immigrants in contemporary New York [M]. New York: Cornell University Press, 1992: 104 - 127.

以及从马尼拉至西维萨亚斯的分销系统足以对当地的制造业形成竞争优势等原因，本地的制造业发展极为缓慢，而华人投资制造业的情形也相对较少。❶笔者讨论的专业市场的发展则证明，家庭企业不仅能够适应服务业领域的发展，也能够在一定程度上推动制造业的发展，在集群商业组织的发展中展现优势，形成与国内外市场紧密联系的全球化的商业网络。

亲属及社会网络在家庭企业建立产业链的内部关联时，发挥较为重要的作用。其中，家庭企业能够通过亲属及熟人网络，将产品从原材料加工环节，在制成成品后，传送到全球各地，亲属及社会网络是家庭企业形成全球化的产销网络的基础。在亲属网络及熟人信用的担保下，家庭企业能够相对容易地突破地理上的边界来获取发展；亲属资源及熟人信用也在一定程度上限制家庭企业的扩张，特别是对于不具有相应的社会关系的家庭企业而言，他们也很难通过其他方式重新建立起新的商业关系，进而获取相应的商业资源。

中大布匹市场的发展，家庭企业在城市边缘地带的扩张，也使得以中大布匹市场为中心，在城市中形成较为独特的生态区域。伴随新的家庭企业的不断创立，家庭企业的从业人数不断增加，带动了市场所在片区的店铺及住房租赁的需求，推动了房屋租赁市场的发展，使得店铺出租逐渐成为独立的行业门类。店铺出租作为独立行业门类的出现，使得本地村民逐渐具有作为店铺或房屋租赁业主的身份，改变了村民原有的以农为生的生计模式，影响城市社区的发展及变迁。

五、全球化与海外商业网络建构

全球资本主义是家庭企业扩张成为具有全球商业网络的大型市场的外部动力之一。全球化为家庭企业的发展提供了广阔的商机；以家庭企业为基础的流通网络，不仅与国内市场有密切的关联，也与国外市场有紧密的联系。家庭企业的流通网络目前已经扩展至全球，产品除内销之外，也进行对外贸易，市场范围远至东南亚、南亚、中东、非洲、欧洲等地。总体上看，中大布匹市场已经形成商业网络覆盖全球的专业化产品的大宗商品交易市场；以中大布匹市场为中心的生产及流通体系，也受到全球化的商业网络体系构建

❶ OMOHUNDRO J T. Chinese merchant families in Iloilo：commerce and kin in a central Philippine city［M］. Columbus：The Ohio University Press，1981：77.

的影响。

亲属及社会网络能够为家庭企业的扩张带来直接的资源，透过私人网络，全球化的商业网络体系得以形成，家庭企业进一步向全球市场扩张，从这个意义上说，家庭企业向海外的扩张路径，与大型制造企业，抑或跨国公司的海外扩张路径有较为明显的差别——非正规的商业组织及制度，对于全球化商业网络的构建有较为重要的影响，全球化商业网络的内部关联，在较大程度上，依赖于建立在熟人关系之上的信用。

家庭企业的生产体系，特别是原材料市场的扩张，也受到全球市场的影响。在笔者调查的家庭企业中，家庭企业的生产及制造，特别是大宗商品的生产所依赖的原材料进口，在很大程度上，依赖于海外市场的供应。基于纺织面料不同的市场定位，家庭企业所依赖的原材料供应基地也不同。其中，中低端市场的棉纱供应，以南亚，尤其是印度为主要基地，此外印度尼西亚也日渐成为亚洲地区主要的棉纱供应基地，并在全球产业链中占有重要地位。而以国内江苏为主的高端面料生产基地的发展，也使得中国的棉纱市场进一步融合到全球资本市场的竞争当中。由此，国内原材料的供应市场，也透过家庭企业，进一步与全球市场产生关联，并融入经济全球化背景下的发展当中。

家庭企业在应对全球市场所带来的商机时，则展现出更为多元而灵活的商业策略。在全球商业网络的扩张中，家庭企业也需要面对来自世界不同国家或地区的客户，相应地，他们也发展出与不同族裔文化背景的商人进行商业往来时所需要的交往习惯及策略，如相较于在商业团体内部使用口头契约而言，家庭企业与外国客户，也包括与国内大型公司的商业往来，则较为倾向于使用正规合同，以便凸显企业的公信力，同时降低经营风险。

国籍背景或地区文化的区隔，在一定程度上，并不构成与外国客户进行商业交往时的障碍，这与其他族裔相对依赖具有相同族裔背景的商业伙伴，所采取的商业策略不同，如笔者在第三章中提及的，英国人在与其他族群做生意时，较为倾向于依赖相同族裔的中间人。[1] 在中大布匹市场，家庭企业的从业者们可以不依赖于中间人，而直接与外国客户进行商业往来。尽管如此，贸易公司等作为中介，仍然在全球商机的寻找及开拓中发挥较为重要的

---

[1] MONDER R. Unravelling social networks in ethnic minority firms [J]. International small business journal, 1994, 12 (3): 42-53.

作用。

中介或中间人不仅可以为不熟悉市场的客户提供较为丰富且可靠的信息，还能够直接为家庭企业的经营者们带来丰富的订单数额，与此同时，也能够在一定程度上为批发商与客户之间的沟通提供便利。因此，尽管能够与家庭企业自身形成一定的竞争，然而从更广阔的商机上来考虑，家庭企业并不排斥与中介群体的合作，中间人或中介公司甚至还能够作为家庭企业的商业团体内部的合作伙伴，与家庭企业建立起长期而稳定的信用合作关系。

专业市场的发展，全球化的商业网络体系的建立，也在一定程度上，形塑着中大布匹市场及其所在地广州市的在地景观。随着到广州进行大宗贸易，其中也包括进行布匹与服装贸易的非洲商人日渐增多，广州逐渐具有“巧克力城”的称号，除此之外，来自全球各地的商人，他们在广州短期或长期居住，也重塑广州作为全球商业城市的地景，如今在广州的不同区域，已经形成不同族群所集中居住的如韩国街、印度街、日本街等颇具特色的在地景观；全球化商业网络的发展，对于在地化的文化景观的塑造产生较为深远的影响。

六、专业市场发展与中国城镇化进程

家庭企业向专业市场的扩张，也推动着中国的工业化及城镇化进程。家庭企业透过亲属及社会网络，将生产基地与销售基地，国内市场与全球市场整合在一起。大型批发商兼做生产商，使得家庭企业不仅与下游的流通市场建立起紧密的联系，还能够影响上游生产环节的发展。家庭工业以家庭企业为流通渠道，以便形成与外部市场的联系，获取必要的信息；家庭企业也需要来自家庭工业的支持，尤其是在品牌产品的生产中，建立在熟人团体上的合作关系，有利于形成对品牌产品的信息封锁，以此维持竞争优势。

家庭工业在很大程度上依赖于外部市场的运作，这是家庭工业与家庭企业之间的内在关联。在这样的前提下，专业市场的发展，也促进了家庭工业及国内生产基地的发展。费孝通教授曾经强调家庭工厂或乡镇企业，对于推动中国城镇化及工业化过程的重要作用。[1] 孙文彬等人也对家庭企业所带动的中国的工业化及城镇化进程进行过研究。[2] 在笔者调查的家庭企业发展中，也可以较为明显地观察到家庭工业的发展对于工业化及城镇化进程的影响。

为了节省成本，从事专业生产的家庭企业将工厂安排在乡下，通常是他们的家乡所在地。家庭工业的发展不仅带动专业化的生产基地的发展，与广大的国内乡村或城镇地区产生关联，还影响着乡村或城镇的经济变迁。与此同时，受到全球化商业网络扩张的影响，家庭工业也被进一步整合到全球化的产业链中。透过亲属及熟人网络，以及全球化的产业链及商业网络体系的发展，家庭工业逐渐构成影响全球产业链的因素之一。

在互联网的推动下，家庭工商业不仅增加了销售渠道，还以新的方式，将家庭工业与全球化的商业网络联系在一起。家庭工商业除了可以利用实体店铺作为销售渠道，还可以利用互联网实现与国内外市场的直接连通，进而形成由互联网所带动的家庭工商业的发展，对中国的工业化及城镇化进程也产生着影响。这也是在费孝通先生指出的，由家庭工商业直接带动的城镇化及工业化的现象之后，出现的较为新鲜的事物。尽管如此，不同行业门类的家庭工商业，对于互联网作为流通平台的依赖程度不同，在需要确定质量及准确的色泽的大宗布匹批发中，家庭企业仍然倾向于通过实体店铺进行交易。

弗兰西斯·福山早期关注到华人公司以香港为基地，依托家族网络向内地的广东、福建及相邻省份扩张的案例，这是弗兰西斯·福山早期所关注到的“网络型”企业组织的扩张。[3] 在笔者调查的家庭企业向专业市场扩张的案例中，网络型的企业组织得到了进一步的发展，不仅从香港扩张至内地，以专业村、专业镇，以及专业市场为依托，在内地形成多个基地中心，使得商业网络从内地乡村，一直延展至全球。从这个意义上说，以家庭企业或家族企业所推动的工业化及城镇化进程，不仅是中国乃至亚洲地区工业化及城镇化的特色路径之一，也为世界不同国家或地区，其工业发展及城镇化模式的多元化，提供更为丰富的个案参考。

---

[1] 费孝通．我看到的中国农村工业化和城市化道路［J］．浙江社会科学，1998（4）：3－6．

[2] 孙文彬，黄绍伦，郑宏泰．小城镇的经济发展与家族企业［M］//嘉兴市人民政府，中国小城镇发展研究院．城乡一体化与小城镇发展．上海：上海社会科学院出版社，2005：341－353．

[3] 弗兰西斯·福山．信任：社会道德与繁荣的创造［M］．李宛容，译．呼和浩特：远方出版社，1998：98．

七、外部环境与家庭企业的持续发展

不少研究表明，大企业制度对于推动经济的持续发展有相对重要的作用。安索夫以美国工业化及城镇化的进程为例，指出了形成于大企业发展之中的专业经理人制度，对于经济发展的重要性，认为缺乏专业经理人制度的家庭企业，无法承担大型制度化企业的运作，进而实现产品在更大地理范围的生产及流通。❶ 继安索夫之后，乌尔里奇·文根罗特（Ulrich Wengenroth）用德国中小企业发展的案例，对美国制造业能否持久发展，提出疑问。❷ 帕特里克·弗里德森（Patrick Fridenson）则认为，在法国，个体商业或家庭企业为管理资本主义所取代的速度较慢，且在商业竞争中不具有绝对的劣势。❸ 尽管他们强调中小企业或家庭企业对于经济发展的影响，然而主要是作为配合大企业制度的附属品出现。

除此之外，家庭企业的持续发展问题也为一些研究所重视。例如，弗兰西斯·福山指出："华人的家族企业在转型为具有专业化的管理制度时，似乎遭遇到极大的困难……这样的困难和华人的家族主义本质关系密切，华人有强烈的倾向——只信赖和自己有关系的人，对家族以外的其他人则极不信任……因此，对外人缺乏信任使得不相干的人想组成团体困难重重。"❹ 戈登·雷丁则以香港家族企业为例，指出香港企业主要的特征是对家人全然信任，对朋友和熟人则建立某种程度的相互依存感，为彼此互留余地，置于其他的人，则不会指望他们对自己存有什么好心。❺ 也就是说，家庭企业或家族企业则被认为企业中缺乏普遍性的信任，而导致企业能力与竞争力的低下，

---

❶ CHANDLER A D. The visible hand: the managerial revelution in American business [M]. Massachusetts: The Belknap Press of Harvard University Press, 1999: 491 -497.

❷ WENGENROTH U. Germany: competition abroad cooperation at home, 1870—1900 [M] // CHANDLER J A D, AMATORI f, HIKINO T. Big business and the wealth of nations. Cambridge: Cambridge University Press, 1997: 173.

❸ FRIDENSON P. France: the relatively slow development of big business in the twentieth century [M] // CHANDLER J A D, AMATORI f, HIKINO T. Big business and the wealth of nations. Cambridge: Cambridge University Press, 1997: 243 -244.

❹ 弗兰西斯·福山. 信任：社会道德与繁荣的创造 [M]. 李宛容，译. 呼和浩特：远方出版社，1998：91.

❺ 戈登·雷丁. 华人资本主义精神 [M]. 谢婉莹，译. 上海：格致出版社，2009.

进而影响企业的持续发展。

尽管如此，在中国乃至亚洲地区，家庭企业或家族企业依然呈现较大的活力。如前所述，家庭企业除了在作为分包商的制造业，或零售行业中展现出较大的优势，也能够推动规模化的集群商业组织，如专业市场的兴起与发展。家庭企业的灵活性，使得家庭企业不仅能够适应其作为小商业的创立及发展，也在产业链的分工上，具有较强的适应性。家庭企业的内部管理结构，也使得家庭企业在面对新的商机，或面临外部商业环境变迁时，能够迅速决策。因此，即便缺乏制度化的管理规程，家庭企业策略依然能够实现在规模经济体内部的协调及整合。

吉原久仁夫以东南亚华人家庭企业为例，总结并归纳了可能导致家庭企业中断发展的七个因素，分别是与殖民政府的关系，在所在国家或地区是否受到歧视，是否能够获得政治权威的扶助，是否能够获得政府对于特定行业垄断的支持，管理技术的缺乏，家庭企业内部的平等继承权，以及发展短视的目光。在成功的案例中，如新加坡的李光前的公司，则在很大程度上，源于其引入了西方管理制度和技术，以此对抗来自西方企业的竞争❶；与此同时，企业的所有权仍然归家庭成员所有。因此，从某种意义上说，家庭成员所有权与西方管理制度的结合，成为家庭企业持续发展的一个可能途径。

然而，任何一种类型的经济组织制度并不是十全十美的，正如弗兰西斯·福山指出："日本公司，特别是大型公司，虽然能够与美国的大企业进行商业竞争，然而其烦琐复杂的制度拖累了决策的效率及速度。"❷ 而以美国大企业制度发展为代表的专业经理人管理制度，则在硅谷等以中小企业为主的工业区模式发展之后，作为主流的企业发展及管理制度受到一定程度的批判。因此，尽管家庭企业能够在专业市场的发展中展现一定的竞争力，然而在讨论其能否获得持续发展时，仍然需要审慎对待。

专业市场发展中的技术创新策略及其发展瓶颈，则在很大程度上说明家庭企业的持续发展，不仅需要来自企业内部管理结构的创新，还需要外部环

❶ YOSHIHARA K. The problem of continuity in Chinese businesses in southeast Asia [J]. Southeast Asian studies, 1987, 25 (3): 112 - 129.

❷ 弗兰西斯·福山. 信任：社会道德与繁荣的创造 [M]. 李宛容，译. 呼和浩特：远方出版社，1998.

境的支持。家庭企业能够通过商业团体内部的合伙，获得资金及技术的支持，实现技术的创新与突破，除此之外，由于家庭企业日益受到来自全球资本主义的影响及全球产业链的冲击，因此对于家庭企业发展的外部措施，如专门的经济政策的支持也是必要的。

八、家庭企业、专业市场与改革开放以来的中国经济

从家庭企业推动专业市场发展的实质来看，中国的工业化及城镇化进程，在较大程度上受到以私营企业为主的家庭企业的推动，这在很大程度上，与改革开放之后，我国经济发展所强调的主流话语有所不同。改革开放以来，尽管家庭企业在经济发展中有了较多的参与，然而在对中国经济发展及变迁的讨论上，过多的目光仍然停留在对国有企业或外资经济的关注，并将其作为推动中国的改革发展及工业化进程的主要力量，而较少关注家庭企业占多数的个体经济或私营企业发展的影响。[1] 从这个意义上说，本书关注的专业市场发展的案例，则强调了在国有企业或跨国公司之外，家庭企业也能够对中国的工业化、城镇化进程产生较为深远的影响。

如前所述，家庭企业向专业市场的扩张，凸显了家庭企业发展的潜力——家庭企业不仅能够发展成为小商业或家族企业，还能够发展为具有跨国网络的大商业。而这种潜力则来源于家庭企业的内在张力，尤其是家庭企业策略中，具有中国文化特色的商业原则——以家庭所有制为基础的企业管理模式，亲属网络及家庭企业策略的实践，以私人关系为基础的信用体系——在推动全球商业网络的扩张中所展现的能动作用。

相应地，在家庭企业的视角下展开的研究，有助于理解中国传统社会及文化的变迁：如吴燕和教授在对“合会”组织的研究中所指出的，传统中国社会当中的互助组织，由于受到环境的压力而逐渐转换为表现其经济或金融组织的功能[2]；李亦园先生也强调，在快速变迁的现代工商业社会中，文化

---

[1] 经济学者罗纳德·哈里·科斯、王宁在《变革中国：市场经济的中国之路》一书、黄亚生在《中国经济是如何起飞的》一文中均已对此表示过关注，他们强调“边缘经济”，其中包含了个体经济、家庭联产承包、乡镇企业和经济特区，作为在国家主导的话语之外的经济体类型，在推动中国改革及经济发展中所发挥的重要作用。

[2] WU D Y H. To kill three birds with one stone: the rotating credit associations of the Papua New Guinea Chinese [J]. American ethnologist, 1974, 1 (3): 565 - 584.

传统中的一些面向会随之转化，而具有不同的表达形式。[1] 在专业市场的发展中，笔者也观察到传统的社会文化规范在家庭企业策略中的具体表达，包括家长权威在家庭企业决策中的表达，及家庭企业中的性别实践。尽管如此，家庭企业策略能够反映的社会文化变迁的程度，仍然需要与社会文化传统中的某些面向进行更为仔细的比对，才能取得客观的结论。

近年来，中国内地的家族企业发展又出现了以“新家族企业”为主的管理形式，试图将传统家庭企业策略与现代管理制度相结合。在导论中，笔者强调了专业市场中的家庭企业，绝大部分属于 FBE（Family Business Enterprise）的类型，即家庭企业的所有权与经营权完全归家庭成员所有的形式，除此之外，在中国人或海外华人的家庭企业中，还存在 FOE（family owned enterprise），即家庭成员牢牢掌握着企业所有权，将日常的管理职责交给专门的职业经理人处理的企业形式。然而，“新家族企业”的管理结构，是由家庭成员掌握大部分（通常为70%）的所有权与管理权，并引入西方现代管理制度的企业类型，因此与上述两种在华人及中国人当中较为普遍存在的家族企业类型有所不同，进一步凸显了家庭企业发展的多样性特征；与此同时，新家族企业作为家庭企业发展的不同的模式，也值得深入探讨。

总体而言，家庭企业发展的实质及其多样性特征，显示出家庭企业发展的潜力。家庭企业不仅能够发展为在华人或中国人的家庭企业中普遍存在的小商业，家族企业及具有跨国网络的专业市场，还能够与西方的管理制度相融合，实现企业发展路径的创新。家庭企业也对改革开放后的中国经济发展产生了影响。因而，对于家庭企业的关注，不应仅被视为对中国经济的改革或发展研究的边缘领域，而是具有较大潜力的领域。

九、研究的不足与拓展方向

受限于已有的田野调查资料，笔者对于家庭企业扩张为专业市场的讨论，既不可能涵盖所有关于家庭企业发展的个案类型，也不可能对专业市场的形成及其发展路径的全部情形进行普遍性的关注，本书将在最后指出研究的不足，以及可以拓展的方向。

---

[1] 李亦园. 传统宇宙观与现代企业行为［M］//乔健，潘乃谷. 中国人的观念与行为. 天津：天津人民出版社，1995：22－23.

其一，本书较为明显的一个取向是强调家庭企业作为专业市场网络组织细胞的构成，重点关注了家庭企业在构成全球商业网络体系时所起到的作用；本书也对不同族裔文化背景下的商人群体互动，给予了一定程度的关注。然而，本书从不同的地域群体的商业习惯对比视角展开的分析较少。在中大布匹市场中，也存在从人数或经营人数上说相对占有优势的地域群体，如来自浙江、广东、福建三省的商人相对占有优势。尽管如此，市场上也有大量来自全国其他省、自治区、直辖市，如河南、四川、湖南及东北地区的商人群体。事实上，就两到三个不同的地域背景的商人群体进行比较分析是相对容易的，然而就地域文化的复杂性及多样性而言，在集群商业网络的发展中，相较于家庭企业的地域差异特征，笔者认为，家庭企业基于亲属网络及信用的实践，对于专业市场的发展，全球化的商业网络的形塑过程，具有更为明显的影响。就此而言，多元族群如何在跨国商业网络的形成中进行互动，或可作为今后继续探索的方向之一。

其二，本书的个案选取也存在一定的行业局限性。就中国乃至亚洲地区家庭企业发展而言，家庭企业较容易进入一些特定的行业类别，相应地也不易在一些行业类别中显现出优势。与此同时，即便是同一国家或地区内，家庭企业能够进入的行业门类也不同。

本书尚未对家庭企业没有占据优势领域的行业门类进行分析。因此，在除了笔者调查的纺织行业以外，家庭企业是否能够在其他行业的发展中，发挥出相近的作用，家庭企业的结构特征与行业门类之间，有何种程度的关联，家庭企业在不同行业能够发挥作用的边界是由哪些原因决定的；家庭企业以外的经济组织形式，为何能够在相应的行业中占有优势。回答上述问题，则需要对不同行业门类之下的家庭企业发展个案，进行更为详细的探讨。

其三，有关华人家庭企业的诸多案例表明，家庭企业的发展与外部的社会环境及政治环境存在较大的关联。吉原久仁夫通过比较日本和东南亚政府的政策，对于家庭企业发展的影响，认为在日本与东南亚国家，由于政府的经济政策方向及目的的不同，家庭企业因而具有不同的发展趋势。他指出政府干预在东南亚国家是广泛的且较为专制的，而在日本，政府的干预则表现为相对有目的性，且更受规章制度的约束。[1]

---

[1] YOSHIHARA K. The problem of continuity in Chinese businesses in southeast Asia [J]. Southeast Asian studies, 1987, 25 (3): 112-129.

在笔者调查的家庭企业中，相比于像东南亚政府强有力的控制，抑或日本政府对经济的有目的性的干预的情形而言，来自政策层面的干预较少，政府干预在笔者调查的家庭企业向专业市场扩张的个案中，体现地并不明显。尽管改革开放之后，国家为私营经济的发展创造了较为宽松的商业环境，然而从经济发展的主流话语中考察，政策层面的对于私营经济支持的直接干预措施并不容易被观察到；家庭企业向专业市场的发展，更多的是受到如前所述的，亲属及家庭所有制、非正规商业策略、私人信用体系、家庭企业的环节分工，以及全球化商业网络体系的影响。基于此，本书对这一层面的讨论也稍显不足，而深入的讨论则需要建立在对连续的及有针对性的政策干预措施的观察之上。

其四，受全球资本主义的影响，家庭企业向专业市场的扩张，在一定程度上与全球价值链的发展紧密相关。本书已经对全球产业链中的不同环节及其构成进行了初步的探讨，尽管如此，由于缺少更为充足的田野资料，本书尚不能够对全球价值链进行更为深入的考察。在全球价值链的形成上，从棉纱等原材料的供应、生产，再到加工制作，各个环节的利润及价格如何分配，价格的变动与价值的流动，是否能够对家庭企业的商业策略产生影响；国外企业是否能够通过影响全球价值链，进而对家庭企业的发展产生冲击；以上问题均需要进一步在充实的田野观察的基础上，才能得出相应的结论。

参考文献

陈立旭．特殊信任、关系网络与浙商私营企业组织模式［J］．商业经济与管理，2007（12）：3－10．

陈敏郎．交际、交情与企业的经营："关系"运作下的经济行动与社会生活［J］．思与言，1995（3）：261－294．

费孝通．中国城乡发展的道路：我一生的研究课题［J］．中国社会科学，1993（1）：3－15．

费孝通，方李莉．工业文明进程的思考［J］．民族艺术，2000（2）：8－17．

费孝通．小商品、大市场志在富民：从沿海到边区的考察［M］．上海：上海人民出版社，2007：186－200．

费孝通．我看到的中国农村工业化和城市化道路［J］．浙江社会科学，1998（4）：3－6．

黄亚生．中国经济是如何起飞的［J］．经济社会体制比较，2013（2）：1－18．

柯群英．女强人抑或强女人：现代中国服装行业中的外来女企业家［J］．广西民族大学学报（哲学社会科学版），2013（5）：9－16．

李孔岳．关系格局、关系运作与私营企业组织演变［J］．中山大学学报（社会科学版），2007（1）：111－115．

黎素菊，等．旧凤凰、五凤、康乐三村农村经济调查统计报告［M］//锐麟，何国强．民国广州的疍民、人力车夫和村落：伍锐麟社会学调查报告集．广州：广东人民出版社，2010．

李亦园．传统宇宙观与现代企业行为［M］//乔健，潘乃谷．中国人的观念与行为．天津：天津人民出版社，1995：17－39．

李悦端，柯志明．小型企业的经营与性别分工：以五分埔成衣业小区为案例的分析［J］．台湾社会研究季刊，1994（17）：41－81．

林柄全，谷人旭，严士清，等．企业家行为与专业村形成及演变的关系研究：以江苏省宿迁市红庙板材加工专业村为例［J］. 经济地理，2017（12）：17－24.
刘培峰. 亲缘关系、地缘关系与乡镇私营企业主的生成［J］. 社会，2003（8）：37－39.
沈静，陈烈. 珠江三角洲专业镇的成长研究［J］. 经济地理，2005，25（3）：358－361，382.
孙文彬，黄绍伦，郑宏泰. 小城镇的经济发展与家族企业［M］//嘉兴市人民政府中国小城镇发展研究院. 城乡一体化与小城镇发展. 上海：上海社会科学院出版社，2005：341－353.
孙治本. 台湾家族企业的内部整合及其领导风格［J］. 战略与管理，1996（5）：112－120.
CONNOLLY T H. 家族企业的人类学研究：亲属和商业的比较分析［J］. 广西民族大学学报（哲学社会科学版），2013，35（5）：17－26.
王春光，BEJA J P. 温州人在巴黎：一种独特的社会融入模式［J］. 中国社会科学，1999（6）：106－119.
王春光. 流动中的社会网络：温州人在巴黎和北京的行动方式［J］. 社会学研究，2000（3）：109－123.
魏文享，杨天树. 国家介入与商会的社会主义改造：以武汉市工商联为例（1949—1956）［J］. 华中师范大学学报：人文社会科学版，2005（5）：62－69.
伍锐麟. 民国广州的疍民、人力车夫和村落：伍锐麟社会学调查报告集［M］. 广州：广东人民出版社，2010.
李亦园，郭振羽. 东南亚华人社会研究：下册［M］. 台北：正中书局，1985：141－164.
杨应成. 对费孝通乡土工业理论的思考［J］. 知识经济，2009（3）：69－70.
尉建文，李国武，陈云. 私营企业主的关系网络与社会支持［J］. 中央财经大学学报，2007（8）：74－78.
张辉. 全球价值链理论与我国产业发展研究［J］. 中国工业经济，2004（5）：38－46.
张强. 自家人、自己人和外人：中国家族企业的用人模式［J］. 社会学研究，2003（1）：12－20.
正宝杰. 关于鹭江村调查的回忆［M］//广州文史资料·第十三辑. 广州：广东人民出版社，1964：150－153.
郑伯埙. 家族主义与领导行为［M］//杨中芳，高尚仁. 中国人·中国心：人格与社会篇. 台北：远流出版公司，1991：366－407.
郑广怀，孙慧，万向东. 从："赶工游戏"到"老板游戏"：非正式就业中的劳动控制［J］. 社会学研究，2015（3）：170－195.
周大鸣，高崇. 城乡结合部社区的研究：广州南景村50年的变迁［J］. 社会学研究，2001（4）：99－108.
周大鸣. 外来工与"二元社区"：珠江三角洲的考察［J］. 中山大学学报（哲学社会科学

版)，2000（2）：107－112.
陈志明．迁徙、家乡与认同：文化比较视野下的海外华人研究［M］．段颖，巫达，译．北京：商务出版社，2012.
费孝通．江村经济：中国农民的生活［M］．北京：商务印书馆，2001.
福山．信任：社会道德与繁荣的创造［M］．李宛容，译．呼和浩特：远方出版社，1998.
戈登·雷丁．华人资本主义精神［M］．谢婉莹，译．上海：格致出版社，2009.
黄光国．中国式家族企业的现代化［M］//黄光国．中国人的权力游戏．台北：巨流图书公司，1988.
黄绍伦．移民企业家：香港的上海工业家［M］．张秀莉，译．上海：上海古籍出版社，2003.
帕斯，洛斯，戴维斯．科林斯经济学辞典［M］．3版．罗汉等，译．上海：上海财经大学出版社，2008.
科斯，王宁．变革中国：市场经济的中国之路［M］．徐尧，李哲民，译．北京：中信出版社，2013.
马歇尔．经济学原理［M］．章洞易，译．海口：南海出版公司，2005.
木青．五爱人［M］．沈阳：春风文艺出版社，2001.
丘海雄．珠江三角洲产业集群发展模式与竞争力研究［M］．北京：经济科学出版社，2008.
王春光．巴黎的温州人：一个移民群体的跨社会建构行为［M］．长春：吉林人民出版社，2000.
伍锐麟．民国广州的疍民、人力车夫和村落：伍锐麟社会学调查报告集［M］．广州：广东人民出版社，2010.
项飙．跨越边界的社区：北京浙江村的生活史［M］．北京：三联书店，2000.
许烺光．祖荫下［M］．台北：南天书局，2001.
许烺光．中国人与美国人［M］．台北：南天书局，2002.
张鹂．城市里的陌生人：中国流动人口的空间、权力与社会网络的重构［M］．袁长庚，译．南京：江苏人民出版社，2014.
郑宏泰，黄绍伦．商城记——香港家族企业纵横谈［M］．香港：中华书局（香港）有限公司，2014.
郑勇军．解读“市场大省”：浙江专业市场现象研究［M］．杭州：浙江大学出版社，2002.
蔡静珊．城市正规经济与非正规经济的联系：以广州中大布匹市场及其周边的制衣行业为例［D］．广州：中山大学，2010.
董谷雨．商家在日常经营中的实践逻辑：以中大布匹市场为例［D］．广州：中山大学，2012.
简慕贞．鹭江儿童家庭教养调查［D］．广州：中山大学，1950.
龙登高．信用机制与跨国网络：海外华商在跨越制度屏障中成长［M］//龙登高，等．商脉与商道：国际华商研究文集．杭州：浙江大学出版社，2017.
黎素菊．旧凤凰五凤康乐三村农村经济调查统计表［D］．广州：中山大学，1949.
刘耀荃．鹭江村的权力结构［D］．广州：中山大学，1950.
刘米娜．新市场共同体：商户、网络与空间：中大布匹专业市场的实地研究［D］．广州：中山大学，2011.
卢芳．从村庄到服装产业社区：广州市康乐村的空间异化研究［D］．广州：中山大学，2016.
宁艺．专业市场成长过程中的地方政府行为：基于两个专业市场的个案研究［D］．广州：中山大学，2009.
秦海霞．关系网络的建构：私营企业主的行动逻辑［D］．上海：上海大学，2005.
钱楚文．鹭江村娱乐活动的研究［D］．广州：中山大学，1950.
帅静宜．广州中大布匹市场治理的问题与对策研究［D］．广州：中山大学，2008.
孙庆忠．都市村庄［D］．广州：中山大学，2001.
张淑芳．鹭江村四代阶级及职业的流变［D］．广州：中山大学，1950.
正宝杰．鹭江村家族与祭礼调查［D］．广州：中山大学，1950.
ALDERSON K J. Exploring the complexities of family business decision making: how the second generation makes decisions [M]. Minneapolis : Capella University. 2009.
ANNA C B, MARTYN P, JOSEPH S. Small firms and industrial districts, structural explanations of small firm viability in three countries [J]. Entrepreneurship & regional development, 1991, 3 (1).
ARDENERS. The comparative study of rotating credit associations [J]. Journal of the royal anthropology institute, 1994 (1, 2): 201 – 209.
BARNETT M L. Kinship as a factor affecting Cantonese economic adaptation in the United States [J]. Human organization [J], 1960, 19 (1).
BARTH F. The role of the entrepreneur in social change in northern Norway [M]. Bergen: Norwegian Universities Press, 1963.
BARTON C A. Trust and credit: some observations regarding business strategies of overseas Chinese traders in south Vietnam [M] // GOSLING L A P, LIM L. The Chinese in southeast Asia. Singapore: Maruzen Asia, 1983.
BELUSSI F, SAMMARRA A. The international fragmentation of the industrial districts and clusters (IDs&Cs) value chain between relocation and global integration [M] // BELUSSI F,

SAMMARRA A. Business networks in clusters and industrial districts: the governance of the global value chain. London: Routledge, 2010.

BENTON G, PIEKE F N . The Chinese in Europe [M]. London: Macmillan, 1998.

BESTOR T C. Tsukiji: the fish market at the center of the world [M]. Berkeley: University of California Press, 2004.

BROWN E H P. The Hong Kong economy: achievements and prospects [M] // HOPKINS K. Hong Kong: the industrial colony. New York: Oxford University Press, 1973.

BRUSCO S. Small firms and industrial district: the experience of Italy [M] // KEEBLE D, WEVER E. New firms and regional development in Europe. London: Croom Helm, 1986.

BRUSCO S. The evolution of industrial districts in Emilia – Romagna [M] // COSSENTINO F, PYKE F, SENGENBERGER W. Local and regional response to global pressure: the case of Italy and its industrial districts. Geneva: International Institute for Labor Studies, 1996.

CASSON M. Enterprise and leadership: studies on firms, markets and networks [M]. Northampton: Edward Elgar Publishing, 2000.

CHANDLER A D. Strategy and structure: chapters in the history of the American industrial enterprise [M]. Cambridge: The MIT Press, 1969.

CHANDLER A D. The large industrial enterprise and the dynamics of economic growth [M] // CHANDLER A D, AMATORI F, HIKINO T . Big business and the wealth of nations. Cambridge: Cambridge University Press, 1997.

CHANDLER A D. The United States: engines of economic growth in the capital – intensive and knowledge – intensive industries [M] // CHANDLER A D, AMATORI F, HIKINO T. Big business and the wealth of nations. Cambridge: Cambridge University Press, 1997.

CHANDLER A D. The visible hand: the managerial revelution in American business [M]. Massachusetts: The Belknap Press of Harvard University Press, 1999: 491 – 497.

CHEN C H. Bandi and laoban: the development of elementary organizational capability in Taiwan's small and medium enterprises [M] // YU F L T. Taiwan's economic transformation in evolutionary perspective: entrepreneurship, innovation systems and government. New York: Nova Science, 2007.

CHEN H S. Chinatown no more: Taiwan immigrants in contemporary New York [M]. Ithaca: Cornell University Press, 1992.

COLLI A, ROSE M. Family business [M] // JONES G, ZEITLIN J. The Oxford handbook of business history. New York: Oxford University Press, 2008.

COLLI A. The history of family business, 1850 – 2000 [M]. Cambridge: Cambridge University Press, 2002.

COOKE P. Building a twenty – first century regional economy in Emilia – Romagna [J]. European planning studies, 1996, 4 (1).

DAJANI H, BIKA Z, COLLINS L, et al. Gender and family business: new theoretical directions [J]. International journal of gender and entrepreneurship, 2014, 6 (3).

DAVIS W G. Social relations in a Philippine market: self – interest and subjectivity [M]. Berkeley: University of California Press, 1973.

DEGLOPPER D R. Doing business in Lukang [M] // WILLMOTT W E. Economic organization in Chinese society. Stanford: Stanford University Press, 1972.

DEWEY A G. Trade and social control in Java [M]. London: Royal Anthropological Institute of Great Britain and Ireland, 1962, 92 (2).

EUMSE. Business opportunities and challenges in the textile and apparel market in China [R]. EUMSE Center, 2017.

FIRTH R. Capital, saving and credit in peasant societies: a viewpoint from economic anthropology [M] // FIRTH R, YAMEY B S. Capital, saving and credit in peasant societies. London: George Allen & Unwin, 1963.

FORTES M. Descent, filiation and affinity: a rejoinder to Dr. Leach: Part Ⅱ [M]. London: Royal Anthropological Institute of Great Britain and Ireland, Man, 1959.

FREEDMAN M. The handling of money: a note on the background to the economic sophistication of overseas Chinese [M]. London: Royal Anthropological Institute of Great Britain and Ireland, Man, 1959.

FRIDENSON P. France: the relatively slow development of big business in the twentieth century [M] // CHANDLER A D, AMATORI F, HIKINO T. Big business and the wealth of nations. Cambridge: Cambridge University Press, 1997.

GAO C. The making of migrant entrepreneurs in contemporary China: an ethnographic study of garment producers in suburban Guangzhou [M]. Hong Kong: Hong Kong University, 2006.

GEERTZ C. The rotating credit association: a "middle rung" in economic development and cultural change [J]. Economic development & cultural change, 1962, 10 (3): 241 – 263.

GUO X G, WERNER J M. Gender, family and business: an empirical study of incorporated self – employed individuals in the US [J]. International journal of gender and entrepreneurship, 2009.

GUO X M, LIU C T. Guangzhou's special path to global city Status [M] // BRACKEN G. Aspects of urbanization in China: Shanghai, Hong Kong, Guangzhou. Amsterdam: Amsterdam University Press, 2012: 59 – 75.

HAMILTON G G, KAO C S. Taiwan's industrialization: the rise of a demand – responsive economy [M] // YIN W C. Chinese capitalisms: historical emergence and political implications.

London: Palgrave Macmillan, 2010.

HAUGEN H O, CARLING J. On the edge of the Chinese diaspora: the surge of baihuo business in an African city [J]. Ethnic and racial studies, 2005, 28 (4).

HUANG Z, ZHANG X, ZHU Y W. The role of clustering in rural industrialization: a case study of the footwear industry in Wenzhou [J]. China economic review, 2008 (19).

JONES G. Great Britain: big business, management, and competitiveness in twentieth - century Britain [M] // CHANDLER A D, AMATORI F, HIKINO T. Big business and the wealth of nations. Cambridge: Cambridge University Press, 1997.

KHAIRE M, HALL E V. Medium and message: globalization and innovation in the production field of Indian fashion [J]. Organization studies, 2016, 37 (6).

KOCKA J. Industrial culture and bourgeois society: business, labor, and bureaucracy in modern Germany [M]. New York: Berghahn Books, 1999.

KULP D H. Country life in south China: the sociology of familism [M]. New York: Bureau of Publication, 1925.

LANGO. Chinese family and society [M]. New Haven: Yale University Press, 1946.

LAU H T. The social structure of small Chinese business firms in Singapore [M]. Singapore: University of Singapore Library, 1974.

LEUNG C K. Personal contacts, subcontracting linkages, and development in the Hong Kong Zhujiang delta region [J]. Annuals of the association of American geographers, 1993, 83 (2).

LINDGREN T. Fashioning the city: exploring fashion, cultures, structures and systems [M]. London: Royal College of Art, September, 2012.

LONG D G. Credit mechanism and international network – the growth of overseas Chinese business in crossing system barricade [J]. Journal of diaspora studies, 2007, 1 (2). MARKUSEN A. Sticky places in slippery space: a typology of industrial districts [J]. Economic geography, 1996, 72 (3).

MENKHOFF T. Trade routes, trust and trading networks: Chinese small enterprises in Singapore [M]. Saarbruecken: Verlag Breitenbach, 1993.

MIT Press, 1965.

NEE V, OPPER S. Capitalism from below: markets and institutional change in China [M]. Cambridge: Harvard University Press, 2012.

NUMAZAKI I. The laoban – led development of business enterprises in Taiwan: an analysis of the Chinese entrepreneurship [J]. Developing economies , 1997, 35 (4).

OMOHUNDRO J T. Chinese merchant families in Lloilo: commerce and kin in a central Philippine city [M]. Metro Manila: Ateneo de Manila University Press & Ahens, 1981.

OMOHUNDRO J T. Social networks and business success for the Philippine Chinese [M] // LIM Y C L, GOSLING L. The Chinese in southeast Asia. Singapore: Maruzen, 1983.

ONG A. Flexible citizenship: the cultural logics of transnationality [M]. London: Duke University Press, 1999.

PERRY M. Small firms and network economies [M]. London: Taylor & Francis Ltd, 2002.

PIORE M J, SABEL C F. The second industrial divide: possibilities for prosperity [M]. New York: Basic Books, 1984.

POUTZIOURIS P, WANG Y, CHAN S. Chinese entrepreneurship: the development of small family firms in China [J]. Journal of small business and enterprise development, 2002, 9 (4).

PURCELL V. The Chinese in southeast Asia [M]. Oxford: Oxford University Press, 1965.

RAM M. Unravelling social networks in ethnic minority firms [J]. International small business journal, 1994, 12 (3).

ROBERTSON P L, LANGLOIS R N. Innovation, networks and vertical integration [J]. Research policy, 1995 (24).

ROSA P, CARTER S, HAMILTON D. Gender as a determinant of small business performance: insights from a British study [J]. Small business economics, 1996, 8.

SAXENIAN A L. Regional networks and the resurgence of silicon valley [J]. California management review, 1990, 33 (1).

SAXENIAN A L. Divergent patterns of business organization in Silicon Valley [M] // STORPER M, SCOTT A. Pathways to industrialization and regional development. London: Routledge, 1992.

SAXENIAN A L. The origins and dynamics of production networks in Silicon Valley [M]. Amsterdam: Elsevier B. V, Research Policy, 1971.

SILIN R H. Marketing and credit in a Hong Kong wholesale market [M] // WILLMOTT W E. Economic organization in Chinese society. California: Stanford University Press, 1972.

SKINNER W G. Chinese society in Thailand: an analytical history [M]. Ithaca: Cornell University Press, 1957.

STIGLER G. The economics of information [M] // LAMBERTON D M. Economics of information and knowledge, selected readings. Harmonds worth: Penguin Books, 1971.

STRAUSS J. Private sector industrialization in China: evidence from Wenzhou [M] //OTSUKA K, KALIRAJAN K. Community, market and state in development. London: Palgrave Macmillan UK, 2010: 262 – 290.

SUSANTO A B, SUSANTO P. The dragon network: inside stories of the most successful Chinese family businesses [M]. New York: Wiley Press, 2013.

TAYLOR S, MARLOW S. Engendering entrepreneurship: why can't a woman be more like a man? [C]. Paper presented at the 26th EURAM Conference, Liverpool, UK, 2009.

TEIXEIRA A. Entrepreneurs of the Chinese community in Portugal [M] // BENTON G, PIEKE F N. The Chinese in Europe. London: Macmillan, 1998.

TIEN J K. The Chinese of Sarawak: a study of social structure [M]. Oxford: Berg Publishers, 1953.

TONG C K, YONG P K. Guanxi bases, Xinyong and Chinese business networks [J]. The British journal of sociology, 1998.

TONG C K. Chinese business: rethinking Guanxi and trust in Chinese business networks [M]. Singapore: Springer Singapore Pte. Limited, 2014.

TRACY C L. Asian entrepreneurs in Australia: ethnic small business in the Chinese and Indian communities of Brisbane and Sydney [M]. Canberra: Australian Government Publishing Service, 1991.

TRACY L C. Interpersonal trust in ethnic business: traditional, modern or postmodern? [J]. Policy organization and society, 1992 (5).

WATSON J. Emigration and the Chinese lineage: the mans in Hong Kong and London [M]. Berkeley: University of California Press, 1975.

WENGENROTH U. Germany: competition abroad cooperation at home, 1870 - 1900 [M] // CHANDLERA D, AMATORI F, HIKINO T. Big business and the wealth of nations. Cambridge: Cambridge University Press, 1997.

WHYTE M K. Paradoxes of China's economic boom [J]. Annual review of sociology, 1975.

WONG B P. Chinatown, economic adaptation and ethnic identity of the Chinese [M]. New York: Holt, Rinehart and Winston, 1982.

WONG S L. The Chinese family firm: a model [J]. The British journal of sociology, 1985 (1): 58 -72.

WU D Y H. The Chinese in Papua New Guinea, 1880—1980 [M]. Hong Kong: Chinese University Press, 1982.

WU D Y H. To kill three birds with one stone: the rotating credit associations of the Papua New Guinea Chinese [M]. Washington: American Anthropological Association, American Ethnologist, 1974.

WU L. Migrant workers and informal economy in urban China: a ethnographic study of a migrant enclave in Guangzhou [M]. Hong Kong: Hong Kong University, 2013.

YANG C K. A Chinese village in early communist transition [M]. Cambridge: Technology Press, 1959.

YANG C K. The Chinese family in the communist revolution [M]. Cambridge: The

YEUNG W C H. The internationalization of ethnic Chinese business firms from southeast Asia: strategies, processes and competitive advantage [J]. International journal of urban and regional research, 1999, 23 (1).

YOSHIHARA K. The problem of continuity in Chinese businesses in Southeast Asia [J]. Southeast Asian Studies, 1987, 25 (3): 112 - 129.

附　录

附录一　广州市人民政府关于瑞康路工程建设的通告

广州市人民政府关于瑞康路工程建设的通告（穗府〔2004〕25号）

瑞康路工程是广州市重点建设项目，北起新港西路中山大学正门，南至新滘南路，长约1.5公里，拟于2004年12月建成通车。

该工程的建设将对该地区完善消防通道系统，清除消防隐患，改善周边交通及环境起重要作用。现就有关事项通告如下：

一、瑞康路建设工程范围按市规划局核发的《建设用地规划许可证》等有关文件确定。

二、瑞康路建设工程用地涉及的征地拆迁安置工作，由海珠区土地开发中心依照国家、省、市的有关规定执行。

三、瑞康路建设工程范围内的单位和个人，应当顾全大局，积极支持和配合国家建设，不得阻挠建设工程的测量、钻探、施工及征地拆迁工作。

四、违反本《通告》，拒绝、阻碍国家工作人员依法执行职务的，由公安部门依照《治安管理处罚条例》处理；使用暴力、威胁方法，构成犯罪的，由司法机关依照《中华人民共和国刑法》处理。

五、本《通告》自颁布之日起施行。

广州市人民政府

二〇〇四年七月八日

附录二 中大布匹市场各分市场建筑面积及档口数详情

序号	市场名称	地址	经营总面积/平方米	档口总数/间
1	广州国际轻纺城	广州市金纺路2号	227000	3100
2	九洲轻纺广场	广州市海珠区瑞康233号	60000	1588
3	长江（中国）轻纺城	海珠区瑞康路389号	546210	2765
4	广州凤凰针织城	海珠区凤康路海关学院十八亩	22925	15
5	长江国际辅料花边城	广州市海珠区瑞康路2号	22000	1800
6	瑞康服装配料城	广州市海珠区瑞康93号瑞康花边世界	20200	1200
7	广州长江国际纺织城	海珠区瑞康路2号3层南边自编C038房	86410	1900
8	长江纺织城	广州市海珠区漱珠31号	13519	1396
9	长江窗帘布艺城	广州市海珠区凤景西路36号~72号	7487	192
10	五凤西场一区	广州市海珠区漱珠岗纯阳观北面地段	5373	301
11	瑞纺商业广场	广州市海珠区瑞康233号	5988	112
12	瑞纺纺织城	海珠区逸景路673号	15200	36
13	五凤西场二区	漱珠岗18号之一、之二	3833.49	141
14	恒森纺织城	五凤村翔德大街19号	4489	10
15	恒森辅料城	广州市海珠区瑞康路东兴街8~9号	917.11	32
16	五凤商业城东场一、二区	瑞康路129号、凤和康乐葫芦岗边大街2号、6~9号	1600	95
17	凤岗商贸城	海珠区凤岗脚23号大院	4000	180
18	荣发布场	东晓南路乌岗之6号	4000	200
19	瑞成商贸城	广州市海珠区瑞康路康乐西约新区十巷12号	4000	62
20	嘉禾纺织品展示中心	海珠区凤和康乐西约新区二横巷17号、18号、19号、21号、22号	11000	180
21	荆江毛绒大世界	康乐西约新区铁桥路7号、8号	4059	62
22	康盛轻纺城北区	海珠区康乐西约铁桥南路1号，2号，3号	14430	41
23	康盛轻纺城	逸景路671号	9600	30
24	江南纺织城	东晓南路五凤村南边基63号	21680	92

续表

序号	市场名称	地址	经营总面积/平方米	档口总数/间
25	旭高纺织城（粤纺针织广场）	五凤村南边基三巷 30 号	29000	79
26	银岭宽大辅料城	广州市海珠区新港西路 142 号 32～35 号首层	980	45
27	银岭轻纺综合广场（广州市银岭场地租赁有限公司）	广州市海珠区凤和村康乐西约新区 20 巷 30 号首层自编号之一	37000	580
28	融协仓储市场	海珠区凤岗脚路 18 号	8000	32
29	银岭皮革交易中心	海珠区瑞康路自编 4～5 号	3700	70
30	银岭国际家纺交易中心	广州市海珠区凤景西 1 号	5500	68
31	银岭家纺城 B 区	广州市海珠区凤景西路 11～13 号	3000	35
32	广海家纺城 A 区	广州市东晓南路晓南二街 33 号、36 号、37 号、38 号、40 号	8999	62
33	华岭家纺窗帘城	东晓南路晓南花园 6 号首层至二层	3000	30
34	冠海布匹布场	泰沙路五凤乌岗 5 号之三	6485.41	50
35	鸿兴纺织城	五凤门口洲五村一社工业区 4 号	2982	37
36	雍纺布匹市场	凤岗脚 16 号	18000	40
37	春纺布匹市场	东晓南路 413 号	7000	22
38	汇名湾窗帘布艺城	凤景西路 33 号	1572	16
39	五凤西场五区（南泰）	广州市海珠区自编五凤西场五区	1010	38
40	恒宇布场	广州市海珠区凤景西路 18 号	8000	65
41	商祺国际纺织城（五凤凯泰）	五凤三区一街 B25	2973	146
42	五凤第三区市场	海珠区凤岗路 3 号	3000	100
43	中南街布料批发市场	海珠区潄珠岗 18 号	2734	120
44	B 区大楼纺织城	海珠区瑞康路 32～56 号	1993	80
45	德鹏物业（德海）	广州市海珠区新港西路立新街 37～39 号自编五	580	12
46	珠江国际纺织城	海珠区逸景路 468 号	360000	2500
47	盈森商贸城	广州市海珠区逸景路自编 283 号之一、之二	10407.93	40

续表

序号	市场名称	地址	经营总面积/平方米	档口总数/间
48	恒业丰纺织城	广州市海珠区广州大道南1028号自编西面南面	9500	66
49	鸿洲国际轻纺城	广州市海珠区新滘西路533号	60973	1518
50	十八亩工业区	广州市海珠区五凤村海关学院西边街十八亩6号之6 自编1号	12400	38
51	新联纺织城	海珠区凤阳街康盛南路1～3号	8922	32
52	中国纺织服装教育文化产业园	广州市海珠区逸景路289、291号	35000	42
53	逸丰纺织服装城	广州市海珠区逸景278号	61328.6	195
54	恒烽市场	纯阳观正门对面电信工地	改造中	
55	凤和瑞康商业城（和泰纺织城）	广州市海珠区康乐西约新区大街16号首层D1580	6300	120
56	283仓库	广州市海珠区逸景283号	15000	30
57	康乐市场	海珠区康乐西约新区大街16号之一	22000	240
58	银岭皮革交易中心北区	广州市海珠区康乐西约八横巷5号、6号	3800	60
59	银岭海关东纺织城	逸景路珠江国际对面	17362	42
合计			1894423	22180

附录三　地方政府对中大布匹市场的建设内容

一、中大布匹市场管理委员会概况

2004年，海珠区政府先后以“海府办〔2004〕32号、34号、35号”发文，成立了中大布匹市场管理领导小组，组长由海珠区人民政府副区长担任，成员单位包括工商、税务、城管、公安、规划、交通等职能部门，下设中大布匹市场市管委会负责中大布匹市场的日常管理工作。目前，管委会为凤阳街道办事处派出的中大布匹市场管理机构，下设行政办公室、综合管理部、督导部三个部门和城管辅助队、专职消防队、物流管理队三支队伍，现有工作人员 47 人（街道派辖公务员干部 1 名，社区编制人员 3 名；合同制人员 43 名）。管委会主要任务是：会同各有关职能部门，履行场内消防、治安、交通、环卫、城管、税务、工商等行政管理职责，并根据实际情况依法制订、实施相关管理制度。自管委会接手中大布匹市场管理以来，不断加强市场消防、治安、交通、城市管理等方面的管理服务力度和整合规范市场各种资源，在加强中大布匹市场的培育和健康发展、改善交通环境、保障市场平安、维护市场稳定等诸多方面均发挥了积极作用，多年来中大布匹市场没有发生过影响重大的消防、治安、突发性和群体性事件，市场规模不断扩大、档次不断提高。下一步，管委会将按照上级政府的统一工作部署，结合地区产业发展规划，积极推动中大布匹市场向中大国际创新谷升级发展。

管委会组织架构

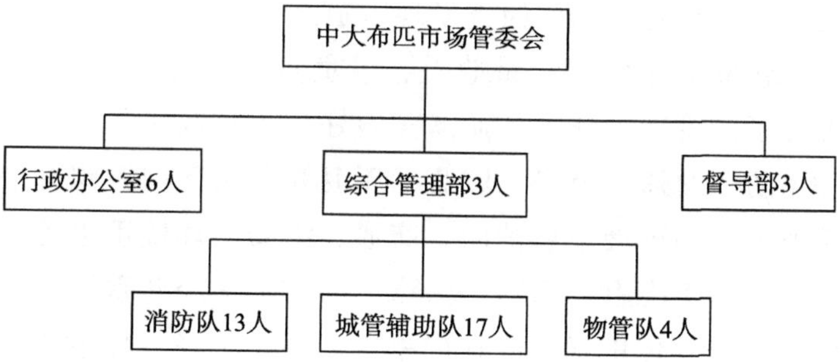

二、消防管理

目前，主要由管委会专职消防队负责各场日常的消防安全检查和隐患告知整改，并实行每日消防巡查、24 小时消防值班备勤、夜间统一断电、重大节假日消防检查等消防管理制度，同时联同消防部门抓好相关消防隐患的整治和推进各分场消防安全“四个能力”建设，督促各分场按照消防安全管理责任制做好场内的消防管理。市场主要的消防管理力量有：中大布匹市场管委会专职消防队共 14 人，并配备有中小型消防车、巡逻摩托车、战斗服、高压水枪、灭火器材等消防装备；各场义务消防队力量 500 多人，建有微型消防站 58 个；沙溪、逸景消防中队在市场周边驻点。2018 年 4 月，中大布匹市场管委会片区被省定为第十批火灾隐患重点地区，管委会以消防挂牌整治工作为契机，积极联合区、街职能部门严格按照验收标准和工作要求，统筹各方资源，通过落实市场责任、开展“一场一策”整改、拆除违建、补齐设施、加大消防宣传力度等方式整治消防隐患问题，以前所未有的力度狠抓消防隐患治理整改，推动片区安全环境得到全面提升。

三、市容管理

根据上级的管理工作要求，重点对市场主次干道和重点窗口部位进行常态化管理和整治，不断整顿和规范市场经营秩序。一是建立长效管理机制，通过管委会的日常管理力量，开展每天联合巡场和守点监管，配合交警部门查处交通违章行为和打击“五类车”，促使占道经营、无证商贩乱摆卖、违章建筑、车辆违章等情况得到较好的整治和控制；二是加强与各分场的沟通联动，针对在场内检查发现占道经营、“六乱”、卫生黑点等问题，按照“谁出租，谁管理；谁收益，谁负责”的原则，及时沟通联系，充分调动各分场的管理责任，从而落实做好相关整改工作；三是经常性联合区或街的消防、交通、公安、城监、环卫等职能部门组织开展综合整治行动，定期或不定期开展市场消防、交通、治安、环境卫生等方面的联合整治，及时消除各类隐患和问题，保障市场的正常经营秩序与安全稳定发展；四是通过印发宣传单张、LED 屏幕、市场宣传栏、广播等方式，不断加大市场商户和从业人员对消防安全、交通安全、治安防范、经营秩序等方面的宣传教育力度，提高市场商家群众对政府管理工作的知晓率，达到齐抓、共管的市场管理效果。

四、交通管理

主要由区交警大队、交巡防大队负责车辆交通违章处罚、“五类车”整治、交通规划及交通设施等管理工作；管委会、保安部及相关分场分别抽调管理力量协助做好交通疏导。为治理中大布匹市场“五类车”问题，改善市场交通环境，2017 年 7 月 10 日开始，根据区委、区政府“五类车”整治工作的统一部署，由区委政法委牵头组织属地街道和职能部门联合开展中大布匹市场“五类车”专项整治，在市场主要出入口设置 4 个查扣点，加强常态化执法和查扣，目前为止在中大布匹市场范围内已查扣“五类车”近 3 万台，取得了明显的治理效果，市场“五类车”存量得到较大幅下降。

五、围院管理

2018 年，管委会按照区委政法委的统一工作部署，根据“政府引导 + 村民（市场）自治”的工作原则，与村社、市场等多方参与、群策群力，“成熟一片、推开一片”地有序推进智能化围院建设，克服了部分小区业主投诉、跨街交界争议、经费投入等难题，将中大布匹市场园区划分为东、西、南三大围院式区域管理，围院范围包括瑞康路、逸景路、凤康路等沿线市场，共建成智能化闸口 60 多个，并由村社和市场成立专职管理队伍，加强治安防控、市容环境、交通秩序等综合管理，严控“五类车”进出，有效改善地区的交通秩序和社会治安环境。

六、物流管理

在中大布匹市场内从事物流运输的企业现有 100 多家，据不完全统计市场每天货运量超 1 万吨，由于市场物流业在发展过程中普遍存在无证经营、大型货车禁行时段进场、场地不合法、违章搭建、消防隐患等方面问题。根据市、区有关加快将大型传统仓储、物流疏解出中心城区的政策要求，管委会联合区、街有关职能部门开展非法货运站综合整治工作，于 2019 年 3 月将广州市海珠区人民法院周边的两家大型货运站场进行依法清退，下一步管委会将按照上级政府有关物流园区整治提升的工作部署，进一步加大非法货运站场的整治打击力度，为海珠区创新发展提供必要的环境支撑和空间资源支撑。

七、治安防控

凤阳派出所、中大布匹市场保安部、警企联巡队等治安力量负责市场日常治安防范和巡逻，并配置有巡逻电瓶车、摩托车、移动警务车等装备开展市场治安机动巡逻，市场主要出入口分别设有治安岗并派有专人守点；各分场按派出所要求配置有盾牌、防暴叉、警棍等反恐防暴器材和视频监控系统，市场管理人员（内保）与派出所、保安部等实行联防联治工作机制，共同做好区域内的治安管理。

八、人民调解

由于中大布匹市场是典型的城乡接合部，存在外来人口多、中小企业多、纠纷隐患多、利益关系复杂等众多影响社会稳定问题，针对错综复杂的环境，管委会在区、街司法部门的业务指导下，率先成立全市首个专业市场人民调解委员会，成员由区司法局、凤阳街办事处、派出所、中大布匹市场管委会及相关市场等40多家单位组成，并由海珠区司法局、凤阳司法所加强学习培训，着力培养一支高素质的人民调解队伍，不断建立健全以首席调解员、专业市场、商会协会、中大布匹市场人民调委会为成员的多元化人民调解组织网络，近年来市场近90%的矛盾纠纷都是通过调委会成功调解，较好地破解了经济社会发展进程中各类矛盾和问题，基本达到“发动和依靠群众，坚持矛盾不上交，就地解决”的工作目标。

九、商圈党建

坚持以习近平新时代中国特色社会主义思想为指引，积极探索党组织领导基层治理的有效路径，抓实抓好专业市场的党建工作，确保发展正确方向。以管委会党总支为依托，按照“成熟一个、发展一个”的工作思路，推动符合条件的专业市场、行业商会成立党支部，着力提高党组织在中大布匹市场纺织商圈中的覆盖面及影响力。目前，在街道党工委和管委会党支部的推动下，银岭公司、长江中国轻纺城、浙江温州面辅料商会等市场和商会分别成立了党支部，广州国际轻纺城、珠江纺织城、中大纺织产业商会、康盛市场等党支部正在推进成立之中。同时，以各党组织为载体，积极挖掘各党组织工作亮点，广泛发动各党组织积极开展“党建宣传阵地”“扶贫济困”“无偿献血”“万企帮万村”等系列主题实践活动，推动商圈区域党建联建，突出党建引领一切，实现商圈党建与非公经济发展互促双赢。

十、商会建设

中大布匹市场场主及经营者多以地域聚合或行业聚合为特点组织成立商会，比较大型的有浙江温州面辅料商会、广东省闽北松溪商会、广东省闽南商会、广州市中大布匹市场客属纺织联谊会、中大布匹市场纺织产业商会、广东省经编针织协会等。管委会积极引导各商协会加强自身建设，坚持以党建为引领，认真服务企业，紧密围绕地区党委、政府中心工作，在发展自身企业的同时，积极履行社会责任和公益事业，为地方和谐稳定和经济发展做出新的贡献。

十一、中大布匹市场发展前景

目前，海珠区中心城地位不断凸显，互联网创新引擎作用逐步增强，但仍面临经济转型与城市空间更新带来的挑战，产业创新发展、转型发展诉求迫切。海珠区委、区政府根据地区实际，制订了“一区一谷一湾”的战略发展规划，其中一谷就是打造“中大国际创新谷”，定位为广深澳科技创新走廊知识转化枢纽，打造国际时尚中心，引导布匹市场向高端发展，从品牌设计、供应管理、时尚会展升级发展，利用中山大学和新港路一带高等学府科研单位资源优势，将布匹市场所释放的空间，打造成为全球知名、辐射粤港澳大湾区、引领广深港澳科技创新走廊核心知识成果转化的服务枢纽。其中，提出两个产业发展导向：一是基于布匹专业市场改造发展品牌设计、布匹供应链管理、时尚会展等高端服务环节。二是利用布匹市场释放产业空间，打造环中大布匹市场的国际技术孵化转化功能载体。如何充分利用中大国际创新谷建设实现中大布匹市场融合发展，建立打造“海珠区国际时尚中心”，淘汰低端业态、培育高端增量，改善城区面貌，发挥海珠区黄金腹地的最大价值，是市场今后发展的主要方向。